职教高考制度
基础理论
与实践模式研究

李　政　等著

中国财经出版传媒集团

经济科学出版社
Economic Science Press

·北　京·

图书在版编目（CIP）数据

职教高考制度基础理论与实践模式研究/李政等著
. --北京：经济科学出版社，2024.1
ISBN 978 - 7 - 5218 - 5597 - 5

Ⅰ.①职…　Ⅱ.①李…　Ⅲ.①职业教育－高考－考试
制度－教育体制改革－研究－中国　Ⅳ.①G632.474

中国国家版本馆 CIP 数据核字（2024）第 034814 号

责任编辑：戴婷婷
责任校对：隗立娜　郑淑艳
责任印制：范　艳

职教高考制度基础理论与实践模式研究

李　政　等著

经济科学出版社出版、发行　新华书店经销
社址：北京市海淀区阜成路甲 28 号　邮编：100142
总编部电话：010 - 88191217　发行部电话：010 - 88191522
网址：www. esp. com. cn
电子邮箱：esp@ esp. com. cn
天猫网店：经济科学出版社旗舰店
网址：http：//jjkxcbs. tmall. com
北京密兴印刷有限公司印装
787×1092　16 开　20.25 印张　370000 字
2024 年 1 月第 1 版　2024 年 1 月第 1 次印刷
ISBN 978 - 7 - 5218 - 5597 - 5　定价：78.00 元

序

　　2019 年《国家职业教育改革实施方案》提出"试点举办职业本科教育"，补齐了现代职业教育体系的最后一块版图。现代职教体系的成型，在夯实了职业教育类型地位的同时，也带来了一个实际问题：究竟如何为体系内的学生提供一个权威、稳定、高效的向上流动的机制。这并不是一个简单的考试升学制度的问题，而是要为现代职教体系建立一套体现类型特色的人才培养和选拔机制，在优化职业教育资源供需匹配的同时，促进职业教育内部办学质量的提升。在我看来，构建职教高考制度，至少要实现几个目的：人才需求是职业教育一切改革的根本出发点，建立职教高考制度的首要目的是满足社会经济发展对技术应用型人才的需求。构建职教高考制度的第二个目的是促进中等职业教育与高等职业教育衔接，建构完善的现代职业教育体系。第三个目的则是把职业教育内容渗透普通教育，促进职业教育与普通教育融通，改革普通教育内容结构，培养未来更能满足创新需求的科技人才。第四个，也是最现实的目的，就是为中职生提供公平的升学机会。长期以来，我们把职业教育理解为面向职业的教育，"就业导向"一直是各级各类职业院校的人才培养目标。然而，不仅由于随着职业教育从局部化发展阶段进入体系化建设阶段对中等职业教育人才培养目标提出了重新定位的需求，而且从学生权益保护角度看，接受各级各类教育的学生均有继续学习的权利，这是现代教育赋予他们的基本权利，这一权利不能因为所接受的教育类型不同而有所不同。

　　将改革的愿景落地，是一个十分复杂的过程，这种复杂性根源于高考制度的严肃性。高考制度作为一种社会建制要得以存在，必须具备三个核心特征：一是能有效地发挥为高等学校公开、公平地选拔人才的功能。保证高等学校对人才的选拔被看作高考的基本功能。二是能为考生选择适合的高等学校及其专业提供充分机会。这不仅是保障学生公平学习权益的需要，也是更为充分地开发社会智力资源的需要。三是高考制度必须是国家层面统一规划、设置的制度。这是我国教育体系的根本需要。用这三条标准来评判，我国职业教育还没有高考制度，迄今只是构建了一些局部化的中职生升学途径。因此，系统规划和建设职教高考制度是职业教育改革和发展的重点。

　　上述思考和认识，引致我撰写了《作为现代职教体系关键制度的职教高考》

— 1 —

一文，并发表在 2020 年第 4 期的《教育研究》上。当然，那篇文章仅仅是开启了职教高考理论研究的大幕，很多细节问题，如招生考试模式、命题模式等都没有涉及。我在这本书中看到了作者们对这些问题的深入研究，一些建议很有启发意义和实践价值。通读下来，我认为本书的亮点有三：一是把握住了职教高考研究的真问题，比如如何处理职教高考制度建设中公平和效率的关系问题、中央和地方的改革权责问题、招生与考试的关系问题等。二是整个研究建基于对职业教育考试升学制度的深入调研，在全面了解当前省域职教高考改革的基础条件、实际问题和典型经验的基础上，提出了很多兼具思想性和可行性的独特观点。三是理论基础部分的研究取得了一定的突破，通过借助制度学、考试学等多学科的理论，明确了职教高考作为大规模评价方式和考试升学制度的内涵和功能，进一步深刻阐明了为什么需要职教高考制度、需要什么样的职教高考制度，以及如何基于产业形态、教育制度和生涯发展制度三大变量，构建职教高考的制度基础。研究的系统性、逻辑性、针对性、层次性都很强，不仅是一本优秀的学术研究专著，也是一份翔实的政策咨询报告。

目前，很多省份的职教高考改革已经步入正轨，一些省份在题库建设、招生考试安排等方面也探索出了一些成果。教育部在对十四届全国人大一次会议第 7413 号建议（"关于加快职业本科教育建设推动现代职业教育体系构建的建议"）的答复中，进一步明确"将完善职教高考制度，健全'文化素质＋职业技能'考试招生方式，改革专升本考试内容和形式，扩大本科学校在职教高考中的招生规模，推进建设国家职业技能考试题库和标准化考场"。这些都表明，通过评价改革推动现代职业教育高质量发展，已经从理论构想步入改革实践。随着现代职教体系改革的不断深入，职教高考制度面临的实际问题必将越来越多，但更多学者和教师们参与研究，必将能推动这一领域取得更多突破。

本著作是李政博士承担的全国教育科学规划国家青年课题的研究成果，该项目是他博士研究生毕业后主持的第一个国家项目，对他而言挑战不小。可喜的是，课题按时结题并获得"良好"评价。他的独立研究能力，尤其是通过科学研究服务决策咨询的能力也显著提升，作为他的博士生导师，我祝愿和期待他在未来的学术道路上产生更多思想性、前沿性兼具的高质量成果。

华东师范大学职业教育与成人教育研究所所长
国家教材建设重点研究基地（职业教育教材建设和管理政策）主任

2024 年 1 月于上海

前　言

　　高考与每个中国人的命运息息相关。它承载着太多的社会期待，在内卷化时代撩拨着考生和家长脆弱的神经。任何一项与高考相关的改革，都会吸引众人的驻足和评论。自 2019 年《国家职业教育改革实施方案》正式提出"职教高考"概念以来，相关讨论和试点行动不一而足，但又似乎并未触及职业教育人才培养和评价的关键问题。在职业教育分类考试招生制度深入推进之际，"职教高考"的横空出世，显示了政府拔高职业教育统一考试招生层级和社会影响力的意愿，同时也带来了社会对另一种高考的广泛猜测。笔者对"职教高考"的关注，源于与一些省级教育行政部门官员和职业院校领导的讨论，而讨论的核心在于究竟如何解构"职教高考"这一概念？它背后的政策意图和愿景是什么？显然，这是政策的制定者和践行者给学者出的一道难题。于是，笔者把职教高考作为工作后申报的第一个课题的研究主题，开启了职教高考的研究之路。本书正是笔者申报并获批的全国教育科学"十三五"规划 2020 年度国家青年课题"现代职教体系构建背景下我国职教高考制度的基础理论与实践模式研究"的研究成果。

　　为了回答职教高考"是什么、为什么和怎么做"的哲学三问，本书在研究过程中坚持三个原则：一是坚持混合研究的方法论。构建职教高考的改革愿景，需要了解当前社会各界对已有职业教育考试招生制度的看法和期待，以及制度运行的现状和问题，只有基于大样本的量化研究才能得出相关结论。但职教高考改革本身涉及不同利益主体的政策博弈，且不同省份改革的起点和终点各有差异，揭示政策文本背后的行为逻辑，寻找职教高考改革的痛点和难点，则需要基于个案的质性研究。因此，本研究综合使用了多元回归、扎根理论、国际比较、案例研究等研究和数据分析方法，试图全景式地展现职教高考制度改革的全貌。二是坚持理论研究和决策服务并行。职教高考作为一个政策概念，本身带有明显的问题指向和决策意图。无论是政策的设计者还是实施者，更多的是关注职教高考敏感的社会利害关系属性。然而，决策或实践的妥协和实用逻辑，并不能掩盖职教高考制度背后形而上的理论色彩。无论是作为一种评价工具，还是一种社会制度，职教高考都蕴含着制度建构、权力分配、教育价值、社会分层等重大理论问题，亟待研究和阐释。在全书结构设计和写作时，也尽可能实现理论研究和实践指导的融合。三是坚持目标愿景和现实基础相统一。职教高考怎么建，建成什么样，需要基于充分理论研究的大胆想象。但制度改革的路径依赖，以及我国职业教育区域发展不平衡的现实，决定了"顶天"的理论构想最终也要关照"立地"的政策现实。

基于从"是什么"到"为什么"，再到"怎么做"的研究逻辑，全书首先分析了职教高考制度构建的背景、内涵和愿景，且通过对全国万名中职生和百名教育行政部门负责人、学校招办负责人和教师的访谈，全景展示了当前我国职教高考制度改革的现状，并从制度学等学科视角构建了职教高考改革的理论基础。而后，本书对瑞士、日本、英国、美国和我国台湾地区的职业教育考试升学制度做了比较分析，在此基础上，从考试内容、考试方法、招考关系、与普通高考关系等多个方面详细构建了我国职教高考制度的实施模式。最后，本书还提供了四川和湖北两省的职教高考改革案例。

本书提出了若干关于推进我国职教高考改革的创新观点，如"应基于本省职业高等教育资源的供需情况确定各省职教高考的改革进程和阶段性目标""职教高考改革的首要任务在于明确中央和地方的权责关系，以及职教高考统一和放权的清单""通过组建能力模块库和题库的方式推进专业课考试命题的规范化和科学化""基于专业通用能力设计职业适应性测试""职教高考的考试内容设计应遵循'双扇形'模式，注重考试内容的基础性、关联性和思维性""提升职教高考赋予学生的选择性"等。这些观点和相关研究已在多个学术场合发表和交流，引起了学界热议。同时，笔者也有幸作为教育部职成司、学生司和教育部考试中心的特邀专家，多次就研究成果做会议交流，并参与到了职教高考的全国调研和相关政策的研拟工作中，书中一些观点和建议也被部分调研方案和政策文本吸收。

全国各地学友的支持和参与，是研究得以开展和专著得以出版的基础，本书正是集体智慧的结晶。作为课题负责人，李政对研究内容、方法和观点进行了整体设计，并对文字做了把关。全书共八章，其中第一、第三、第五章作者为李政，第二章作者为李政、杨梓樱，第四章作者为贺艳芳、朱秋寒、王笙年、孙婷钰，第六章作者为陈礼业、李政，第七章作者为姜蓓佳、李政，第八章作者为屈璐、杨秋月。本书的出版得到了上海市华东师范大学教育发展基金会的大力支持，研究过程也得到了教育部职成司、学生司、山东省教育厅、四川省教育科学研究院、上海市教育委员会教研室、湖南师范大学职业教育研究所，以及几十所职业学校的宝贵指导和鼎力协助，在此一并表示感谢。

随着职业教育改革的不断推进，职教高考的使命、功能、内容、形态都将在动态调整中适应和完善，职教高考的研究和实践需要社会各界的持续跟进。由于本人能力有限，书中难免有不到之处，敬请各位读者批评指正，也期待向社会各界就职教高考问题持续请教。

李　政

2023 年 4 月 23 日于上海

目　录

第一章　职业教育高考的背景与内涵

第一节　职教高考提出的时代背景和历史演进　　2

第二节　职教高考研究的学术史梳理　　12

第三节　职教高考的内涵分析　　20

第四节　职教高考的建设愿景和功能定位　　23

第二章　我国职业教育考试升学制度的设计与实施现状调查

第一节　调研背景与目的　　28

第二节　调研设计　　31

第三节　调研结果　　41

第四节　讨论与结论　　70

第三章　职教高考作为评价制度的合法性基础

第一节　职业教育评价制度的社会嵌入　　96

第二节　影响职业教育评价的关键制度变量　　101

第三节　职教高考构建的制度基础　　107

第四章　职业教育高考制度的国际比较研究

第一节　瑞士职业教育考试升学制度研究　　120

第二节　日本职业教育考试升学制度研究　　131

第三节　英美职业教育考试升学制度比较研究　　144

第四节　我国台湾地区职业教育考试升学制度研究　　161

第五章　职教高考的考试内容与考试方法研究

第一节　我国职业教育升学考试内容和方法的实施现状　　174

第二节　职教高考内容设计的思路和方法　　196

第三节　职教高考方法的设计和选择　　208

第六章　职教高考的招考关系研究

第一节　我国职业教育招考关系的演进及其本质　　222

第二节　招考分离是职教高考改革的基本方向　　225

第三节　我国高职院校招考制度改革的路径　　230

第七章　职教高考的实施模式研究

第一节　我国职教高考实施模式的基本样态　　234

第二节　职教高考与普通高考的关系模式与发展策略　　238

第八章　职教高考制度改革的地方案例

第一节　四川省职教高考制度改革的历史、现实与展望　　252

第二节　湖北省"技能高考"制度的发展历程、
现实困境与路径展望　　262

参考文献　　284

附录　　303

第一章
职业教育高考的背景与内涵

2019 年颁布的《职业教育改革实施方案》首次提出了"建立职教高考制度","职教高考"这一概念的横空出世，看似突然，实则必然。普遍认为，职教高考源于高职分类考试招生制度，是高等职业学校考试招生制度改革的结果。从实践层面来看，很多省市的职教高考改革，也正是基于先前高职分类考试招生工作的基础，做不同程度的改革，但是构建职教高考制度的使命，却远远高于分类考试所承担的社会任务。这是因为构建职教高考的社会背景，尤其是职业教育发展的背景已经有了质的变化。无论是职业本科教育的举办，还是社会热议的职普比等问题的新动向，都意味着职教高考所承担的绝不仅仅是分流考试的任务，它将成为现代职教体系内部的动力机制，成为未来职业教育人才培养质量的重要"指挥棒"，成为技术应用型人才培养体系的支撑制度，甚至成为普职融通的有力突破口。而实现职教高考的这些功能，关键在于如何深刻理解其内涵，以及如何设计出合适的制度内容。

第一节　职教高考提出的时代背景和历史演进

一、职业教育类型地位的确立与职教高考的价值取向

追求与普通教育的平等地位，构建独立的职业教育体系，实现职业教育的现代化，是改革开放四十年来职业教育发展的核心任务与逻辑主线[①]。2019 年的《国家职业教育改革实施方案》开篇即明确了"职业教育与普通教育是两种不同教育类型，具有同等重要的地位"，在制度层面赋予了职业教育的类型地位。而2022 年通过并实施的新版《职业教育法》（以下简称《职教法》）则是在法律层面确立了职业教育作为一种教育类型的基本属性和功能定位。教育的类型化客观上要求评价的类型化。自《国家中长期教育改革和发展规划纲要（2010－2020年)》首次正式提出"分类考试"以来，高职分类考试招生制度改革政策在 10年内密集推出，并已经形成了部分典型改革试点方案和成果。2019 年国务院发布的《国家职业教育改革实施方案》提出的构建"职教高考"制度，则是将这

---

① 徐国庆. 从分等到分类：职业教育改革发展之路［M］. 上海：华东师范大学出版社，2018：1.

一改革进程向类型化的目标纵深推进。实际上，从 20 世纪末起，高职分类考试招生制度改革已经在部分省市启动试点，20 多年的改革使其逐渐回归其人才选拔的基本功能，有利于让人才观的转变在考试层面落地。然而，改革的过程也暴露出一些问题，尤其是普通高考改革过程中"公平与效率关系"的经典问题，同样在高职分类考试招生制度改革的过程中出现。在深化新时代教育评价改革的大背景下，未来高职分类考试制度应在公平与效率、特色与质量之间寻找一条适切的改革路径，以满足社会发展和人才成长的双重需求。

（一）从"制度类型化"到"类型制度化"：我国高职分类考试招生制度改革的效率导向

尽管职业教育分类考生招生制度正式进入国家政策视野是在 2010 年中共中央、国务院发布的《国家中长期教育改革和发展规划纲要（2010－2020 年）》①，然而早在 1985 年《中共中央关于教育体制改革的决议》中就已经提出了从初级到高级的职业技术教育体系及其招生方案，并强调"高等职业技术院校优先对口招收中等职业技术学校毕业生以及有本专业实践经验、成绩合格的在职人员入学。" 20 世纪末的高校扩招大大提升了我国高等教育的普及率，也在一定程度上挤压了专科高等教育的生源②。为了引导高中毕业生合理分流，2005 年上海市 3 所民办高职院校率先开始了单独招生的试点，拉开了高等职业教育资源供给侧改革的序幕③。随着单独招生考试区域试点的不断成熟，教育部对于高等职业教育实施分类考试招生的态度不断明朗，并最终在《国家中长期教育改革和发展规划纲要（2010－2020 年）》中正式明确了这一改革方向。高职分类考试招生先后在《中共中央关于全面深化改革若干重大问题的决定》《教育部关于 2013 年深化教育领域综合改革的意见》《关于积极推进高等职业教育考试招生制度改革的指导意见》《国务院关于加快发展现代职业教育的决定》《国务院关于深化考试招生制度改革的实施意见》等文件中不断得到强化和细化，尤其是明确了高职院校分类考试招生的多元化途径，以及"文化素质＋职业技能"的考试评价方式。随着现代职业教育体系建设的不断深入，尤其是本科层次职业教育试点工作的启动，使得高职院校考试招生由"途径"向"制度"变革的需求不断凸显。基于此，2019 年国务院颁布的《国家职业教育改革实施方案》正式提出了"职教高考制

---

① 袁潇，高松. 高职院校分类考试招生制度研究 [J]. 高教探索，2018（10）：72－78.
② 佛朝晖. 高职单独招生政策执行情况的调查报告 [J]. 国家教育行政学院学报，2012（11）：81－85.
③ 蓝洁，唐锡海. 中国高职单独招生改革十年的回顾与检视 [J]. 教育与职业，2015（35）：10－13.

度”这一全新概念，将高职分类考试招生改革推向了新台阶。

通过分析政策发展的过程，可以发现“效率导向”一直是高职分类考试招生制度改革的逻辑主线：首先，分类考试本身就是效率导向下高考改革的产物，它希望通过考试层面的类型化，促进人才评价的类型化，从而为不同的人提供最适合的发展通道；其次，分类考试采用“知识＋技能”的考试组合，试图通过类型化的考试内容改革，尤其是突出技能在考试中的比重，实现对技术技能人才的特殊选拔[①]；最后，在各地现行的考试改革方案中，分类考试被设计出不同类型的考试模式，包括面向中职生、普高生和社会人群的三类考试。这一设计某种程度上回避了社会大众对公平性的质疑，更加强调分类考试的开放性和实施效率。

而追求效率的改革过程总体上呈现出从“制度类型化”向“类型制度化”过渡的阶段特征：所谓“制度类型化”，指的是将原本统一的高考制度转变为具有类型特征的高考制度，实现高考制度在人才选拔上的类型化，其目的是使分类招生考试实现观念层面的合法化。这一进程是以 2010 年《国家中长期教育改革和发展规划纲要（2010－2020 年)》的发布为起点，其间有关部门围绕“类型化”这一基本目标作了大量探索，如湖北的技能高考、江苏的注册招生等。而“类型制度化”则指的是将类型化改革后的成果以制度的方式固定下来，实现制度层面的合法化，最终形成一套独立于普通高考的职业教育考试制度。这一进程是以 2019 年《国家职业教育改革实施方案》的发布为起点，并以山东等省市启动的一系列职教高地建设为抓手在全国各地进行试点。

（二）能力本位：效率导向下高职分类考试招生制度改革的关键特征与核心内容

在效率导向下，高职分类考试招生在类型制度化的过程中始终在努力回答一个最根本的问题：“分类考试到底考什么”。这个问题与“职业教育培养什么样的人”“职业教育作为一种教育类型的知识论基础是什么”等问题直接相关，它决定了分类考试作为评价方式是否具有存在和发展的根基。与普通教育不同，职业教育所培养的是直接面向一线岗位的技术技能人才，如何能够胜任岗位工作成为评价职业教育育人质量的核心指标[②]。因此，职业能力成为高职分类考试需要

---

① 卢斌，陈少艾，吕金华，等. 基于高考改革的“技能高考”模式研究与实践成果［J］. 中国职业技术教育，2016（08）：5－9.

② 闫广芬，李文文. 新中国成立 70 年来职业教育人才培养目标的“中国特色”［J］. 中国职业技术教育，2019（36）：27－33.

评价的核心要素。对职业能力的理解是随着职业的变迁而不断发生变化的①，且受制于经济发展模式和教育制度的影响，不同国家对职业能力的认识和评价也表现出不同的特征：英美注重以职业资格表征职业能力的不同，其中：英国国家职业资格认证（National Vocational Qualification System，NVQ）采用的能力体系是基于行业定义的能力标准，是"将知识和理解应用于工作中所要求的标准的能力"②；美国的职业能力则更强调教学与学习层面的能力，通过对职业角色的分析，描述与该角色相关的知识、态度、技能等的学习成果③，并强调对跨职业通用能力的评价。德国赋予了职业能力更深层次的内涵，他们认为职业能力是由多个层面组成的一个复杂结构，是"典型工作任务情境中表现出的知识、才能、技能和态度的综合"④，绝不仅仅是职业资格证书中所描述的那些外显的能力要素。近年来，随着我国职业教育课程改革的不断深化，国内逐渐形成了对职业能力的本土化解读，如把职业能力理解为"联系"，职业能力的形成就是要在知识与工作任务的要素之间形成联系⑤；职业能力来自职业情境中的行动训练又超脱职业情境而本体存在⑥。

　　能力本位评价正是基于对单一知识评价的批判而设计的评价模式，其首先出现在美国的教师教育中，而后被广泛用于职业教育与培训领域⑦。作为职业教育中的标准参照评价，能力本位评价在评价内容、方式、标准、组织形式等方面与学术教育有较大不同。例如，能力本位评价的内容主要聚焦于个体完成工作任务的能力，所评价的依据是职业能力标准，所采集的数据来源于工作中的行为样本，且大多是一对一或有限的一对多评价。能力本位的信效度取决于很多因素，如工作任务的典型性、评价标准的明确性、评价环境的稳定性等。尤其是近年来学界对能力的理解日益深刻，能力本位评价所需要负载的责任和内容也不断增多。也正因为如此，能力本位评价在现实层面很难大规模有效实施。针对这些问题，有学者提出了完善能力本位评价的若干举措，如开展多元情境下的能力测评、多种证据搜集方法相结合、组织多位不同背景的评价者、使用标准参照评

---

①⑤　徐国庆. 职业能力的本质及其学习模式［J］. 职教通讯，2007（1）：24 – 28.

②　Harvey L. The British experience in assessing competence［M］//Palomba C A，Banta T W. Assessing student competence in accredited disciplines. VA：Stylus Publishing，2001：217.

③⑦　Thilakaratne R.，Kvan T. Competence-based assessment in professional education validation［J］. Quality in Higher Education，2006，12（3）：315 – 327.

④　赵志群. 职业能力研究的新进展［J］. 职业技术教育，2013，34（10）：5 – 11.

⑥　姜大源. 基于全面发展的能力观［J］. 中国职业技术教育，2005（22）：1.

价、将学习与评价相结合等①。

从高职分类考试招生到职教高考制度改革，各地的试点工作都试图将能力本位的思想体现在考试内容和考试方式的改革中，找到一种区分于普通高考的独立运作模式和人才选拔机制，其中最为典型的是"知识＋技能"的考试内容设计，且侧重技能考试。如以湖北省技能高考为例，考试内容分为文化综合考试和技能考试，文化综合考试为语文、数学、英语，总分为210分。技能考试分为专业知识考试和技能操作考试，其中：专业知识考试为150分，重点考查专业理论知识；技能操作考试为340分，主要是选取典型工作任务及相应的职业能力，以工作任务完成度考查学生的职业能力水平。"录取以技能考试成绩为主，文化综合考试成绩为辅，按两个成绩之和，从高分往低分择优录取，技能考试成绩不合格不能参加录取"②。山东、江苏等省份的改革方案与湖北基本相似。可以看出，各地改革的核心举措是通过引入专业知识与技能操作考试，改变过去侧重于知识考核的纸笔测验，实现对职业能力的评价。

二、现代职业教育体系的基本建成与职教高考的功能期待

（一）我国现代职业教育体系的建设历程

考试和学校教育之间存在着十分紧密的联系。我国的科举制度和学校"相成相毁，相嬗相递，科举因学校而起，因学校而废"③。职教高考制度的生成和发展，与我国学校教育制度的发展有着十分紧密的联系。早在1985年的《中共中央关于教育体制改革的决定》中就提到了要建设一个"从初级到高级、行业配套、结构合理又能与普通教育相互沟通的职业教育体系"。2005年的《国务院关于大力发展职业教育的决定》中明确表示要"建立和完善适应社会主义市场经济体制，满足人民群众终身学习需要，与市场需求和劳动就业紧密结合，校企合作、工学结合，结构合理、形式多样，灵活开放、自主发展，有中国特色的现代职业教育体系"。2010年的《国家中长期教育改革和发展规划纲要（2010－2020

---

① Gulikers J., Biemans H., Mulder M. Developer, teacher, student and employer evaluations of competence-based assessment quality [J]. Studies in Educational Evaluation, 2009, 35 (02): 110－119.
② 湖北省教育考试院. 2015年湖北省普通高等学校招收中职毕业生技能高考考试实施办法 [EB/OL]. (2014－06－17) [2020－11－21]. http: //www.hbea.edu.cn/html/2014－06/9741.html.
③ 蓝洁，唐锡海. 中国高职单独招生改革十年的回顾与检视 [J]. 教育与职业，2015 (35): 10－13.

年)》则突出了建设现代职业教育的战略目标，强调"到2020年，形成适应经济发展方式转变和产业结构调整要求、体现终身教育理念、中等和高等职业教育协调发展的现代职业教育体系，满足人民群众接受职业教育的需求，满足经济社会对高素质劳动者和技能型人才的需要"。2014年的《国务院关于加快发展现代职业教育的决定》强化了对体系建设目标的要求，即"形成适应发展需求、产教深度融合、中职高职衔接、职业教育与普通教育相互沟通，体现终身教育理念，具有中国特色、世界水平的现代职业教育体系"，并提出了发展本科层次职业教育。2019年的《国家职业教育改革实施方案》提出了"开展本科层次职业教育试点"，拼齐了职业教育体系的最后一块版图。2021年的全国职业教育大会提出，新一阶段职业教育改革的总体任务是：全面贯彻党的教育方针，落实立德树人的根本任务，打造纵向贯通、横向融通的现代职业教育体系。2022年12月中共中央办公厅、国务院办公厅印发的《关于深化现代职业教育体系建设改革的意见》则提出要"鼓励支持省（自治区、直辖市）和重点行业结合自身特点和优势，在现代职业教育体系建设改革上先行先试、率先突破、示范引领，形成制度供给充分、条件保障有力、产教深度融合的良好生态"。可见，构建纵向贯通、横向融通的现代职教体系，一直贯穿于党和国家发展现代职业教育的事业之中。

（二）职业教育一体化对职教高考的功能需求

职业教育早期的一体化主要依靠学制层面的衔接，如设置独立的中高贯通项目、中本贯通项目。然而在缺乏人才培养过程的协调之下，仅学制层面的衔接难以破解人才系统化、长学制培养的核心问题，如学习内容重复、培养目标错位等。因此，一体化进程逐渐下沉至课程层面，不同层次的学校希望通过课程的一体化开发，解决不同学段间的断层，实现人才的高效率培养。但是课程层面的一体化仅是学校之间的行为，由于缺乏区域内相对统一的学习内容标准，不同学校对一体化人才培养的目标和过程有着不同的认识，培养质量也参差不齐，一体化培养难以形成高质量、规模化的社会效益。尤其是当职业教育的办学层次升至本科时，现有的课程体系又如何能够实现中职、高职和本科间的有效衔接？很显然，若要实现一体化人才培养在范围、内容和质量上的突破，必须要依靠一体化评价制度的改革，构建一个能够统摄中职、高职和职教本科三个层次的评价体系，这在客观上要求职教高考发挥其联结不同层次职业教育的基本功能。

三、教育评价改革与职教高考评价效度的纠偏

2020 年 10 月中共中央、国务院印发的《深化新时代教育评价改革总体方案》（以下简称《方案》）为新时代职业教育评价改革提供了新的指导思想。《方案》明确提出了职业学校评价内容重点聚焦德技并修、产教融合、校企合作、育训结合、毕业生就业质量等维度，强化了企业在评价中的重要地位，以及中国特色学徒制、学位授予标准等评价方式和评价载体。总的来看，《方案》中提出的职业教育评价改革举措，充分关照了"以评促建"和评价导向的办学规律，力图通过评价改革，推动职业教育迈入高质量发展阶段。但是改革必定不是一帆风顺，职业教育评价领域改革面临的并不只是简单的政策调整问题，而是对过去已有的评价理念、评价方法、评价内容进行深度变革，做好增值评价的类型化设计、过程评价的系统化建构、综合评价的科学化实施、结果评价的高质量改进，重构符合新时代职业教育高质量发展的人才评价体系。就现阶段而言，改进职业教育结果评价，把好"出口关"是新时代职业教育评价改革的重要任务。做好出口评价即重视和规范人才成长在每个阶段的末端环节，通过末端的评价引领过程的改革。对出口的把控似乎与近年来流行的"注重过程考核、注重增值评价"等理念不相吻合，有过于强调评价"指挥棒"之嫌。然而，与普通教育已经较为成熟的评价体系相比，职业教育的评价制度和基础较为薄弱，基础、有效、科学的评价体系尚未完全形成。在推进职业教育增值评价、过程评价、综合评价改革的同时，现阶段应重点关注"人才出口"的改进意义，以出口评价带动过程质量的提升。

（一）职业教育出口评价存在的效度问题

出口评价主要是通过考试、测试、测评等方式，在一个学习阶段结束后对学生的学习结果进行评价，是一种关注最终表现的评价。因此，"考什么"成为影响出口评价信效度的关键。从国家层面来看，"分类考试"目前是职业教育评价的基本载体。各地实施分类考试的方式不一，但大致按照"技能考试 + 文化素质"的方式安排考试内容。关键在于，这些试题是否真的能够满足出口评价对人才考察的全面需求。如果按照能力本位评价的要求，测试的内容要贴近真实工作情境，试题要有典型性，考官群体需要保证多元性以降低主观性导致的评价误差等。很显然，当前分类考试制度大多难以满足这些需求，很多地区的考试存在评

价结果有失公允、评价组织不够规范的问题①。从学校层面来看，学校在课程标准、教学设计中频繁提到的"多元评价""过程性评价"也缺乏对评价内容的分析和研究，一些期末考试简单以纸笔测试的方式考察学生理论知识的学习情况，然而这些理论知识是否真的是职业能力需要考察的核心技术知识，仍有待商榷。一些操作技能评价指标划分不科学，指标体系的描述缺乏可操作性，对操作过程的关键环节及操作要点把握不准确，从而降低了技能操作评价的效度。

无论是国家层面还是学校层面的评价内容设计缺陷，其本质上均体现为能力标准开发的问题，即当前的职业教育评价领域缺乏对职业能力标准的开发，以及缺乏围绕职业能力进行技术理论知识和技术实践知识的开发。因此，尽管存在对各专业人才培养目标以及各门课程目标的描述，但由于没有对岗位职业能力进行系统性梳理，人才培养在实施层面是缺乏明确方向和有效抓手的，对人才培养结果的评价也就无法做到全面和科学。岗位能力开发是一个专业性很强的工作②，没有经过系统性的训练，难以开发出符合人才培养需要的高质量能力清单。但目前职业院校师资的能力结构限制，以及职业教育课程研发人员的总体不足，使得能力开发在学校层面并不能得到全面的普及应用。而国家层面在能力标准开发中的缺位，则加剧了这一问题的严重性。

（二）职教高考作为出口评价的意义

出口评价存在的效度问题，本质上是职业教育评价的内容标准的欠缺。内容标准的欠缺既有职业教育地域性强的客观原因，也有长期以来忽视职业教育相对统一的评价标准体系建设的原因。因此，职业教育出口评价改革的一个关键环节，就是对评价内容进行全面梳理，建立以能力为基准的技术理论知识和技术实践知识开发模式，从而提升评价内容的科学性和有效性。普通教育体系解决这一问题的核心手段是依托统一的评价体系——普通高考制度。高考作为人才培养的"指挥棒"，其影响人才培养过程的决定性作用始终无法被其他机制所取代。而高考成绩之所以具有权威性和通用性，是因为它通过评价机制，实现了评价内容和教学内容之间的统一性，能为教师和学生提供具有清晰指向的学习目标和内容标准。尽管这种统一性的安排可能会影响学生发展的多元性，但对于仍处于知识学

---

① 程静，杨偲艺，蒋丽华. 高职分类考试招生的主要模式、问题及对策［J］. 教育与职业，2019（16）：88－92.
② 徐国庆. 职业教育课程开发中的有效工作任务分析［J］. 浙江工商职业技术学院学报，2014，13（01）：1－12.

习为主的高中阶段学生而言，统一化、标准化的内容安排是利大于弊的。

自从 2010 年《国家中长期教育改革与发展规划纲要（2010－2020 年）》首次正式提出"分类考试"以来，以突出职业教育类型特征的分类考试制度改革政策密集出台，2019 年的《国家职业教育改革实施方案》直接使用了"职教高考"这一新概念，以明确具有职业教育类型特征的高考制度存在的制度合法性。从形式上看，职教高考具备提升职业教育出口评价效度的基本条件，如统一命题、提供评价内容标准、规范评价方法和步骤等。做好职教高考，能倒逼职业教育重新思考课程体系、教材建设和教学质量问题，并为职业院校实施过程性考核提供重要参照。当然，这里要处理好职教高考的统一性和学校人才培养灵活性之间的关系，其核心在于如何筛选出那些具有评价意义和可操作性的评价内容与形式。

四、技能型社会建设与职教高考的社会使命

2021 年 4 月全国职业教育大会明确提出要建设国家重视技能、社会崇尚技能、人人学习技能、人人拥有技能的"技能型社会"。技能型社会是中国在开启第二个百年征程下提出的一个建设愿景，也是第一次把技能问题置于社会层面统筹解决。这是对职业教育发展格局的一次重新定位，更是对技能作为生产要素和生活方式的地位确立。技能型社会的提出，赋予了职教高考在技能人才选拔、技能要素传承、技能文化传播中新的期待。

（一）技能型社会的建设背景和诉求

我国政府曾提出过不同类型的社会形态，如和谐社会、学习型社会、资源节约型社会、环境友好型社会等。这些社会形态都是围绕一个中心要素对社会制度和运行机制进行改革，以实现对某种理念的贯彻。围绕技能问题的解决所构建的"技能型社会"也是如此。技能型社会可被视为是围绕技能问题解决所形成的一种社会形态，在这一社会形态中，政治、经济、文化等要素围绕技能形成、发现、供给、使用、传承形成了一定的运行模式。它体现了现代技能治理理念，有助于全民技能形成和深层次解决各类技能问题，并最终实现"国家重视技能、人人想学技能、处处可教技能"的社会发展愿景。

作为一种社会形态，"技能型社会"必须体现当下经济基础与上层建筑的统一，体现社会经济结构、政治结构、文化结构等的统一。从"五位一体"总体布局看，构建技能型社会与当前我国国情和发展需求相契合。政治层面，我国是工

人阶级领导的、以工农联盟为基础的人民民主专政的社会主义国家,进一步拓展技术技能人才政治参与的广度和深度,广泛团结各类技术技能人才参与国家治理,是巩固执政基础的必然要求;经济层面,促进产业转型升级,加快向高端产业和产业高端发展,迫切需要一支高素质复合型技术技能人才队伍做支撑;社会层面,社会就业压力陡增,以及对非物质文化遗产和民间技艺的保护,迫切需要通过不同形式的技能教育促进就业,挖掘宝贵的技能资源;文化层面,无论是对"工匠精神""劳模精神"的重视,还是对"尊重劳动""技能宝贵"的呼唤,都无法忽视技能作为核心载体的重要地位;生态层面,发展绿色经济、降低能耗和提升能效,迫切需要生产技术的革新和先进技术的普及。因此,"技能型社会"概念的提出,既是对学术领域发展"国别技能生态"的回应,更是对解决技能短缺、技能错配等实际问题的探索。

(二) 技能型社会背景下职教高考的"技能宣传"使命

从社会层面重视技能的社会价值,意味着技能不仅是重要的生产要素,更是人生存和发展的重要维度。普通高考在高等教育资源分配中的强势地位,一定程度上产生了人力资本同质化的问题[①]。学术类高等教育相对于职业高等教育的统治地位,让科学知识、学科知识产生了相对于技术知识、实践知识的天然优势。在普通高考年复一年的实施和强化中,职业教育作为一种教育类型,其对于高等教育的话语权、人才类型的话语权、知识传播的话语权等都被逐渐蚕食,最终导致职业高等教育的受教育者在教育体系内部和人力资源市场中受到了诸多不平等对待。技术技能人才是不是人才? 职业教育毕业生是否应该和普通教育毕业生拥有同等待遇? 大专究竟属不属于高等教育? 对这些命题的质疑,离不开普通高考多年来的形塑和影响。高考作为社会资源分配机制的高利害关系,对于塑造全民对职业教育的社会想象至关重要。因此,职教高考制度理应承担起其"宣传队长"的职责,通过其独有的职业高等教育资源分配的社会影响力和关注度,向社会大众传递"技能宝贵"的思想,宣传技能作为生产要素和人生存发展的重要性、技术技能人才的类型化特征和社会价值、职业高等教育的人才培养特征和社会价值等,为技能型社会建设提供宝贵的宣传阵地。

---

① 姜蓓佳,徐坚. 构建职教高考制度的动因、意义与行动 [J]. 国家教育行政学院学报,2022 (02): 54-62.

第二节　职教高考研究的学术史梳理

由于"职教高考"是在 2019 年正式提出的概念，所以关于此主题的相关研究较为缺乏。实际上，"职教高考"的前身是各省正在实施的高职分类考试招生制度，且这一制度目前正在部分省市继续沿用，因此对职教高考研究的学术史梳理，应该囊括对分类考试制度的相关研究。国内外关于此主题的研究则主要散见于职业能力测评、高校考试招生制度等的研究成果之中。这些研究从不同视角揭示了职业教育考试评价和人才选拔的类型特征、分类机制、政策路径与实施效果。

一、职教高考的内涵和特征研究

对"职教高考"概念的理解存在于宏观和微观两个层面：一是在宏观层面将职教高考理解为高等职业院校考试招生制度的总称，它包括考试、招生和录取等一系列制度。这是从制度的视角解读职教高考嵌入职业教育体系的角色和内涵。例如，李木洲认为职教高考是国家教育考试制度，它与普通高考并列且同等重要；是中等教育毕业生或具有同等学力社会青年进入高等职业院校学习的重要渠道；是为本、专科两个高等职业教育层次选拔新生的专门制度①。孙善学认为职教高考制度是我国高等职业学校招收新生的制度，由一系列符合高等职业教育人才选拔需要的考试招生制度组成，是具有类型教育特点的一项职业教育基本制度②。徐国庆从高考制度作为一种社会建制存在的条件出发，认为职教高考要成为一种制度，必须要实现公开选拔、充分选择、国家统一规划三个基本条件③。从制度层面解读职教高考的内涵，更多地倾向于分析职教高考的社会功能，尤其是在职业高等教育资源分配中扮演的功能。作为一个独立的制度体系，职教高考协调各级职业教育的人才培养和输送，并宏观调节优质职业教育资源的配置。

二是在微观层面将"职教高考"理解为职业教育的升学考试，是一种不同于传统的单纯纸笔测验、理论考试的新型综合考试评价方法。田建荣等基于人本主

---

① 李木洲. 职教高考的现实基础、理论定位与体系构建 [J]. 职教论坛，2021，37 (06)：44–48.
② 孙善学. 完善职教高考制度的思考与建议 [J]. 中国高等教育，2020 (03)：92–97.
③ 徐国庆. 作为现代职业教育体系关键制度的职业教育高考 [J]. 教育研究，2020，41 (04)：95–106.

义理论、马克思主义人学原理、多元智能理论以及利益相关者理论等视角，分析了分类考试设计的根源①。吴根洲重点突出强调与普通高考在考试内容和方式上的区别，尤其是"文化素质＋职业技能"的考试内容设定背后的职业教育类型特征②。有学者梳理了职业教育分类考试的若干种类型，包括单独考试、统一考试、综合评价等③。这是从考试作为一种人类有意识、有目的的反身评价活动的视角解读职教高考的内涵，它强调职教高考与普通高考在人才选拔方向上的差异，以及职教高考背后独特的知识论基础，希望通过这一考试类型地位的确立，将职业技能、技术知识等纳入大规模考试的范畴。

二、职教高考的功能和价值研究

为何要建立职教高考制度，以及政策层面期待职教高考发挥何种功能。对这一问题的探讨主要是从职业教育地位、技术技能人才队伍建设和缓解社会教育焦虑三个角度进行论述。首先，先前的职业教育分类考试制度仍然没有摆脱依附于普通高考的现实，在现代职业教育体系没有解决"断头教育"的问题前，分类考试无法通过评价手段的改革解决职业教育的地位问题④。而职教高考的提出，客观上营造了职业教育升学考试的独立环境，一些学者认为职教高考可以改善高职生源质量、促进高职院校招生规范化、凸显职业教育类型地位并提高职业教育的整体地位⑤。

其次，职教高考本身也是确立技术技能人才作为人才类型的重要制度设计。职业教育地位长期不高，一个很重要的原因在于社会始终存在人才观的偏见。当普通高考成为社会大众获得业缘关系、实现阶层流动的重要乃至唯一手段时，"普通高考"这一评价机制正在伤害除"学术型人才"以外的其他各类人才的身份合理性。"职教高考"制度的建立，有助于技术技能人才社会身份公平的重

---

① 田建荣，尹达．基于分类的考试理念：内涵、原则与策略［J］．教育与考试，2016，60（06）：59 - 64.
② 吴根洲．职教高考的适应性与选拔性［J］．职教论坛，2021，37（06）：49 - 52.
③ 程静，杨偲艺，蒋丽华．高职分类考试招生的主要模式、问题及对策［J］．教育与职业，2019，944（16）：88 - 92.
④ 马丹，宋美凤，黄旭中．多源流理论下的"职教高考"政策议程设置分析［J］．职教通讯，2022，550（03）：27 - 34.
⑤ 朱晨明，朱加民．现代职业教育高质量发展背景下"职教高考"制度建设研究［J］．教育与职业，2022（06）：21 - 28.

建①。祝蕾等则认为，职教高考制度的设计初衷源于社会稳定的政治考量和促进人力资源转化为人力资本的经济考量②。

最后，教育焦虑也是很多学者分析职教高考价值的切入点。姜蓓佳等（2022）以普通高考为分析的切入点，认为普通高考作为大众升学的独木桥逐步走向过度竞争，以及不能满足技术技能人才选拔和接续培养的需要，而且普通高考人才选拔的单一框架也会带动人力资本的同质化问题③。宾恩林（2022）认为，职教高考还能消解"双减"改革难题，包括形成社会资源多元化分配机制，缓解"双减"改革文凭社会困境；构建"文化—实体"的层创机制，突破"双减"官本位文化困境；促成技能型文化的自发机制，消解"双减"困境的代际传递问题④。为了提升大众对高等教育的需求，有学者认为不仅高职院校可通过职教高考招生，职业教育的本科院校以及本科院校的某些专业，也可通过"职教高考"招生⑤。

三、职教高考的公平与效率问题研究

公平和效率的问题始终是大规模考试招生制度设计需要考虑的最重要问题。对这一问题的关注源于评价背后的强社会利害关系属性⑥。李政（2021）通过分析政策发展的过程，发现效率导向一直是高职分类考试招生制度改革的逻辑主线：首先"分类"本身就体现了效率导向下高考改革的产物，其次分类考试的"知识＋技能"考试组合试图实现对技术技能人才的特殊选拔，此外，分类考试面向的群体主要包括中职生、高中生和社会人群三大类，强调分类考试的开放性和效率⑦。但是职教高考的改革动机并不仅仅是延续对效率的强调。相反，职教高考制度设计的初衷是为了通过实现教育机会公平，保障职业院校学生平等享受

① 李政. 促进公平还是激化不公？职业教育高考制度改革的"公平疑虑"及其消解［J］. 职教通讯，2021，538（03）：22 - 30.

② 祝蕾，楼世洲. "职教高考"制度设计的多重逻辑［J］. 中国职业技术教育，2020（16）：38 - 42，58.

③ 姜蓓佳，徐坚. 构建职教高考制度的动因、意义与行动［J］. 国家教育行政学院学报，2022（02）：54 - 62.

④ 宾恩林. 职教高考消解"双减"改革难题的内在机制与构建策略［J］. 职教论坛，2022，38（02）：38 - 45.

⑤ 熊丙奇. 加快建立"职教高考"制度［J］. 上海教育评估研究，2021，10（06）：23 - 26.

⑥ 李鹏. 评价改革是解决教育问题的"钥匙"吗？——从教育评价的"指挥棒"效应看如何反对"五唯"［J］. 教育科学，2019，35（03）：7 - 13.

⑦ 李政. 我国高职分类考试招生：价值意蕴、问题表征与改革路径［J］. 中国考试，2021，349（05）：40 - 47.

接受更高层次教育的机会；通过实现社会身份公平，确立技术技能人才作为人才类型的成长路径和独立地位；通过实现符号权力公平，提升工作本位知识及其语言表征系统在权力场域中的地位①。职教高考需要谨慎处理好公平和效率之间的关系②。

目前职教高考的公平性疑虑主要体现在考试内容设计、过程实施和录取方式三个方面，例如，技能考试的标准难以确定，职教高考过程的实施存在不透明性，一些录取方式可能会破坏程序公平等③。技能考试尽管很重要，但是在实施过程中如果设计不合理，且执行过程不严密，就很可能会产生公平性疑虑。王笙年认为，解决这一问题基本思想是借鉴学业水平测试的逻辑，只考察学生是否掌握了最基本的技能操作能力，而不应强求学生必须在短时间内能够完成十分复杂的工艺流程。这样，通过等级式的评分和门槛式的二阶段考试设计，既能赋予技能考试以一定的地位，同时也不会产生技能考试对职教高考公平性的根本性的冲击④。李政也提出了类似的解决方案，即设计"中职学业水平考试（技能考试＋专业理论考试）——全省统一职教高考（3＋X考试模式）"的两阶段考试设计，尽可能降低因能力评价信效度难以控制带来的对考试公平性的影响⑤。

四、职教高考的设计与实施研究

关于职教高考制度如何落地，一部分学者将目光投向了我国大陆以外，对其他国家和地区已有的制度建设和运行情况做了深度分析。瑞士通过专业会考、职业会考以及递进补充考试制度为职业教育培训提供升学路径⑥，且职业会考注重专业相关知识以及跨专业思考和问题解决等方法能力的考核⑦。美国为单轨制的教育体制，其中学毕业生可以参加学术能力评估测试（Scholastic Aptitude Test，SAT）与美国大学入学考试（American College Testing，ACT），获得的考试成绩

---

① 李政. 促进公平还是激化不公？职业教育高考制度改革的"公平疑虑"及其消解 [J]. 职教通讯，2021，538（03）：22－30.
② 李政. 新时代改进职业教育出口评价的几点建议 [J]. 上海教育评估研究，2021，10（01）：54－59.
③ 杜连森. 高等职业教育分类考试的功能分析、问题表征及改革建议 [J]. 职教通讯，2022（03）：20－26.
④ 王笙年. 职教高考考试模式及其制度体系构建探讨 [J]. 职教论坛，2020，36（07）：20－26.
⑤ 李政. 我国高职分类考试招生：价值意蕴、问题表征与改革路径 [J]. 中国考试，2021，349（05）：40－47.
⑥ 贺艳芳，王彬. 职业教育考试升学制度的瑞士经验及借鉴 [J]. 职教论坛，2022，38（03）：110－117.
⑦ 周瑛仪. 职业会考：应用技术大学生源选拔的瑞士经验 [J]. 教育与职业，2015（09）：17－20.

是他们能否升入大学本科的主要依据①。我国台湾地区中职生的升学路径主要包括甄选入学、技优入学和分发入学三种路径，这些路径都显示出了台湾中职学校浓厚的"升学导向"。日本职业教育的升学路径则主要包括一般入学、推荐入学、AO 入学、特别入学四种入学考试模式②。所谓 AO 入学是指升学时，结合其学科考试成绩之外的其他能力，诸如适应性、自学能力、学习兴趣和愿望等来综合判断合格与否的一种选拔方式③。此外，杨尊伟、邓芳芳、埃莱克普鲁（Arpacioglu）、穆迪（Moodie）等研究了美国社区学院的开放入学制度、土耳其职业学院开放入学制度、澳大利亚 TAFE 学院录取制度等。总的来看，各国职业教育主要通过三条路径升学：证书、考试和特招。而具体选择何种方式，或者以哪些方式进行组合，取决于该国职业教育办学模式、教育制度、职业教育资源供给情况等多种因素。以上研究见本书第四章。

实际上，我国高等职业教育考试招生大体经历了学校单独招生、多元化招生、高考统一招生、高考分类考试招生等发展阶段，标志着我国高考制度由国家本位、政策本位向社会本位、人本立场的转变④。很多省份在分类考试招生方案的制定和实施中已经积累了很多经验，也在科目设置、招生计划安排以及自主测试公平性等方面遇到了不少问题⑤，如评价内容的碎片化、评价实施的离散性、评价结果的孤岛化和评价影响的阻滞性⑥；各省分类考试政策执行主体存在功能性和基本能力建设的缺失、目标群体对政策认同度与满意度仍有上升空间、正式制度与非正式制度因素的支持力度不够⑦；各省的招生计划拟订不能满足学生升学需要，录取标准对生源质量产生较大影响⑧；考试招生相关利益方缺失、改革

---

① 焦彦霜，刘安洁，陈嵩. 国外职业教育升学路径与机制探究——以美国等七国为例 [J]. 职业教育（下旬刊），2019，18（01）：84 - 91.

② 朱秋寒. 日本高等职业教育入学考试的特点及启示 [J]. 职教通讯，2021（03）：31 - 40.

③ 蔡建国，李霁，刘丽君，等. 日本专门职业大学院的特征及升学路径 [J]. 高教探索，2017（S1）：133 - 134.

④ 田建荣. 高职院校分类考试制度设计与推进策略 [J]. 陕西师范大学学报（哲学社会科学版），2017，46（04）：20 - 26.

⑤ 王伟宜，罗立祝. 高职院校分类考试改革：理论、经验与对策 [J]. 中国高教研究，2014（11）：89 - 93.

⑥ 李政. 我国高职分类考试招生：价值意蕴、问题表征与改革路径 [J]. 中国考试，2021，349（05）：40 - 47.

⑦ 姜蓓佳，皇甫林晓. 省级政府执行高职分类考试改革的政策偏差与矫正——以史密斯的政策执行过程理论为视角 [J]. 职教论坛，2021，37（01）：79 - 87.

⑧ 董照星，袁潇. 高职院校分类考试招生的途径、问题和对策研究 [J]. 中国职业技术教育，2018，654（02）：5 - 9.

要求与现行政策尚有差距、考试环节缺乏有效技能测试①。苏达娜等（Sudana,
M. et al., 2019）发现职业高中毕业生的高失业率与学习过程评价不足存在关系,
即学习系统仍然只关注硬技能教学（技能评估）, 而忽视了与软技能相关的评估,
尤其是那些包括对 4C（创造力、批判性思维、沟通和协作）评估的评估②。

　　目前我国部分省份已经开始制定并实施本省范围内的职教高考改革方案。有
学者总览 30 个省区市关于高职分类考试的改革方案发现, 大部分地区改革步调
紧随国家整体规划, 呈稳健节奏, 但自上而下的政策对齐现象严重, 政策制定的
技术规范有待提升, 与改革相配套的基础条件和基本能力建设相当滞后③。一些
研究比较了华东地区七个省市职教高考的政策文本, 发现七省在“考试内容”
“本科批次”“招生对象”“省级统筹”四个方面具有共性特征, 而在制定进度、
具体开展、文化素质评价、技能评价以及招生办法五个方面存在差异④。

　　对于未来职教高考改革的方向, 一些研究从考试内容、方法、招生规则设计
等方面给出了相关建议。（1）对于考试内容的安排, 现有的研究大致可分为两个
观点：一是对技能考试等突出职业教育类型特色的强调, 要大幅增加技能考试的
内容⑤。重视技能考试的原因在于要突出人才选拔的类型化特点⑥；另外一个观
点是注重公平性和效率之间的平衡, 鉴于目前技能考试难以确保高水平的信效度
和公平性, 要谨慎处理技能考试在职教高考中的比重和内容设计⑦。此外, 李政
认为高考的内容设计主要受高等教育、类型化的知识体系以及高中教育三个维度
的影响, 因此, 职业教育高考的内容设计可遵循“双扇形”模型, 按照“基础
性、关联性、思维性”的筛选机制, 以及“体系化、定向化、结构化”的组织
机制, 选择和设计出科学合理, 且平衡多方需求的考试内容⑧。（2）对于考试方
法的改革, 赵志群等认为应该实施高质量的职业能力评价, 它包括考试和能力测

---

① 邱懿, 薛澜. 我国高等职业教育考试招生制度现状、问题与展望 [J]. 中国考试, 2021, 349 (05): 33 - 39, 55.
② Made Sudana, I., Apriyani, D., & Suryanto, A.. Soft skills evaluation management in learning processes at vocational school [J]. Journal of Physics：Conference Series, 2019, 1387 (1): 12075.
③ 姜蓓佳, 樊艺琳. 省级政府高职分类考试改革方案的比较研究——基于 30 个省区市政策文本的分析 [J]. 职业技术教育, 2021, 42 (09): 48 - 54.
④ 杜澔, 杨满福. 我国“职教高考”政策比较研究——以华东地区相关政策为例 [J]. 中国职业技术教育, 2022 (09): 11 - 15.
⑤ 蒋丽君, 边新灿, 卓奕源. 对高等职业教育考试招生的若干思考——以新高考改革为视角 [J]. 中国高教研究, 2016, 275 (07): 97 - 101.
⑥ 董照星, 王伟宜. 我国高职院校考试招生制度改革的回顾与审视 [J]. 教育与职业, 2020, 969 (17): 27 - 34.
⑦ 李政. 职教高考的公平与效率之问 [J]. 职教通讯, 2021 (04): 3.
⑧ 李政. 我国职业教育高考内容改革：分析框架与实施模型 [J]. 职教论坛, 2022, 38 (02): 31 - 37.

评，采用质性、量化和混合式方法，且混合式测评是未来职业能力测评发展的方向①。阿卜杜拉赫曼（Abdurrahman，P.）等提出了一种新的胜任力测试模型，即"不连续性"胜任测试模型，旨在克服"连续性"模型增加学生测试疲劳和压力的问题②。贾东耀和邹胜雄（Jia，D. Y. & Zou，S. X.）提出了一种基于静态和动态评价结果的维修人员职业技能综合评价方法，机械技能评价可分为综合素质评价和岗位水平评价，在两阶段综合评价方法和评价程序的基础上，提出了静态评价结果与动态评价结果的比值，使综合评价方法更加多样化和灵活③。温特（Winther，E.）和阿赫滕哈根（Achtenhagen，F.）认为应该根据劳动力市场的要求，使用基于技术的真实项目对职业能力测评进行设计。技术最佳的测试模式和执行减少了测试环境和测试人员的影响，因此，可以预期测试客观性的提高。此外，现场测试情境考虑了竞争的情境特征，因此，测试有效性随之提高。通过视频、动画或真实工具提供的嵌入式多通道交互式测试刺激，能够扩大测试人员在填写测试时的努力程度和出勤率④。温特和克劳斯（Winther，E. & Klotz，V. K.）还提出了对德国工商会行业经历能力评估方法的改进方案⑤。（3）招生制度方面，有学者认为应当实行专业大类招生，严格按照志愿填报、分专业录取的规则进行招录⑥。可以借助职业教育活动周、职业教育成果展示会、国际职业教育合作交流等，设立高职院校考试招生改革及典型学校平台；也可以借助信息技术手段创新宣传形式⑦。针对高职院校自主招生，教育行政部门可联合高职院校、行业专家组成考试指导委员会进行相应的管理⑧。缩短分类考试申请、确认、注册等环节的时间，利用多渠道宣传告知考生关键时间段，并在规定的时间内完

① 赵志群，黄方慧．"职教高考"制度建设背景下职业能力评价方法的研究 ［J］．中国高教研究，2019，310（06）：100－104．
② Abdurrahman, Parmin, & Muryanto, S. Evaluation on the automotive skill competency test through 'discontinuity' model and the competency test management of vocational education school in central java Indonesia ［J］. Heliyon, 2022, 8（2）：e08872－e08872.
③ Jia, D., & Zou, S. X. Vocational skills comprehensive evaluation method of track maintenance workers ［C］// Lecture notes in electrical engineering. Springer Berlin Heidelberg, 2014：487－495.
④ Winther, E., & Achtenhagen, F. Measurement of vocational competencies—a contribution to an international large-scale assessment on vocational education and training ［J］. Empirical Research in Vocational Education and Training, 2009, 1（1）：85－102.
⑤ Winther, E., & Klotz, V. K. Measurement of vocational competences：An analysis of the structure and reliability of current assessment practices in economic domains ［J］. Empirical Research in Vocational Education and Training, 2013, 5（1）：1－2.
⑥ 王笙年．职教高考考试模式及其制度体系构建探讨 ［J］．职教论坛，2020，36（07）：20－26．
⑦ 李小娃．效率导向视角下高职院校分类考试招生的实践逻辑与改革趋势 ［J］．教育与职业，2017，893（13）：25－31．
⑧ 张璇．天津市高职院校分类考试招生制度探析 ［J］．高等职业教育探索，2018，17（05）：63－68．

成相应工作。同时利用网络信息平台的便捷，使考生的申请、确认、缴费、注册等环节均可实现远程操作，省去考生来回奔波的麻烦[①]。

五、文献评述

从数量上看，目前关于职业教育考试升学制度的研究并不够丰富，但近年来随着各省开始推进具有省域特色的职教高考制度改革，相关研究也开始有所增加，讨论的范围和层次也日益扩大和加深。

在研究内容上，目前的研究主要涵盖了对职业教育分类考试或职教高考制度的内涵、特征、功能、价值、设计和实施等领域，整体研究偏宏观层面的政策解读和现实经验的总结凝练，对职教高考在中观和微观层面的内容设计、考试方法、考试组织、招生录取方案设计等缺乏系统研究。当职业教育的考试升学制度由"制度类型化"向"类型制度化"过渡时，对于职教高考的研究不能停留在对概念的演绎、对价值的澄清、对考试招生制度设计的原则性呼吁，而是应该进一步推动研究领域的下沉，关注不同主体在考试招生制度中的行动逻辑，关照考试招生制度作为职业高等教育资源分配机制的公平和效率关系，关切考试内容和方法的科学设计等。推动职教高考制度的有效落地，亟待有一个系统性、前瞻性、扎根性的研究。

在研究方法上，目前的研究主要是基于实践经验的思辨研究、基于政策文本的文献研究，以及基于国际经验介绍的比较研究。极少数研究通过准实验的形式对考试方法的效果进行评估，但总体而言实证研究数量很少。不可否认的是，目前关于职教高考的基础理论研究仍较为匮乏，一些关于职教高考的内涵、愿景，以及在实施过程中的一些基本问题，尚未在理论层面予以全面和清晰的回答，因此思辨研究、文本分析、国际比较等研究方法仍然需要。但无论是为了考察现有考试招生制度的合理性，还是为未来考试改革提供经验数据的支撑，我们都迫切需要实证研究的支持，需要来自考生、教师、官员的多元数据服务研究的深化和政府的科学决策。

在研究视角上，现有的研究主要是从教育学和制度学的视角，研究职业教育考试升学制度之于现代职业教育体系建设的意义，以及其作为教育制度的设计原

---

① 张萍，王晋，王晓辉，等. 高职分类考试招生改革的分析研究［J］. 陕西教育（高教），2018（11）：63 - 64.

则和策略，但是教育学视角和制度学视角难以让我们深入到职教高考内部的各个组成部分。例如，考试内容的设计往往要借鉴知识论，尤其是对技术知识、实践知识等领域的研究成果；考试方法的设计则要充分借鉴考试学的视角，尤其需要关注对考试信效度、难度、区分度等指标进行检测的技术；考试招生的制度设计还要借鉴社会学、管理学、政治学等学科的视角，将制度纳入更广泛的社会背景中，考察考试制度嵌入社会情境的形式、表征和影响。其中关于考试的公平和效率问题应该成为一个需要重点研究的领域，这是决定职教高考能否成为国民信任、企业认可、国家支持的升学考试制度的关键要素。

因此，本研究将主要围绕职教高考制度构建的若干核心问题，从以下几个方面开展研究：一是要借助制度学、社会学等学科视角，系统性地开展理论研究，重点讨论职教高考的内涵、建设愿景、功能定位、制度的合法性、公平与效率的关系等基本问题，回答"职教高考是什么"。二是通过对学生、教师、官员等群体的大规模问卷调查和访谈，分析当前我国职业教育考试招生制度设计的现状，及其对学生群体的影响。其中要通过数据的收集和分析，回答影响中职生升学的若干因素，以及考试设计的公平性对其升学意愿的影响等关键问题。三是对北欧、东亚、北美等典型国家和地区的职业教育考试招生制度进行比较研究，重点分析政治制度、文化氛围、教育资源等关键因素对考试招生制度设计的影响，从横向比较中挖掘职业教育考试升学制度设计的内在逻辑。四是借鉴考试学等学科视角，全面检视各省份职业教育分类考试的内容和方法，总结其经验和问题，并通过构建职教高考内容和方法设计的基础理论框架，创设一套体现科学性和可行性的职教高考考试内容设计方案。

第三节　职教高考的内涵分析

一、高考

普通高等学校招生全国统一考试（Nationwide Unified Examination for Admissions to General Universities and Colleges），简称"高考"，是合格的高中毕业生或具有同等学力的考生参加的选拔性考试。从功能上看，高考本质上被视为是在学制教育内设计的，让高中毕业生或具有同等学力考生进入高等教育的选拔机制。学生凭借考试成绩获得相应学校的选择资格，并在对报考过程中的"风险 - 收益"关系作出全面分析后作出最优的选择。因此，尽管高考在字面意义上只是普通高中的升学考试，但由于高考附带了社会资源的分配功能，能影响考生当下和未来发展的资源获取，因此高考具有十分强烈的社会性，是一种社会分配制度。

对高考的认识要抓住两个核心特征：一是选拔性。一方面，高考的选拔性源于高等教育资源，尤其是优质高等教育资源的稀缺性。高等教育资源可被视为是学生获得人力资本增值，乃至实现阶层突破的重要载体，不同水平的高等教育资源所发挥的人力资本增值效果不同，因而产生了对高考选拔性功能的重视。另一方面，高考的选拔性也源于接受高等教育的条件。尽管我国高等教育已经实现了由大众化向普及化的过渡，但是不可否认的是高等教育自身具有一定门槛，并非所有人都适合接受高等教育。一定的选拔性可以让高等教育机构甄选适合的学生入学，并为考生提供最适宜的高等教育选择。选拔性决定了考试要有区分度，要通过对考试内容和方式的科学设计，精准选拔适宜就读高等教育的人才。这是一种效率导向的设计思路。

二是公平性。公平性源于高考作为社会分配机制所分配对象的公共性。我国的高等教育主要由国家主办，发展高等教育所需要的资源源于纳税人，因此具有显著的公共性和公益性。这一点与西方部分国家存在根本差别。尽管中国从20世纪80年代中期开始探索多元化筹资体制，但是以财政拨款为主、其他多渠道为辅的高等教育筹资方式是我国高等教育发展最基本的财政制度[1]，且公办高等教育机构占据我国高等教育机构的主体。在集体主义的话语背景中，高考是全民基于对政府的信任而共同构建的"命运中转站"，信任是维系高考制度合法性最重要的理念。正是由于高考分配社会共同资源，且分配的结果也服务于资源的再创造，因此决定了高考必须要突出其"为国选材""为民量材""公平选材"的价值导向。

选拔性和公平性（或称效率和公平）之间某种程度上是冲突的，因为选拔性不可避免地体现了"适者生存""优中选优"的基本理念，从而可能忽视公平性所注重的"起点公平""过程公平"等诉求。几十年的高考制度改革，始终是围绕公平、效率、科学三个价值取向进行的博弈[2]。对于职教高考改革而言，公平

① 胡耀宗. 高等教育财政的公共性检视［J］. 中国高教研究，2010，198（02）：27 - 30.
② 李木洲. 效率、科学与公平：高考制度现代化的内部动因［J］. 中国教育学刊，2021（09）：44 - 49.

和效率的关系也将贯穿其中，并成为主导政策变迁的关键变量。

二、职教高考

"职教高考"是一个政策性概念，它由"职业教育"和"高考"两个核心词构成，其目的是突出考试招生制度的类型化特点，以及对已有职业教育考试招生途径"非建制化"的改革。本研究将职业教育高考制度定义为现代职业教育体系内部评价和选拔应用型人才的考试招生制度，它体现了两个基本特点。

（一）职教高考服务于职业教育体系内部的学生分流和人才选拔

职教高考继承了先前各省已有的职业教育分类考试招生制度中"职业教育"的类型化特征，"职业教育"赋予了高考制度以功能范围的修饰，因此，职教高考作为一种考试升学制度，主要服务于职业教育体系内部的学生分流和人才选拔。这意味着：（1）职业教育高考是具有一定门槛的考试，既要获得参与职教高考的基本资格，也要拥有通过考试的基本能力。（2）职业教育高考依托职业教育人才培养的基本逻辑，为社会选拔应用型人才，这与普通高考选拔学术类人才的方向是不同的。（3）职教高考主要服务于中职生（或具有同等学力人员）向专科层次和本科层次（含应用型本科和职业本科）的升学，它不同于职业资格证书、职业技能等级证书的资格与技能认定，而是为学习者提供学历和学力提升的机会。

（二）职教高考需要成为一种社会公认、运行稳定、功能清晰的升学考试制度

尽管各省的职业教育分类考试招生制度实施多年，但的确存在不少亟待解决的问题，例如，升学途径多而复杂且不成体系；以中高、中本贯通为代表的贯通培养升学路径主要以项目化的形式存在，制度稳定性不足；学生升入本科后无法适应学习要求；职业教育分类考试设计欠缺科学性，成绩的通用性和社会认可度不高等。当一种考试的科学性和稳定性不足时，势必会影响这种考试升学制度在社会层面的权威性，无法赢得用人单位和社会大众的认可。因此，职业教育分类考试应该比照"普通高考"制度的设计思路、意图和框架，全面提升考试内容和方法设计的科学性、促进考试与招生制度间的相对分离、强化专科和本科通过大

规模统一考试招生的稳定性。

第四节　职教高考的建设愿景和功能定位

一、职教高考是现代职业教育体系的运行机制

经过多年的发展，我国已经初步建成了"纵向贯通、横向融通"的现代职业教育体系。这一体系内部形成了从中等职业教育到职业专科教育，再到职业本科教育的层次划分，并打通了向专业学位的上升途径。构建教育体系的核心目的在于围绕一类人才的培养形成完整链条和制度环境。不同阶段的教育会根据这类人才培养的总目标，设定其知识、技能、态度等维度的培养分目标，并通过不同阶段教育间的筛选和分流，实现人力资本的增值。因此，"流动"是现代职教体系作为一种教育类型的内在需求，它预示着这类教育内部的要素及其连接是健全完整的，学生进入这类教育能够获得可期待的发展空间。只有源源不断的学生进入体系深造，才能维护现代职教体系健康可持续的发展。

然而，体系内部依靠什么动力实现学生自下而上的流动？依靠什么标准将学生分流至专科或本科？在普通教育体系内部，以学科知识的理解和运用为载体的高考成为分流学生的主要依据。各级各类教育根据普通高等学校的入学要求，基于学科知识自身的特点和高中教育的独特性，设计了以学科知识为主要内容、以纸笔测试为主要方式、以标准化分数为呈现结果的评价机制，遴选适合进入更高层次教育的学生升学。选择以高考的方式促进学生流动，取决于学科化知识自身的特点、学术类人才的类型特征，以及学校教育办学的特点。也正是高考这一动力机制，实现了义务教育、高中教育和高等教育间的衔接，逐渐明确了普通教育的性质和目标，并先入为主地影响了学术导向评价在整个高中阶段评价中的主流地位。在普通高考的强势作用下，专科教育被长期定位为"普通高考"失败者的选择，不仅为进入专科教育的学生贴上了教育分层的标签，更使得职业教育长期被定位为"断头教育""没有出路的教育"。

职业教育体系的建立和运行，也必然需要依托明确的目标建立分流机制，让体系内部的学生按照既定的规则和相对明确的路径向上流动，而职教高考正是这

一机制。它基于政府监督的权威性，以及专业团队的客观性和专业性，从职业教育人才培养目标和类型特征出发，建立科学性和公平性兼具的遴选规则。与技能大赛等竞赛类的评价机制相比，职教高考面向所有具有高中阶段学力的学习者，更能体现考试的公平性和社会性；与中高、中本贯通等项目相比，职教高考是一种制度化的上升机制，它能为内部学生升学提供稳定的制度保障，降低学生选择职业教育的不确定性成本；与学业水平、技能抽测等省域层面的水平性考试相比，职教高考更强调选拔性，是对学生是否具备接受职业高等教育资格的检验。

二、职教高考是统摄学校职业教育的指挥棒

长期以来，职业教育各层次间的人才培养并非紧密衔接。尽管在制度层面存在中高贯通、中本贯通、高本衔接等人才培养的项目设计，但实施过程中，这些项目往往注重的是组织层面的融通，而非人才培养，尤其是课程层面的融通[①]。在缺乏中高本一体的人才培养设计的前提下，三个教育层次之间各自为政，从而导致课程的重复设置、人才培养模式的单一设计以及人才培养评价的导向缺失。这些问题在普通教育领域并不突出，其主要原因之一在于高考扮演着十分强大的教育指挥棒功能。教育评价的"指挥棒"本质上是教育评价的导向和激励功能，通过评价结果附带的各类资源，引导各级各类学校按照评价的理念、内容和方法进行人才培养的设计，从而实现教育体系内部人才培养目标的一致性，以及内容的进阶性。而这种指挥棒功能的现实基础源于高等教育资源的稀缺性。有学者认为，只要优质高等教育依旧是社会激烈争夺的稀缺资源，只要社会还需要用客观公正的考试方式来选拔人才，考试引导教学的现象就必然会发生，"考试指挥棒"是一种避免不了的客观存在[②]。不可否认的是，高考的指挥棒功能的确存在一定的负面效应，其中最典型的就是造成"考什么就教什么"的偏科效应和片面教学[③]。然而，从中国科举制度的发展历史和国外考试评价的现状看，考试的指挥棒功能所发挥的正向功能是大于其负面效应的，例如，统一的高考制度可以充分体现党和国家的育人理念和目标，维护国家统治和社会稳定；此外，公平和相对

① 赵晓燕，袁二凯，马建华. 高素质技术技能人才贯通培养的现状、问题与对策［J］. 中国职业技术教育，2021，782（22）：18－24，59.
② 郑若玲，宋莉莉，徐恩煊. 再论高考的教育功能——侧重"高考指挥棒"的分析［J］. 全球教育展望，2018，47（02）：105－115.
③ 郑若玲. 试析高考的指挥棒作用［J］. 厦门大学学报（哲学社会科学版），2002（02）：7－10.

标准化的高考制度，可以降低部分考生利用其家庭雄厚的权力资本进行权力寻租的可能性，在社会中营造公平竞争的良好氛围，让寒门学子拥有实现阶层流动的机会。更重要的是，高考实际上为各级各类教育设定了人才培养的总目标，义务教育阶段和普通高中阶段的人才培养都将不同程度地受到该目标的影响，从而维持人才培养的内部一致性。这种一致性对于强化体系内部各层次间的互动和衔接、避免教育资源和学生学习精力投入的浪费都具有重要意义。作为考试制度的顶层设计者，应该通过制度完善和技术应用，最大程度发挥高考作为"指挥棒"的正向功能。

从考试指挥棒功能的角度来看，构建职教高考制度的首要目的，是要构建起区域内技术技能人才的培养和发展体系。通过相对统一、经过科学设计的考试制度，区域内的中职、高职和职教本科可以寻找到各自办学的基准线，进而自上而下地依次明确人才培养目标、课程设置和毕业要求，并倒逼各级职业学校主动研究其他层级职业教育的人才培养特点，探索一体化的可能路径和现实方案。与中高贯通、中本贯通、专升本等传统的职业教育升学路径相比，职教高考制度真正构建起了区域内职业教育人才培养的评价体系，为规范办学、促进各级职业教育内部衔接提供了外部动力。

需要明确的是，相对统一的考试模式并不会抹杀职业教育人才培养的多样性。相反，统一考试的最大优势在于兜底和评估人才培养的基本质量，并通过合理的考试内容和招生制度设计，选拔出适合在高职和职教本科就读的学生。实际上，一些省市已经不同程度地建立起了省域学业水平测试制度和技能抽测制度。这些制度在规范各级学校办学、摸底人才培养质量、服务职业院校招生等方面体现了一定价值。然而总的来看，现有的统一考试制度在内容设计、实施过程、成绩使用、制度权威性等方面还存在很多问题。而以各级各类技能大赛为代表的竞赛评价，虽然能为人才培养质量提供评价维度，但不能全面反映各级各类职业教育人才培养的平均水平，也无法实现对人才培养过程的有效规范和系统设计。因此，职教高考制度的设计，既要高瞻远瞩，做好顶层设计；又要充分考虑已有的职业教育评价机制，实现不同类型评价的优势互补。

三、职教高考是技术技能资源优化配置的社会制度

当高考成为高等教育资源的分配机制时，高考将不再只是一个单纯的教育制度，而是嵌入社会的资源优化配置制度，其配置的对象是具有人力资本的各类人

才。它通过一套机制，科学评价个体是否具备接受高等教育的能力，以及未来成长为应用型人才的潜力。人力资本理论中关于"教育的筛选或提供信号的作用"的论述为此提供了学理层面的说明。斯彭思（Spence，M.）认为，劳动力市场上存在着一种类型的信息不对称，即当雇主考虑雇佣一个求职者时，并不能准确地判断其生产能力，而且即便雇佣后，雇主也未必能马上知道新员工的生产能力。此时，雇主需要根据求职者身上某些易于被观察到的特征来对其能力高低进行判断并作出雇佣决策。求职者的受教育水平很好地充当了为雇主提供辨别信息的信号[1]。雇主会根据自身对学历证书和学习者自身能力间关系的判断，选择是否凭借学历证书录用个体。

职教高考制度的建立，可被视为是为技术技能人才进入人力资源市场提供一个强有力的配置工具。职教高考配置技术技能资源的方式，是凭借职教高考的成绩，向不同的学生发放获取不同层次学历证书的机会，从而实现对人力资本提升机会的配置。如果考试内容和方式设计合理，考试成绩和学生的职业能力及发展潜力之间能够形成强关联，且被雇主所接受，那么职教高考就能够成功实现信号功能。例如，常见的雇主对第一学历重视的现象[2]，就体现了雇主对普通高考成绩的高度认可。

在现有的技术技能人才资源的使用过程中，各类职业资格或技能证书也扮演着类似的功能，但与这些证书为个体提供的专项能力证明所不同的是，职教高考配置的更多的是学生的综合能力，尤其是体现在职业能力形成过程中的学习能力、职业思维等核心能力。这也是职教高考成绩能够赢得社会认可和雇主信赖所必须要走的路。面对职业世界日新月异的变化所带来的任务边界模糊、工作情境复杂化等新挑战，职教高考要站在面向全产业后备人才队伍建设的高度，站在服务个体生涯可持续发展的角度，从具体的职业能力水平测评走向对考生核心能力的评价，让社会大众和雇主能够通过职教高考的成绩看到个体当下职业能力的水平，以及未来职业发展的潜力。

[1] Spence, M. Job market signaling [J]. The Quarterly Journal of Economics, 1973, 87（03）：355－374.
[2] 李彬，白岩. 学历的信号机制：来自简历投递实验的证据 [J]. 经济研究，2020，55（10）：176－192.

第二章
我国职业教育考试升学制度的
设计与实施现状调查

作为教育评价领域和社会资源分配领域的重要制度，职教高考改革势必会对已有的职业教育内外部发展环境产生重要影响。与职教高考密切相关的利益主体——包括但不限于政府、职业院校、学生及其家庭、行业企业等，也会基于自身的利益诉求，形成不同的立场、观点和行动逻辑。因此，推动职教高考改革，有必要了解当前我国职业教育考试升学制度的执行情况，以及不同主体对职教高考改革的看法，从而为后续改革的具体设计提供现实基础。

第一节　调研背景与目的

一、调研背景

（一）省域层面已有多种类型的职业教育升学考试路径

在国家于政策层面提出"职教高考"这一概念前，各省在多年的改革中已经形成了多类型的职业教育考试升学路径。表2-1呈现目前各省主要的六条路径，包括高职自主招生考试、三校生高考、普通高考、贯通培养、技能特招、五年制高职等。总的来看，这些路径呈现出以下三个特征：（1）省级教育行政部门统筹负责本省职业教育考试升学路径的设计和执行，中央以原则规定和方向性政策出台为主，职业教育考试招生制度整体呈现省级统筹、省域特色的形态。（2）在已有的升学路径中，部分路径（如贯通项目）属于项目制的升学路径安排，尚未进入稳定的升学制度体系之中。五年制高职在部分省份仍属试点或小规模举办阶段，在数量和规模上尚不足以支撑大规模的升学。此外，技能特招尚缺乏清晰统一的政策执行标准。（3）目前体现职教特色的升学路径（如单招、三校生高考）和普通高考以层次筛选的路径并存，表明各升学路径设计的核心目的仍然是解决学生的升学需求，较少考虑应用型人才培养的系统性需求。

表 2－1　　　　　　　　　　　省域主要职业教育考试升学路径

考试方式	招收学生	时间	考试内容	备注
高职自主招生，部分地区叫单独招生、高职单招	中等职业教育毕业生	约每年3月	学业水平考试成绩＋职业倾向测试（面试）	只能进入对口的高职
三校生高考，部分地区叫对口单招	中等职业教育毕业生	约每年5月	语数英＋职业技能测试	针对中等专科学校、中等职业学校和技工学校三类中职校的招生方式，招生单位既有高职，也有本科，因此此学生有一定机会进入本科。但这类考试难度更大，因为要考语数英
普通高考	普通高中毕业生、中等职业教育毕业生	每年6月	语数英＋选考科目	普通高考的专科批次
3＋2中高、3＋4中本贯通项目	初中毕业生	约每年6月	转段考试	一些中职在招生时就会宣传与其他高职或本科的贯通培养合作项目，因此学生在中职入学前就基本确定了未来去的高职和本科
技能特招	中等职业教育毕业生	约每年6月	无	针对那些在国家级或省级职业技能大赛中获奖的学生，实施的特殊招生政策，数量很少
五年制高职	初中毕业生	约每年6月	无	这类高职并非传统的三年制大专，而是以中职起步，但是按照五年制的学制设计，学生五年毕业后直接拿大专文凭

（二）国家尚未公布职教高考的改革细则

自 2019 年《国家职业教育改革实施方案》公布以来，中央层面尚未出台关于职教高考改革的细则或指导意见。2020 年的《职业教育提质培优三年行动计划（2020－2022）》则并未提及"职教高考"这一概念，而是强调要"建立健全省级统筹的高职分类考试招生制度"。文件中指出要"完善高职教育招生计划分配和考试招生办法，每年春季省级教育行政部门统一组织开展以高职学校招生为主的分类考试。分类考试录取的学生不再参加普通高考。保留高职学校通过普通高考招生的渠道，保持分类考试招生为高职学校招生的主渠道"。这一政策基本维持了过去普职招生并存的两条腿走路方案，同时对考生考试资格做了明确规定。在 2021 年公布的《中办国办关于推动现代职业教育高质量发展的意见》中，再次提到了"职教高考"制度的表述，并强调要"完善'文化素质 + 职业技能'考试招生办法，加强省级统筹，确保公平公正"，将"公平公正"作为下一阶段职教高考改革的重要突破口。但总的来看，目前中央层面尚未出台职教高考的改革细则，主要政策仍是原则规范和方向指导。

（三）不同省份职教高考的改革速度和方向存在异同

职教高考改革的省域统筹，给了各省改革探索的空间，从而导致各省改革的步调、举措各异。有研究者统计了 2014 年以来各省出台的职业教育分类考试招生制度改革的政策文本，发现各省在"文化素质 + 职业技能"考试内容的安排、改革方案实施的进度安排、生源群体划分等方面既存在共性，更存在差异。同时，该研究还发现政策层面"自上而下的政策对齐现象严重、政策制定的技术规范有待提升，且与改革相配套的基础条件和基本能力建设滞后"[①]。这也显示各省目前对于职教高考改革的政策仍处于探索和试水阶段。

二、调研内容

（一）当前部分省市职教分类考试制度的实施现状和问题

职业教育省域统筹的发展格局，决定了各省职业教育考试招生制度具有鲜明的省域特色，这一特色体现在招生路径设计、考试内容与方式设计、招生名额分配等方面。因此，从国家层面构建职教高考制度，必须首先摸清各省的"底数"，比较不同省份职业教育考试招生路径的类别和异同。各省当前职业教育考试招生的基本规模、实施效果及存在的问题，明确共性与个性问题，为后续国家和地方协调制度改革行动提供参照。

（二）社会大众对职教高考制度的看法和期待

职教高考改革关乎社会大众的切身利益，尤其是近年来社会对"普职比"、中等职业教育发展方向、职业教育学生的生涯发展等问题的高度关注，不仅反映

---

① 姜蓓佳，樊艺琳. 省级政府高职分类考试改革方案的比较研究——基于 30 个省区市政策文本的分析 [J]. 职业技术教育，2021，42（09）：48 - 54.

出中国社会对通过考试获得未来发展机会的一贯重视，也表明了当前社会对职业教育改革的更高期待。社会大众的视角，能为制度设计带来最朴素、最直接的民意参照，是制度设计的重要逻辑起点。

（三）地方政府设计职教高考制度的基本逻辑和阶段性现状

各省基于省情设计的考试招生制度，在基本逻辑上必然存在异同。例如，所有省份必然要基于国家关于发展职业教育的大政方针，明确未来一段时间考试招生改革的基本方向，在招生数量、招考方式等方面大致如何改革；但不同省份会基于自身职业高等教育资源和考生数量的比例，尤其是优质职业高等教育资源的生均占有情况，明确不同考试招生方式的主次关系。一些省份在制度改革过程中还存在不同程度的"路径依赖"，以及对潜在风险判断差异所导致的决策差异。因此，有必要明确各省当前和未来一段时间职业教育考试招生制度的设计逻辑、运行机制和主要问题，把教育行政部门的考虑同样作为制度设计的逻辑起点，以提升后续制度设计的精准性。

第二节　调研设计

一、研究对象

（一）职业院校学生

基于分层抽样和方便抽样的原则，本次调研覆盖了上海、江苏和四川三个省份的共 10711 位中等职业学校的学生，其中男性占比 54.16%，女性占比 45.84%。在年龄分布方面，15 岁以下占 0.42%，15 岁的占 5.85%，16 岁的占 32.61%，17 岁的占 38.75%，18 岁的占 16.21%，18 岁以上的占比 6.16%。在年级分布上，中职二年级的占比 61.55%，三年级的占比 38.45%。在专业分布上，农业专业的学生占比 6.75%，制造业专业占比 13.63%，服务业专业占比 79.62%。在所抽样调查的学校中，属于国家级示范中等职业学校的占 24.62%，属于省级示范中等职业学校的占 19.48%，属于国家级重点中等职业学校的占

34.43%，属于省级中等职业学校（示范/特色专业）的占比 17.13%。属于公办中职的占比 83%，属于民办中职的占比 17%。

调查的学生群体中：独生子女占 27.32%，拥有 1 个同父同母兄弟姐妹的占41.73%，拥有 2 个的占 16.38%，拥有 3 个的占 7.70%，拥有 4 个及以上的占6.87%。可以看出，中等职业学校学生中非独生子女的占比偏大。家庭所在地位于城市的占 24.30%，位于农村的占 75.70%，显示农村生源仍然是被调研省份中等职业学校的主要生源；在家庭收入方面，表 2-2 显示，1000~3000 元的收入水平是被调查群体的主要收入水平，其次分别是 3001~5000 元、5001~7000元、1000 元以下、7001~9000 元以及 9000 元以上。表 2-3 显示了样本群体中家长职业的基本情况，其中父母是农民职业的占比最高，分别达到了 40.17% 和41.49%。其次分别是企业普通员工、个体户、企业中层以上管理人员、公职人员、教师和其他职业。表 2-4 展示了样本群体中家长的学历情况，其中父亲为初中学历的占比最高，母亲为小学及以下学历的占比最高。父母具有专科以上学历的占比均不足 7%。表 2-5 展示了学生父母对学生的学历期望，其中本科学历在父母的学历期望中占比最高，达到了 54% 以上，其次分别是大专、研究生和中专。表 2-6 展示了学生在中职校担任职务的基本情况，其中在班级担任职务的占 35.59%，在学校担任职务的占 17.41%。表 2-7 调查了学生的主观社会地位，题目为"请你想象一下这个梯子代表了中国不同的家庭所处的不同的社会阶层，等级越高，表示其所处的阶层地位越高。例如，01 代表社会最底层，来自这些家庭的人其生活境况是最糟糕的，教育水平最低、工作最不体面、收入最低下；10 代表社会最高层，来自这些家庭的人其生活境况是最优裕的，他们受教育程度高、工作最体面、收入最高。现在，请结合您的状况，思考一下您觉得自己出身的家庭位于梯子的哪一级？"调查结果显示，"5"代表的中间地位占比最高，为 29.92%，其次分别为 4、6、3、10、7、2、1、8、9，平均值为 5.20。总的来看，中职生的主观社会地位位于中等水平。

表 2-2　　　　　　　　　　　家庭人均月收入情况

家庭人均月收入	占比（%）
1000 元以下	12.65
1000~3000 元	37.76
3001~5000 元	26.48

续表

家庭人均月收入	占比（%）
5001~7000 元	12.73
7001~9000 元	4.83
9000 元以上	5.55

表 2-3　　　　　　　　　　学生父母职业

学生父母职业	父亲职业占比（%）	母亲职业占比（%）
公职人员（含公务员和除教师外的事业单位人员）	1.70	1.31
教师	0.34	0.46
企业中层以上管理人员	2.63	1.60
企业普通员工	14.61	14.44
农民	40.17	41.49
个体户	7.75	7.02
其他	32.80	33.68

表 2-4　　　　　　　　　　学生父母学历

学生父母学历	父亲文化程度占比（%）	母亲文化程度占比（%）
小学及以下	33.31	44.05
初中	44.74	38.02
高中（中专）	15.61	12.29
专科	3.26	2.96
本科及以上	3.08	2.68

表 2-5　　　　　　　　父母对学生的学历期望

父母对学生的学历期望	父亲学历期望占比（%）	母亲学历期望占比（%）
中专	4.91	4.65
大专	24.15	24.07
本科	54.73	54.60
研究生	16.21	16.68

表 2-6   学生在学校担任职务情况

学生在学校担任职务情况	班级职务占比（%）	学校职务占比（%）
担任	35.59	17.41
不担任	64.41	82.59

表 2-7   学生的主观社会地位

主观社会地位分值	主观社会地位评分占比（%）
1	3.87
2	5.20
3	11.48
4	15.66
5	29.92
6	12.66
7	6.86
8	3.61
9	1.54
10	9.20

除了上述量化调研覆盖的 1 万余名学生外，本次调研还针对学生个人进行了深度访谈，共访谈来自上海、江苏、湖南、四川等省份的学生 54 名。

（二）职业院校教师

为了了解职业院校教师对职教高考制度的看法，本次调研访谈了来自上海、湖南、四川、山东、江苏等省份的 65 名教师，这些教师分别在学院行政岗、招生就业办、专业教学岗等不同岗位工作（见表 2-8），可以从各自工作的角度提出对职教高考制度的看法和期待。

表 2-8   访谈教师数量及岗位分布

省份	数量（名）	岗位分布
上海市	12	学院院长、招生就业办负责人、专业负责人、普通教师
湖南省	14	

续表

省份	数量（名）	岗位分布
四川省	10	学院院长、招生就业办负责人、专业负责人、普通教师
山东省	17	
江苏省	12	
总计	65	

（三）教育主管部门

为详细了解政府部门对职教高考制度改革的看法和意图，本研究共访谈了来自上海市教委考试院、上海市教育评估院、四川省教育科学研究院、四川省教育考试院、江苏省教育考试院、山东省教育厅、重庆市教育考试院、湖北省教育考试院等不同省份教育和考试行政部门的领导或工作人员。

（四）社会大众

社会大众是对不分阶层、职业、身份的普通公众的泛称，对社会大众意见的调查，必须要达到一定样本量，且各部分阶层、职业、身份等都有所覆盖。为实现这一研究目标，本研究以"微博"为研究样本，通过对一定时间段内网民关于职教高考的相关微博博文分析，了解社会大众对职教高考的基本态度。需指出的是，采用微博尽管可以覆盖"社会大众"的大样本群体，但可能会较少覆盖使用微博频率低的老年群体。

二、研究工具

（一）调查问卷

本研究采用自编问卷《中职生升学情况调查问卷》，该问卷由四个部分组成：第一部分为个人与家庭的基本信息，包括性别、年龄、年级、专业、籍贯、所在中职校基本情况、家庭人口数、月收入、父母职业、父母学历、专业承诺等；第二部分为升学意愿调查，主要包括升学与否、升学或不升学的原因、升学路径选择、报考意向及原因等；第三部分为学生的学习特征调查，包括专业认同、学习兴趣和学习自我效能感；第四部分为政策感知，即被研究群体对于升学政策本身的了解程度与认可程度①。变量情况如表 2-9 所示。其中，学习兴趣和学习自我效能感的题项设计参照了何娟编制的学业兴趣和自我效能感问卷②，专业承诺的题项设计参照了许长勇编制的大学生专业承诺量表③，并结合中等职业教育的特点做了修订。采用克朗巴哈系数（α）和验证性因子分析（CFA）对修订后的问卷进行了信效度检测，修正后的问卷信效度均合格（见表 2-10）。调查问卷详见本书附录。

表 2-9 变量类型与定义

变量类型		变量定义
个体因素	性别	1. 男；2. 女
	年龄	1. 15 岁以下；2. 15 岁；3. 16 岁；4. 17 岁；5. 18 岁；6. 18 岁以上
	年级	1. 二年级；2. 三年级
	专业	1. 农业；2. 制造业；3. 服务业
	籍贯	1. 东北；2. 东部；3. 中部；4. 西部
	自我学历期望	连续变量（5 级）
	专业认同感	连续变量（5 级）
	学习兴趣	连续变量（5 级）
	学习自我效能感	连续变量（5 级）
	主观社会地位	连续变量（10 级）
家庭因素	兄弟姐妹数量	1. 0 个；2. 1 个；3. 2 个；4. 3 个；5. 4 个及以上
	家庭所在地	1. 城市；2. 农村
	家庭人均月收入	1. 1000 元以下；2. 1000~3000 元；3. 3001~5000 元；4. 5001~7000 元；5. 7001~9000 元；6. 9000 元以上
	父母职业	1. 公职人员（含公务员和除教师外的事业单位人员）；2. 教师；3. 企业中层以上管理人员；4. 企业普通员工；5. 农民；6. 个体户；7. 其他
	父母学历	1. 小学及以下；2. 初中；3. 高中（中专）；4. 专科；5. 本科及以上

① 蒋承，李笑秋.政策感知与大学生基层就业——基于"三元交互理论"的视角 [J].北京大学教育评论，2015, 13 (02)：47-56, 188-189.
② 何娟.大学生学业兴趣及相关因素研究 [D].太原：山西大学，2009.
③ 许长勇.大学生专业承诺对学习投入和学习收获影响机制的研究 [D].天津：河北工业大学，2013.

续表

变量类型		变量定义
家庭因素	父母学历期望	1. 中专；2. 大专；3. 本科；4. 研究生
	生涯教育效果	连续变量（5 级）
	亲戚影响	连续变量（5 级）
学校因素	学校所在市	1. 东北；2. 东部；3. 中部；4. 西部
	学校属性	1. 公办；2. 民办
	国家级荣誉	1. 是；2. 否
	班级干部	1. 是；2. 否
	学校干部	1. 是；2. 否
	同伴影响	连续变量（5 级）
政策因素	升学政策获取	连续变量（5 级）
	职教本科认同度	连续变量（5 级）
	升学政策公平性感知	连续变量（5 级）
升学与否		1. 升学；2. 不升学

表 2-10　　　　　　　　　　　问卷信效度测试

变量	题项	信度（α）	效度					
			卡方/自由度 < 5	GFI > 0.95	AGFI > 0.95	NFI > 0.95	CFI > 0.95	RMSEA < 0.8
学习兴趣	4	0.965	2.206	0.998	0.989	0.999	0.999	0.034
专业认同	4	0.966	1.261	0.999	0.994	0.999	1	0.016
自我效能感	5	0.983	1.616	0.997	0.990	0.999	1	0.025
政策感知	4	0.978	4.822	0.995	0.977	0.998	0.999	0.061

（二）访谈提纲

本研究基于不同访谈对象的特征和研究需求，设计了四份访谈提纲，具体内容如下。

1. 招生就业办老师访谈提纲

●目前学校招收的学生中，主要是通过何种渠道进入学校的（如单独招生、对口招生、普通高考、中高职贯通等）？不同渠道的学生，其生源质量有何特征？

- 不同招生渠道的优劣势有哪些？
- 现有的招生制度如何影响学校的整体招生政策？
- 现有的招生制度能否满足学校的招生需求？存在哪些问题？
- 对"职教高考"这一新生事物，有何期待或诉求？希望它能解决哪些问题？

2. 教师访谈提纲

- 目前您所带的学生中，主要是通过何种渠道进入学校的（如单独招生、对口招生、普通高考、中高职贯通等）？不同渠道的学生，其生源质量有何特征？
- 目前您觉得现有的升学考试制度是否能甄选适合就读高等职业教育的学生？为什么？
- 目前现有的升学考试制度，您认为哪种升学途径是较为公平或完善的？这些升学途径的劣势有哪些？
- 升学考试如何影响日常的教学和对学生的考核？
- 您是否参加过各类升学考试的命题工作？您觉得现有升学考试的试题是否合理？为什么？这些试题与高职学习内容是否有一定的衔接性？
- 您认为中职升学考试理想中应该考察学生的哪些内容？

3. 学生访谈提纲

- 你是通过何种途径入校学习的（如单独招生、对口招生、普通高考、中高职贯通、技能大赛特招等）？为何当时选择通过这种途径升入高职？
- 升学考试的难度如何？你是如何准备考试的？你如何评价考试的组织情况？
- 考试的内容与中职/高中阶段学习的内容是否有关？是否有助于你高职阶段的学习？
- 你如何评价这一考试升学途径？它是否帮助你实现了当时设定的目标？
- 你对目前的升学考试制度有何其他的建议？（如通过高考换专业、考试内容、考试难度等）

4. 教育行政部门访谈提纲

- 怎么理解职教高考和过去职业教育升学考试制度之间的联系和区别？
- 从您工作的角度，您认为本省职教高考制度改革大致朝向什么样的目标？是否设定了改革的短期、中期和长期目标？
- 本省如果实施职教高考制度改革，应该解决哪些问题？难点是什么？

●如何看待职教高考改革中公平和效率之间的关系？（技能考试的公平性如何维护？职业教育考试的信度和效度如何保证？命题和考试实施的过程是否存在一些有待改进的地方？）

●职教高考的组织和实施有哪些难点？

●在职教高考改革中，如何处理国家和地方之间的关系？

（三）社会情感计算

作为自然语言处理领域中的一项基础子任务，情感分析（Sentiment Analysis）旨在利用人工智能技术和多模态数据来系统地识别、提取、量化和研究个体的情感状态。情感分析的应用场景十分广泛。例如，商家通过分析用户对商品的情感，了解用户的兴趣偏好，从而有针对性地制定营销策略；政府通过分析大众对特殊事件的情感，了解当前的舆论导向，以便及时妥善地进行舆情监控。本研究采用情感分析技术来分析微博用户对于"职教高考"这一话题的情感，利用爬虫技术爬取指定时间段以"职教高考"及相关短语为主题的微博，基于对微博博文的情感分析，了解社会大众对职教高考的情感态度倾向。

三、数据处理与分析

（一）问卷和访谈数据

收集到的问卷数据主要通过 SPSS 和 STATA 进行数据清理和分析。由于问卷主要通过网络问卷的形式发放，问卷首先根据答题时间、漏选项等排除部分无效问卷。然后基于研究需要，对数据进行描述性统计和推论性统计，其中推论性统计包括相关、差异、多元回归模型等。资料的整理与分析基于 NVIVO14.0 软件同步进行。本研究数据编码遵循 Strauss[1]（1987）与 Maxwell[2]（2013）的三级编码规则：即从开放式编码到轴心编码再到选择编码。选择编码形成的若干主题，将成为对材料深度分析的主要逻辑主线，描绘职业院校师生和政府官员对职业教育考试招生的态度。

---

[1]　Strauss，A. Qualitative analysis for social scientists［M］. Cambridge：Cambridge University Press，1987：5.

[2]　Maxwell，J. A. Qualitative Research Design：An Interactive Approach［M］. SAGE Publications，2013：237 - 238.

（二）微博博文数据

针对爬取到的每一条微博，我们通过去除非汉字字符、停用词等进行文本清洗（见表 2 - 11）。然后，我们利用 SnowNLP 库中的情感分析模型（以贝叶斯算法为基础）对清洗后的微博进行情感分数评估。最后，我们通过设置合理的阈值对微博的情感极性进行分类（即，情感分数小于等于指定阈值为消极情感，大于指定阈值则为积极情感）。在获取到每一条微博的情感极性后，我们通过数据分析了解不同年份、不同性别下的情感极性分布，从而深入了解微博用户对于职教高考话题的情感变化。

表 2 - 11　　　　　　　　社会情感计算所用微博博文基本情况

话题	微博数量
对口考试	13286
高职单招	13210
职业教育高考	7219
职教高考	5618
性别	微博数量
男	23726
女	15607
年份	微博数量
2017	819
2018	4413
2019	6376
2020	8452
2021	9602
2022	9671

第三节　调研结果

一、职教高考制度的实施现状

（一）升学意愿

1. 学历期望

表 2 - 12 显示，学生的自我学历期望中，本科占比最高，达到 47.96%，其次分别为大专（29.06%）、研究生（17.10%）和中专（5.88%）。

表 2 - 12　　　　　　　　　　学生的自我学历期望

自我学历期望	占比（%）
中专	5.88
大专	29.06
本科	47.96
研究生	17.10

2. 职业本科的知晓度和认同度

中职生对职业本科的知晓度平均分为 3.54 分，属于中等偏上的水平；对职教本科的认可度为 3.28 分，而主动选择职教本科的可能性的平均分则为 3.15 分，均属于中等水平。

3. 升学意愿和原因

调查显示，选择未来升学的学生占 91.90%，不升学的为 8.10%。这充分反映了中职学生对升学的强烈愿望。图 2 - 1 显示了中职校学生选择升学的原因：选择最多的原因为"获得工资更高的工作"，其次分别为在"增长见识""满足父母的期待""获得更高的社会地位""实现自己的名校梦""能和周围亲戚朋友一样拥有高学历""目前还不想工作""出国""其他"。这一调查结果显示，经济因素是目前驱动中职生升学的最重要因素。此外学生对生涯发展的重视、对个人全面发展的重视也是值得关注的因素。

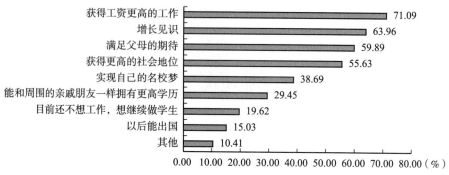

图 2 - 1 中职生选择升学的原因

图 2 - 2 显示了学生不升学的原因：最多选择原因为"中专学历找工作够了"（36.64%）。交叉分析发现，选择这一选项的学生所学的专业主要是服务业专业。其次分别为对学习没有兴趣（36.41%），其他（31.22%），没有资格或途径升学（20.62%），家里安排好工作（13.02%），父母不支持、不资助我继续升学（7.49%）。在"其他"选项中，学生填写的原因主要是"当兵""成绩""家庭经济困难"等。这些原因也反映出参军和经济因素是影响学生不升学的重要因素。

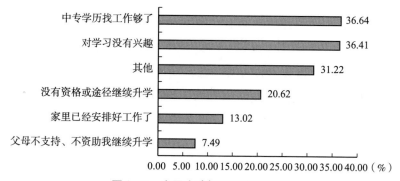

图 2 - 2 中职生选择不升学的原因

（二）升学路径及选择

1. 学生升学路径的选择

图 2 - 3 显示了学生选择的升学路径：其中高职单招是学生选择最多的升学

方式，其次分别为对口升学、普通高考、成人高考、技能大赛特招。还有部分学生在中职入学前就进入了中高中本贯通项目。图 2 - 4 则显示了学生选择升学路径的首要原因：除去未选择升学的学生之外，"确保自己有学上"是最多学生选择的原因（53.51%），其次分别为"一定要去自己梦想的大学上学""符合父母的期待""其他""不和自己的朋友或同学竞争"等。这两题的结果也得到了相互的印证，即为了确保自己能够有学上，更多的学生选择了难度偏低的"高职单招"，因为单招考试对文化课的要求偏低，更强调专业课的学习结果，且录取人数更多。

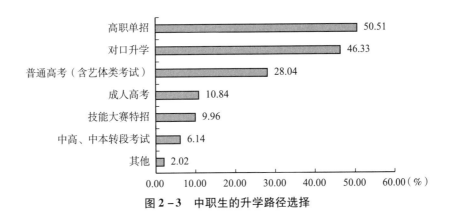

图 2 - 3　中职生的升学路径选择

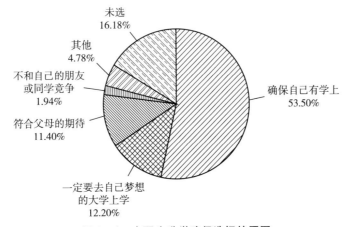

图 2 - 4　中职生升学路径选择的原因

2. 升学拟报考的学校和专业

调查结果显示，有 88.11% 的学生拟报考省内的学校，3.79% 的学生拟报考省外的学校，另有 8.10% 的学生未选择升学。图 2 - 5 显示了学生选择学校的原因，其中"学校的专业吸引我"占比最高，其次分别是"离家近""学校所在城市的薪资、资源等吸引我""学校的名气和实力吸引我""容易考上""我的亲戚朋友在那里""其他"。总的来看，学生选择学校的基本参照点仍然是专业建设水平。调查结果还显示，有28.67%的学生会通过升学的机会换专业，图2-6显示了学生换专业的原因：其中占比最高的原因是"新专业更符合自己的兴趣"，其次分别是"新专业更好就业""新专业更符合自己的个性""新专业更好升学""其他""我的父母或亲戚朋友能为我进入新专业提供便利""中职所学专业无法升学"。

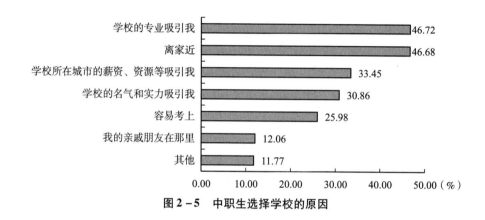

图2-5　中职生选择学校的原因

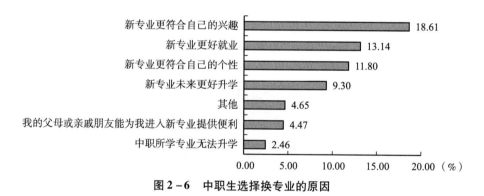

图2-6　中职生选择换专业的原因

3. 考试准备

图2-7显示了学生为升学所做的准备情况。结果显示：学生在人脉投入和金钱两个维度中的得分均低于平均分，表明学生并未因为升学而投入大量的人脉资源和金钱资源。而学生为考试所做的准备中，从高到低且高于平均分的因素为时间、课外资料、同学帮助、专门复习、教师指导、学长学姐的指导和课外辅导。

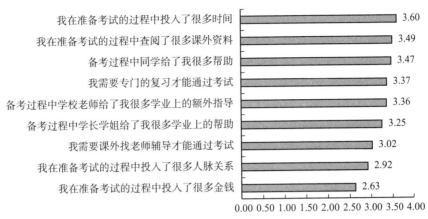

图 2-7　中职生的考试准备

(三) 升学环境的判断

1. 学校生涯教育

生涯教育情况也会影响学生对于升学与否的态度。调查结果显示, 有 63.64%的学生所在学校均开设了生涯教育课, 49.31%的学生所在学校举办过生涯教育讲座, 有 45.43%的学生所在学校开设过职业体验活动, 39.22%的学生所在学校在专业教育中渗透了职业或生涯教育, 27.92%的学生所在学校开设了生涯类社团, 21.83%的学生所在学校提供了生涯测评服务, 21.02%的学生所在学校有一对一的生涯辅导咨询, 也有 16.43%的学生所在学校未举办任何生涯教育活动 (见图 2-8)。图 2-9 显示了学生对学校生涯教育效果的评估, 最高分为 10 分, 其中 5 分占比最高, 为 26.04%, 其次分别为 4 分、3 分、6 分、10 分、7 分、8 分、9 分、1 分和 2 分, 平均分为 6.68 分, 显示学生对学校生涯教育的总体满意度为中等偏高。

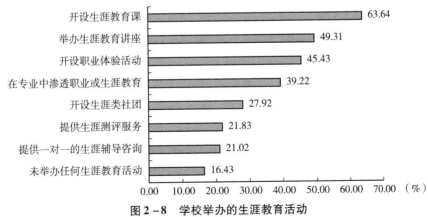

图 2-8　学校举办的生涯教育活动

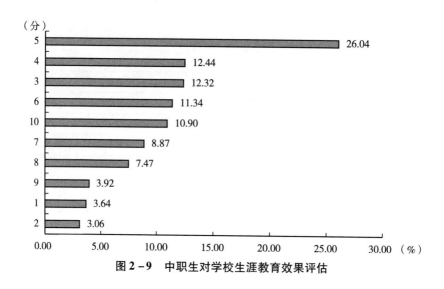

图 2-9　中职生对学校生涯教育效果评估

2. 升学的有利要素和不利要素

本次调查还了解了父母态度、备考资源等 9 个重要因素对学生升学的影响。所有因素整体均为学生升学的有利因素，其中有利程度最高的前三个因素分别是同伴支持、老师态度和父母态度，这显示了中职生身边的重要他人大多对升学持支持态度。其次分别为扩招政策、招考信息、学校校风、备考资源、备考时间、备考方法。对于不利程度最高的三个因素则分别为备考方法、备考时间和备考资源。这也显示中职生需要更多关于备考方法的指导、协调更多的时间和获取更多的资源用于备考，如图 2-10 所示。

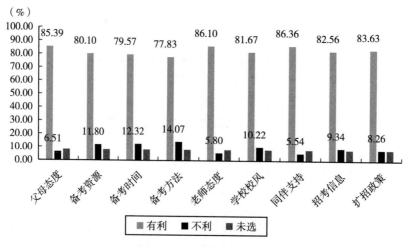

图 2-10　升学有利和不利因素的判断

3. 重要他人的意见

图 2 – 11 显示了中职生的重要他人的意见对其升学参考的重要性。其中父母的意见最重要，其平均得分为 3.67 分，其次分别为老师的意见、兄弟姐妹的意见、同学的意见、学长学姐的意见、亲戚的意见和网友的意见。

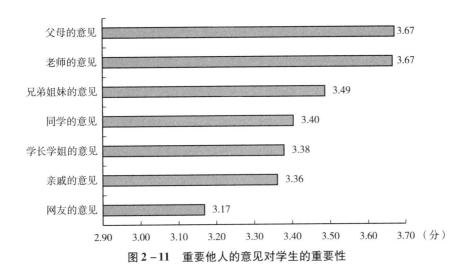

图 2 – 11　重要他人的意见对学生的重要性

（四）升学与否的影响因素

学生是否接受高等教育，以及接受何种类型的高等教育，是一个嵌入式、整体性的决策过程[①]。佩纳（Perna，L. W.）认为学生的高等教育选择由以下四个背景因素决定：学生习惯、组织和社区背景、高等教育背景，以及社会、经济和政策背景[②]。中等职业教育从就业导向向升学导向的转变，其背后不仅反映了产业转型升级对劳动者能力和学力水平需求的提升，也综合反映了受教育者的教育开支水平、生涯发展取向、教育机会获得等多个领域的变化。中等职业教育学生会通过对自身条件、家庭支持能力、劳动力市场的信号特征、教育制度等多因素的判断，衡量升学带来的成本和收益并作出理性决策。基于佩纳的高等教育选择分析模型，结合已有研究结果，本研究构建了中职生升学影响因素的分析框架，该框架将所有因素划分为四个类型：（1）个体因素，即学习者主要的生理特点和

①　罗汝珍，唐小艳，孟子博. 高中毕业生升学意愿的导向机制 [J]. 现代教育管理，2011（01）：28 – 31.

②　Perna，L. W. Studying college access and choice：A proposed conceptual model [C]//Perna，L. Higher education. Berlin：Springer Netherlands，2006：99 – 157.

认知特点，及其中职阶段的学习特点；（2）家庭因素，主要指的是家庭经济社会地位，以及家庭成员的影响；（3）学校因素，主要指的是中职校的基本属性，以及学校内部因素对学生产生的影响；（4）政策因素，主要指的是学生获取、感知到的各类政策信息。

表 2 - 13 显示了中职生升学意愿之于各变量的差异性。结果显示，除学校荣誉和学校属性两个变量之外，在 $p < 0.05$ 水平上，中职生的升学意愿在其余变量上均存在不同程度的显著差异。

表 2 - 13　　　　　　　　　中职生升学意愿的非参数检验

变量类型		Pearson 卡方检验		
		卡方	自由度	渐进显著性（双侧）
个体因素	性别	72.302[a]	1	0.000
	年龄	81.954[a]	5	0.000
	年级	3.015[a]	1	0.042
	专业	8.001[a]	2	0.018
	自我学历期望	1992.304[a]	3	0.000
	专业承诺	135.668[a]	4	0.000
	学习兴趣	216.818[a]	4	0.000
	学习自我效能	132.26[a]	4	0.000
学校因素	学校荣誉	1.905[a]	1	0.167
	学校所在省市	215.823[a]	2	0.000
	学校属性	2.465[a]	1	0.116
	学生干部	88.998[a]	1	0.000
	生涯教育效果	94.528[a]	4	0.000
家庭因素	兄弟姐妹数量	61.999[a]	4	0.000
	家庭所在地	59.418[a]	1	0.000
	家庭平均月收入	13.992[a]	5	0.016
	父亲职业	36.868[a]	6	0.000
	母亲职业	37.693[a]	6	0.000

变量类型		Pearson 卡方检验		
		卡方	自由度	渐进显著性（双侧）
家庭因素	父亲文化程度	15.18[a]	4	0.004
	母亲文化程度	15.084[a]	4	0.005
	父亲学历期望	1170.35[a]	3	0.000
	母亲学历期望	354.06[a]	3	0.000
	主观社会经济地位感知	71.78[a]	9	0.000
政策因素	我了解社会上高职生和本科生的就业现状	94.985[a]	4	0.000
	我会主动了解和比较不同学校的招生政策	160.605	4	0.000
	高职扩招政策让我更容易升学	169.391	4	0.000
	我认同本省（市）的中职生升学政策	159.513[a]	4	0.000
	我认同本省（市）本科的招生政策	126.912	4	0.000

基于上述分析结果，考虑因变量为二分类变量，本研究建立了二元 Logistic 回归分析模型，探究个体、学校、家庭和政策四个维度的变量对中职生升学与否的共同影响。采用 C 指数和 ROC 曲线来对模型进行效果评价。通过计算和 ROC 曲线图（见图 2 - 12）发现：（1）本模型的 C - index = 0.833 > 0.5，标准差为 0.015，说明该模型具有较高的准确性；（2）该模型 ROC 曲线的曲线下面积（AUC 值）为 0.833 > 0.5，具有良好的区分能力，模型效果较好。通过总体结果来看，该模型具有优秀的预测能力。

在所有影响因素中：（1）个体层面有显著影响的因素为年级、自我学历期望和学习自我效能感，即毕业班学生、具有大专及以上层次的学历期望、学习自我效能感强的中职生，更可能选择升学。（2）学校层面有显著影响的因素包括生涯教育和学生干部的身份。对学校实施的各类生涯教育有更高评价的、在班级或学校担任班干部的学生，更会选择升学。（3）家庭层面有显著影响的因素为兄弟姐妹数量、家庭所在地、家庭人均月收入、父亲和母亲职业、父亲学历和父母的学历期望。同父同母的兄弟姐妹数量越少、住在城市而非农村的中职生更会选择升学；人均月收入为 7001 ~ 9000 元家庭的学生比 1000 元以下的更会选择升学；父亲为企业普通员工的学生选择升学概率是父亲为公职人员的 2.361 倍，而母亲为农民或其他职业的学生选择升学概率分别是母亲为公职人员的 0. 311 倍和 0. 262 倍；父亲为专科学历的学生相比父亲为小学及以下学历的学生更不愿意选择升学；父亲对子女的学历期望为本科和研究生的学生、母亲对子女的学历期望为研究生的学生，比期望为中专的学生更有可能选择升学。(4) 政策层面，学生对省域中职升学政策越了解和认同，越有可能选择升学，而对目前的就业市场和本科招生政策越了解和认同，越没有可能选择升学。回归结果如表 2 – 14 所示。

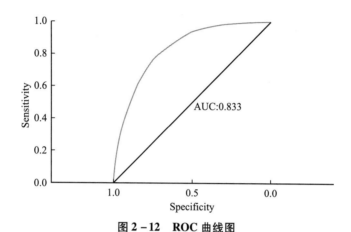

图 2 – 12　ROC 曲线图

表 2 – 14　　　　中职生升学影响因素的二元 Logistic 回归模型摘要

维度	变量类型		B	Exp（B）
	截距		− 2. 136	0. 118 **
个体因素	性别（以女性为参照）	男	− 0. 172	0. 842
	年龄（以 15 岁以下为参照）	15 岁	− 0. 139	0. 871
		16 岁	0. 414	1. 512
		17 岁	0. 356	1. 427
		18 岁	0. 061	1. 063
		18 岁以上	− 0. 072	0. 930
	年级（以二年级为参照）	三年级	0. 341	1. 406 ***
	专业（以服务业为参照）	农业	0. 142	1. 152
		制造业	0. 197	1. 217

续表

维度	变量类型		B	Exp（B）
	截距		−2.136	0.118 **
个体因素	自我学历期望（以中专为参照）	大专	1.934	6.916 ***
		本科	2.876	17.743 ***
		研究生	2.615	13.664 ***
	专业认同感	连续变量	0.032	1.032
	学习兴趣	连续变量	0.076	1.079
	学习自我效能	连续变量	0.223	1.250 *
学校因素	生涯教育效果	连续变量	0.113	1.120 **
	学生干部（以否为参照）	是	0.332	1.393 ***
家庭因素	兄弟姐妹数量	连续变量	−0.091	0.913 *
	家庭所在地（以农村为参照）	城市	−0.091	0.913 **
	家庭人均月收入（以1000元以下为参照）	1000～3000元	0.076	1.079
		3001～5000元	0.147	1.158
		5001～7000元	0.231	1.259
		7001～9000元	0.587	1.799 *
		9000元以上	−0.130	0.878
	父亲职业（以公职人员为参照）	教师	0.483	1.621
		企业中层以上管理人员	0.847	2.332
		企业普通员工	0.859	2.361 *
		农民	0.622	1.863
		个体户	0.581	1.788
		其他	0.695	2.004
	母亲职业（以公职人员为参照）	教师	−1.412	0.244
		企业中层以上管理人员	−0.493	0.611
		企业普通员工	−1.028	0.358
		农民	−1.170	0.311 *
		个体户	−0.978	0.376
		其他	−1.341	0.262 *
	父亲文化程度（以小学及以下为参照）	初中	−0.099	0.906
		高中（中专）	0.003	1.003

续表

维度	变量类型		B	Exp（B）
	截距		−2.136	0.118 **
家庭因素	父亲文化程度（以小学及以下为参照）	专科	−0.687	0.503 *
		本科及以上	−0.212	0.809
	母亲文化程度（以小学及以下为参照）	初中	0.086	1.090
		高中（中专）	−0.147	0.863
		专科	0.423	1.526
		本科及以上	0.016	1.016
	父亲学历期望（以中专为参照）	大专	1.934	6.916
		本科	2.876	17.743 *
		研究生	0.556	1.743 *
	母亲学历期望（以中专为参照）	大专	0.149	1.161
		本科	0.556	1.743
		研究生	−0.428	0.652 *
	主观社会经济地位感知	连续变量	−0.013	0.987
政策因素	我了解社会上高职生和本科生的就业现状	连续变量	−0.257	0.774 *
	我会主动了解和比较不同学校的招生政策	连续变量	0.228	1.256 *
	高职扩招政策让我更容易升学	连续变量	0.139	1.149
	我认同本省（市）的中职生升学政策	连续变量	0.291	1.338 *
	我认同本省（市）本科的招生政策	连续变量	−0.278	0.757 *
城市固定效应			YES	YES

注：* p<0.05，** p<0.01，*** p<0.001。

（五）升学公平性对升学意愿的影响

相较于普高生而言，中职生具有毕业后就业的动机和条件，其面临首要问题并非选择就读什么类型或水平高等教育的问题，而是是否升学的问题。此外，职业教育考试招生制度和命题模式存在省域差别，尤其是不同省份对待技能考试的态度和操作方法也存在差异，即使是同一个省份内部，也会同时存在若干条针对中职生的升学路径。这些升学路径的考试内容和组织方式各异，因而存在着考生对其公平性的不同程度的感知。鉴于职业教育考试招生的社会敏感度不如普通高考，一些公平与效率的矛盾往往被散在的社会新闻一笔带过。然而当越来越多的中职生开始选择升学，且升学的意志更为坚定、升学的路径更为通畅、升学的去向更为多元时，职教高考背后的高等教育资源分配功能就更为突出，其社会利害关系属性也就更为明显。因此，各省推动具有省域特征的职教高考制度改革，有必要明晰考试公平性的实际影响，从而为本省的职业教育考试招生制度改革提供参照。本研究将在控制相关变量的前提下，研究中职生对本省职业教育升学考试的公平性感知对其升学意愿的影响。

1. 多元线性回归结果

以下采用分层多元线性回归模型探讨学生对考试公平性的感知是否影响其升学意愿，回归结果如表 2 - 15 所示。其中，模型 1 为个人因素模型，主要考虑个体的基本情况、学历期望和学习状态对升学意愿的影响；模型 2 为家庭因素模型，在个人因素模型的基础上加入家庭层面的因素，考察家庭对学生升学意愿的影响；模型 3 为学校因素模型，在个人因素模型和家庭因素模型的基础上，考察学校的办学水平、学校的办学属性、学校赋予学生的社会角色等因素对学生升学意愿的影响；模型 4 为全模型，在控制个人、家庭和学校因素后，考察中职生的考试公平性感知对升学意愿的影响。通过计算两两变量之间的相关性，以及各个系数的方差膨胀因子发现，本研究全部自变量 VIF 在 1.012 ~ 5.719 之间，均小于 10，因此不存在共线性问题。四个模型的调整 R^2 均在 0.5 以上，全模型的调整 R^2 为 0.549，表明模型的解释度较好。

表 2 - 15　　　　　　　　中职生升学意愿的多元线性回归分析

变量类型			M1	M2	M3	M4
截距			0.794	0.291	- 0.785	- 1.593
个体因素	性别（以女性为参照）	男	0.454***	0.391**	0.400**	0.409***
	年龄（以 15 岁以下为参照）	15 岁	3.028*	3.123*	3.345*	3.727**
		16 岁	3.195*	3.243*	3.517*	3.933**
		17 岁	3.328*	3.272*	3.594*	4.016**
		18 岁	3.261*	3.262*	3.572*	3.939**
		18 岁以上	3.230*	3.193*	3.438*	3.832**
	年级（以二年级为参照）	三年级	0.244	0.277*	0.245	0.266*

续表

变量类型			M1	M2	M3	M4
截距			0.794	0.291	−0.785	−1.593
个体因素	专业 （以服务业为参照）	农业	−1.695	−1.321	−1.323	−1.407
		制造业	0.325*	0.356*	0.299	0.307*
	籍贯 （以东部为参照）	中部	0.258	0.300	0.282	0.410*
		西部	−0.021	0.016	0.123	0.285
		东北	0.144	−0.183	−0.089	−0.233
	自我学历期望 （以中专为参照）	大专	0.888*	0.756	0.832*	0.820*
		本科	1.519***	1.074*	1.124**	1.132**
		研究生	1.648***	1.103*	1.232**	1.261**
	主观社会地位	连续变量	0.555*	0.041	−0.041	−0.051
	学习兴趣	连续变量	0.530	0.536***	0.499***	0.400***
	学习自我效能	连续变量	0.285***	0.277***	0.246***	0.181***
家庭因素	兄弟姐妹数量	连续变量		0.032	0.007	0.007
	家庭所在地（以农村为参照）	城市		−0.120	−0.104	−0.101
	家庭人均月收入 （以1000元以下为参照）	1000～3000元		−0.029	−0.047	−0.018
		3001～5000元		0.369	0.378	0.402
		5001～7000元		0.291	0.358	0.366
		7001～9000元		0.571	0.629*	0.630*
		9000元以上		0.284	0.380	0.408
	父亲职业 （其他职业为参照）	公职人员		−0.233	−0.129	−0.328
		教师		−0.048	−0.117	−0.069
		企业中层以上管理人员		0.218	0.204	0.275
		企业普通员工		0.524	0.538	0.596
		农民		−0.120	−0.163	−0.032
		个体户		0.201	0.227	0.306
	母亲职业 （其他职业为参照）	公职人员		0.157	0.053	0.029
		教师		0.147	0.094	0.183
		企业中层以上管理人员		0.356	0.336	0.300
		企业普通员工		−0.100	−0.190	−0.128
		农民		0.539	0.476	0.459
		个体户		0.074	0.007	0.023

续表

变量类型			M1	M2	M3	M4
截距			0.794	0.291	-0.785	-1.593
家庭因素	父亲文化程度（以小学及以下为参照）	初中		0.014	-0.011	0.016
		高中（中专）		-0.085	-0.108	-0.057
		专科		0.597	0.566	0.610*
		本科及以上		0.210	0.155	0.262
	母亲文化程度（以小学及以下为参照）	初中		-0.299	-0.297	-0.287
		高中（中专）		-0.161	-0.228	-0.214
		专科		-0.066	-0.070	-0.061
		本科及以上		0.061	0.103	0.119
	父亲学历期望（以中专为参照）	大专		0.331	0.338	0.463
		本科		0.389	0.360	0.479
		研究生		0.288	0.152	0.222
	母亲学历期望（以中专为参照）	大专		-0.097	-0.063	-0.212
		本科		0.163	0.253	0.088
		研究生		0.404	0.537	0.444
学校因素	学校国家级荣誉（以否为参照）	是			-0.073	-0.080
	学校所在市（以江苏为参照）	上海			-0.105	-0.132
	学校属性（以公办为参照物）	民办			0.522	0.519
	学生干部（以否为参照）	是			0.531***	0.532***
	生涯教育效果	连续变量			0.592***	0.484***
公平性因素		连续变量				0.232***
F			168.2***	57.44***	56.8***	58.6***
调整 R²			0.513	0.516	0.537	0.549
N			2682	2648	2643	2642

注：模型中 β 系数值为标准化后的系数；* p<0.05，** p<0.01，*** p<0.001。

从模型 1 可以看出，性别、年龄、专业、自我学历期望、学习兴趣和学习自我效能均对中职生的升学意愿有显著影响。其中，男生相较于女生更可能选择升学，15 岁以上各年龄段中职生比 15 岁以下的有更高的升学选择可能；相较于服务业专业的中职生，制造业专业的中职生选择升学的可能性更大。自我学历期望越高、学习兴趣越浓厚、学习自我效能感越强的中职生,升学意愿越强。

在模型 2 纳入家庭变量后发现,在控制个体因素的前提下,家庭因素对学生升学意愿的影响并无显著性。此外,年级变量成为显著影响变量,毕业班学生相较于非毕业班学生更可能选择升学。

通过纳入学校因素的模型 3 可以发现,是否担任学生干部,以及学校生涯教育的效果显著影响中职生的升学意愿,担任学生干部会使中职生选择升学的可能性提升 0.531 个百分点;生涯教育效果感知越强的学生,其选择升学的可能性越大。相较于 1000 元以下的家庭,人均月收入在 7001 ~ 9000 元的家庭子女选择升学的可能性更大。此外,模型中年级和专业变量对升学意愿的影响不再显著。

纳入了公平性因素的全模型结果显示,在控制了个人、家庭和学校的主要变量后,公平性因素对中职生的升学意愿产生了显著影响,公平性认同度每提高 1 个单位,中职生的升学意愿就提高 0.232 个单位。此外,全部的个体因素、家庭人均月收入(7001 ~ 9000 元之于 1000 元以下)、父亲文化程度(专科层次之于小学及以下)也对升学意愿有显著影响。一个值得注意的结果是:当把公平性因素纳入模型后,籍贯位于中部地区的学生升学意愿显著高于东部地区。

2. 稳健性检验

因为学习兴趣和学习效能而选择升学的孩子相对来说更倾向认可升学考试的模式,导致所感知到的升学考试公平程度较高,即可能存在样本选择性偏误。为检验多层线性模型估计是否存在偏差,本研究进一步使用倾向得分匹配法(Propensity Score Matching, PSM)对结果进行稳健性检验。首先,因为需要采用 Logit 模型计算倾向值,因此我们将连续性变量公平性按比例进行四分位取值,分别选取最高四分位和最低四分位作为处理组和对照组,分别赋值 1,0,这样形成了高公平性聚集学生组和低平性聚集学生组。同时,因为个体因素、学校因素、家庭因素均可能影响学生是否升学,故将之作为协变量;其次,依次使用 k 近邻匹配(k = 1)、核匹配和半径匹配三种方法进行匹配,得到处理效应;最后,检验模型的平衡性。倾向值的估计结果显示,Logit 回归拟合效果较好(p = 0.00),伪 R^2 为 0.6724,表明进入模型的协变量可以较好地估计个体的倾向值。匹配平衡性检验结果显示,全部变量经过核匹配和半径匹配后的 T 检验在 0.05 显著性水平上均显著,近邻匹配结果则在 0.1 显著性水平上显著,说明实验组与对照组在升学意愿上有显著差异。匹配后处理组和对照组的平衡性检验结果显示,绝大部分变量标准化偏差均控制在 10% 以内,表明匹配使得样本数据实现了较好的平衡。基于不同匹配方式的处理效应(Average Treatment Effect on the

Treated，ATT）均显示，公平性感知更强确实能提升中职生升学意愿，这一结论具有稳健性（见表 2 - 16）。

表 2 - 16　　　　　　　　　　倾向得分匹配估计结果

匹配方法	处理组	控制组	处理效应（ATT）	标准误	T
	（1）	（2）	（1） - （2）		
匹配前	23. 137	16. 684	6. 453	0. 158	40. 97
K 近邻匹配（k = 1）	22. 998	21. 308	1. 69	0. 929	1. 82
核匹配	22. 998	21. 689	1. 309	0. 56	2. 349
半径匹配	23. 01	21. 784	1. 227	0. 601	2. 049

考虑到该调查涉及不同地区不同专业的学生，由于不同地域升学政策，不同专业录取率和录取学校存在差异，可能引起认知偏差问题，因此本研究通过引入交叉项检验（Chow 检验）分组回归的组间系数差异。分析的重点集中于学校所在市、专业这两个变量的系数在两组之间是否存在显著差异。检验结果表明公平性在分地区、分专业回归中的系数在 0.01 水平上不存在显著差异（见表 2 - 17）。

表 2 - 17　　　　交叉项检验分组回归的组间系数差异检验结果

变量		系数	标准差	t	P
公平性 * 学校所在地（以公平性 * 江苏为参照）	公平性 * 上海	- 0. 075	0. 046	- 1. 600	0. 110
公平性 * 专业（以公平性 * 服务业为参照）	公平性 * 制造业	- 0. 015	0. 051	- 0. 300	0. 763

二、社会大众对职教高考制度的态度和期待

（一）基于 2017 ~ 2022 年微博博文的情感计算分析

1. 整体情感分布

图 2 - 13 显示，关于职教高考这一主题，社会大众的整体情感以正向情感为主，表明大众对职教高考政策的实施抱有积极期待和正向评价。

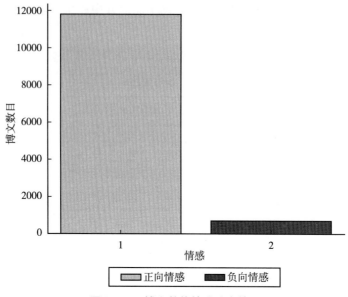

图 2 - 13　博文整体情感分布情况

2. 近五年来的情感趋势

图 2 - 14 显示，关于职教高考这一主题，近五年来，社会大众的正向情感数量显著增加，负向情感数量则维持稳定。这表明近年来社会大众对职教高考政策的接受度和认可度在不断提升。

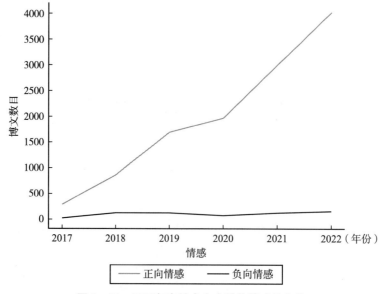

图 2 - 14　近五年来社会大众整体情感的变化

3. 情感表达核心内容

（1）正向情感表达核心内容。

通过词云分析（见图2-15）发现，正向情感表达的关键词主要有"人才公寓""职业教育""生活补贴""人才""研究生""享受""全职工作"等。这些核心词反映了当前社会大众对职教高考制度的正向评价主要源于该制度为大众带来的经济资本回报，以及附带的社会地位的提升。社会大众期待职教高考制度的实施，能真正树立起技术技能人才作为人才类型的地位，获得学历提升和生涯发展的更大空间，实现收入水平的稳步提升。

图2-15　正向情感表达核心内容

（2）负向情感表达核心内容。

通过词云分析（见图2-16）发现，负向情感表达的关键词主要有"志愿填报""单招""成绩""批次""截止时间""提前批""本科"等。这些关键词反映出社会上对职教高考的负面评价主要源于现有考试制度在志愿填报、考试时间、高职和本科招生的安排等方面的问题，例如，志愿填报有数量限制、单招只限于单个学校的单个专业、本科招生门槛较高且职业教育类型特色体现不足、不同渠道考试招生时间安排不当导致报考机会难以兼顾等。

图 2 - 16　负向情感表达核心内容

4. 不同性别下的情感差异

（1）整体情感分布。

以性别为分类变量，考察男性和女性大众对职教高考主题的情感分布发现，男性和女性对职教高考主题情感均是正面大于负面（见图 2 - 17）。

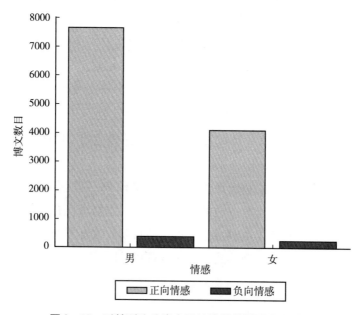

图 2 - 17　以性别为分类变量统计整体情感分布情况

（2）男性正向情感和负向情感表达核心内容。

通过词云分析发现，男性正向情感表达的关键词有"考试招生""招生计划""单独招生""高职院校""普通高考"等，负向情感表达的关键词有"志愿填报""提前批""退役士兵"等（见图2-18）。可以看出，对于职教高考这一主题，男性正向评价集中在招生计划、方式等改革带来的更为友好的升学环境，而负向情感则关注志愿填报方面的限制。

图2-18　男性正向情感和负向情感表达核心内容

（3）女性正向情感和负向情感表达核心内容。

通过词云分析发现，女性正向情感表达的关键词有"人才公寓""生活补贴""博士研究生""企事业单位""人才"等，负向情感表达的关键词有"志愿填报""高职单招""单独招生""本科""提前批"等。可以看出，对于职教高考这一主题，女性正向评价集中在职教高考可能带来的经济资本和社会资本的提升，而负向评价则关注现有考试制度在志愿填报、考试时间、高职和本科招生的安排等方面的问题（见图2-19）。

图2-19　女性正向情感和负向情感表达核心内容

（二）基于对学生、教师和招就办负责人的问卷与访谈调查

通过对学生、教师和招就办负责人访谈内容的编码分析，形成了如下四个方面的主题：关于学生报考专业选择和生涯方向抉择、关于职教高考为学生提供的选择空间、关于职教高考本身的吸引力、关于职教高考的生源数量和质量问题。

1. 专业选择：职业教育考试升学的方向迷失

随着现代职业教育体系的完善，以及升学途径的畅通，升学似乎是越来越多职校生的选择。与问卷调查结果相呼应的是，访谈的学生们都表达出了十分强烈的升学意愿，且升学意愿往往导向职业地位的提升，如"中途我有出去找工作，碰过壁……学历高还是好一点"。但值得关注的是，不少学生强烈的升学意愿夹杂着对前途的迷茫心态和一定的从众心理。在为何读书上，一些学生给出了"父母让读书就读书啊""周围人都读书了，感觉读书肯定不会错"等类似表述。

此外，对于考试升学的专业选择，一部分学生选择了对老师和同伴的信任乃至"盲从"，例如，"老师去（中职）宣传的时候，会告诉学生我们这个专业怎么怎么样啊，工资高啊，然后他被吸引来了"；还有一部分学生会参照国家的政策方向，如"当时自己也对很多专业不了解，这个专业是新能源嘛，以后国家大力发展这一块，以后都会用绿色产品，所以我就选择了这个专业"，更有一些学生"没了解过这个学校和专业，我就随便选"。同伴的影响也不容忽视，"我在的协会里面的学长师兄们全部升本了，受到他们的激励了"。部分学校也会采取"入学第一课"的方式，帮助学生了解进入专业后的发展路径。

高职院校的生源主要由三校生（中职、职高和技校）和普通高中毕业生组成，这两类生源的最大区别在于高中阶段的学习内容。一般情况下，中职生会通过考试进入相同或相似的高职专业继续学习，其专业定位在中职阶段已经完成，少部分学生会选择更换专业，"例如他之前是学机电的，现在可能想去学汽车，机电是大类嘛，他可能要更细一点，有的之前学会计，他又想往人力资源或者文秘方向转，当然这比较少，大部分还是想维持原专业"。而普高生则由于学习内容的通识性，往往缺少对专业和自身的了解，在专业选择上较为迷茫。

虽然中等职业教育的基础性地位在制度层面予以确立，但是否升学仍然是学生的自由选择。本次调查揭示了专业建设水平对学生选择升学目标学校的重要性，也发现了一些学生的升学选择并非基于专业发展而深思熟虑的结果，更多的是受到了同伴、亲戚朋友等的外在影响，甚至在升学时会选择更换专业。一些学

校的生涯教育也存在缺乏针对性和指导性等问题。为中职生和普高生在进入职业教育系统前提供有效的专业选择参考，是高中阶段生涯教育的重要任务。

2. 自我发展还是集体任务：专项选拔和刻意引导下的生涯发展

在是否升学这个问题上，老师和学生的意愿往往是一致的。在老师看来"学历就是敲门砖……升学对他们的发展规划也好。学历升上去了，他们的晋升空间也会相对快一些"。因此，一些老师在学生刚进校后就会遴选那些适合高考升学的学生，"进去的时候你表现得比较优秀，老师就会对你青睐有加"。

此外，中职学校也会根据学生的技能表现，为在技能上有特长的学生单独编班，形成了一套独立于其他学生之外的"大赛班"。这种大赛班一般在正常学制之外单独安排训练和课程，"假如5月份有比赛，那么我3月份或者2月份就要停课，不然时间来不及，到时候成绩不可能理想""我们有个协会，是专门为学校打比赛的"。而获得大赛奖项的学生，则有机会通过技能大赛特招进入更高一级的学校。这些技能大赛选拔出来的学生，进入高职后往往会继续进入大赛赛道"为校争光"。

这里的遴选机制，可被视为是"绩效主义"在人才培养中的体现。在老师们看来，通过这一机制，既能为学生找到所谓"最合适"的发展道路，也能为学校争得荣誉、实现升学率等指标的达标。

3. 选择空间焦虑：职业教育升学考试提供的可选择性小

相较于普通高考的志愿填报，目前职业教育考试升学只为学生提供了较为有限的选择空间。这种有限性体现在三个方面：一是单招只能在一个学校内选择相应的专业，有些省份甚至只允许选择一个学校的1~2个相关专业。这一点在情感分析的结论中也有体现。二是部分考试招生路径缺乏调剂环节，有老师分析了本省的专升本考试，认为"（专升本）跟考研差不多，但是跟考研还是有点差别，考研能调剂，这个不能调剂，考研可以终身考，他们这个是一次性的，考完这一次你考不上，那你就没机会了。"三是生源资源分配不均，绝大部分高职院校都在本省招生，只有很小一部分比例对外省招生，某省只有三所学校的单招对外省开放，"我们学校是全省能在单招对外省招生的三所学校之一……这个也是一种地方保护主义吧，首先要让自己的高职吃饱啊"。

近年来部分省份增加了学生的志愿填报数量，在职教高考中也允许学生跨专业报考；或优化考试时间安排，让职教的学生能在多个路径中获得接续考试的机会，避免滑档。但受限于中等职业教育较早的专业定向，以及职业教育人才培养的目标特点，如何为学生提供更广的选择空间，始终都存在理想和现实间的鸿沟。此外，跨省招生的确存在现实层面的执行难度，比如跨省的考试成绩是否能够互认？如果不能互认，像艺考那样让学生跨省考试是否存在可行性？

4. 吸引力焦虑：职教高考公平性和高招资源质量

职教高考是否能成为吸引学生进入职业教育体系，提升职业教育人才培养质量的制度设计？很多老师认为，关键在考试本身的设计，以及依托职教高考招生的学校质量。考试的公平性是学生和教师共同关注的问题，职业教育分类考试招生在实施过程中，面临多个公平性疑虑：一是中职学校的差异化发展导致的考试起点不公平。"我之前毕业的学校比较差，没有像长沙学校的资源，教师、设备都有差距"。这种差距会影响学生的考试成绩，"有的学校有钱买设备，他就能考得好，所以职教技能考试很难保证公平，普通高考就不一样"。二是考试组织和实施的公平性。包括"出卷的保密性""考试，尤其是技能考试的评价标准的统一性""考场和考官的临时抽签安排"等。这种考试过程中的公平性，"会吸引很多媒体关注……每次一到考试，很多媒体就在学校门口守着，就等着我们出问题"。

本章问卷调研的结果显示，公平性是影响中职生参加考试升学的重要影响因素。从高考作为选拔性考试和职业教育社会资源分配的角度看，职教高考理应把公平性放在考试设计的首位，这是提高职教高考社会认可度和吸引力的首要指标。但囿于职业教育考试利害关系度比普通高考低，以及技能考试自身特点，公平性并未在实质层面有所重视，且公平性与否缺乏强有力的制度监督和外部监督。有老师认为，现阶段最重要的是"增加职教高考的严肃性和权威性……现在我们总感觉这个考试特别不严肃，就是好像职业教育随便弄一弄就可以进来，根本没有一个门槛"。

除了公平性与否，高招资源的质量也是影响职教高考社会关注度和吸引力的因素。不少教师和学生都反映，"本科招生名额太少了""就算是有本科招生，都是不太好的大学，民办大学比较多"。这涉及职教高考招生单位对考试成绩认可度的问题。诚然，教育行政部门可以通过政策规范的方式，将现有面向中职生的本科招生方式归口到职教高考，但如果高招单位质疑职教高考成绩的合理性，或者考试内容无法反映学生就读高等教育的潜力，那么高考就无法发挥选拔性的功能。此外，近年来职业本科教育快速发展，2021 年中办国办《关于推动现代职业教育高质量发展的意见》中明确提出，"到2025 年，职业本科教育招生规模不低于高等教育招生规模的10%"。各地对职业本科学校从中职和高职招生的比例也有不同程度的规范和引导。某种程度上，职业本科教育的举办，能在一定程度上缓解职教高考本科招生资源紧张的问题，但职教本科能否破除老百姓对"职业"二字的观念性身份的拒斥，仍需要观察。

5. 生源数量与质量之争：政府导向和学校意愿的博弈

政府和学校在招生过程中存在着潜在的利益博弈：一方面，教育行政部门承担着"突出职业教育类型化特色"和"构建现代职业教育体系"的政治任务，因此，提升三校生的招生比例，是政府对高职院校招生工作的基本态度；另一方面，高职院校在对待不同生源的态度上存在明显的倾向性。有招办的老师表示"通过（普通）高考多录点人是最好的，但是……单独招生解决了大部分的招生问题。并不是说单独招生招的学生不好，我们想尽量缩减一点比例，或者说少招一点，大部分还是倾向于普高这边"。倾向于普高生而非三校生的原因在于"大部分愿意参加高考的学生，基础知识、个人态度，可能更好一点……也不是说单招学生不好，单招大概10个人里面可能8个态度非常好，有2个态度不端正，但参加高考的学生10个里面，有9个是好的，有1个态度不端正"。单招录取的三校生"缺乏学习的信心"。因此，不少招生办负责人都认为，"有必要保留普通高考专科批次的录取渠道……每年的招录名额要划拨一定比例给普高生群体"。此外，对于教育行政部门希望通过扩招缓解就业压力和解决老百姓学历提升的需求，学校也并非"照单全收"式地扩大招生，原因在于学校资源难以满足更多的招生数。"每个学校都面临着住宿压力，教学资源紧缺，来那么多学生我都没办法教"。

（三）地方政府设计职教高考制度的基本逻辑

通过对部分省份教育考试部门和职业教育管理部门负责人访谈内容的编码分析，形成了如下五个方面的主题。

1. 改革方向的迷失

"职教高考"这一概念和现在实施的职业教育分类考试招生制度有何本质区别？教育部究竟要通过职教高考改革实现何种目标？这是很多教育行政部门负责人反复提到的问题。这些关于改革方向的基本问题体现在以下几个方面：一是职教高考的功能定位，如"职教高考，到底考试应该是引导教学，还是考试服务教学"？二是职教高考改革中中央和地方的关系，如"中央是要统一还是放松？统一的话统什么？什么事权可以给地方？""文件里面说到要建题库，到底是中央建还是地方建？是不是两边有个分工？"三是职教高考作为概念的规范性，如"这个职教高考到底怎么理解，各个地方关于春季高考、分类考试的叫法各种各样，是不是能通过改革都规范起来？"四是关于职教高考改革重点的问题，有负责人认为"职教高考改革最核心的就是要解决中职生出路的问题，要让中职生和普高生一样有更好、更多元的升学环境"；而有负责人则认为"职教高考首先要求公平性，不能让普高生觉得自己吃了亏，破坏了整个教育的公平性……凭什么职教生用低分就能上本科？"

职教高考制度不仅是对现有考试方式和内容的改革，更触及职业教育招生方式、中等职业教育发展定位、高职专科和本科生源结构的改革。一方面，中央和地方尚未围绕职教高考改革形成清晰的事权关系，中央对职教高考改革下一步的方向和重点仍有待厘清；另一方面，各级教育行政部门内部也缺乏针对职教高考改革的协作机制和改革方案。整体来看，行政层面的职教高考改革仍处于"摸清底数、找准问题"阶段。

2. 改革风险和收益的平衡

任何一项改革在获得收益的同时，必将承担因此带来的风险，这种风险源于对已有利益关系的破除和新利益关系的重建。在这一过程中，新政策的"预期不足"和旧政策的"路径依赖"，均会共同作用并产生负面影响。因此，行政部门的改革必须要平衡风险和收益间的关系，尤其是涉及千万家庭和考生的高考问题，尤其需要谨慎。访谈过程中，很多教育行政部门负责人都提到改革的风险防控问题，这些疑虑主要体现在以下几点。

（1）指挥棒功能的正向效应和负向效应。

高考的指挥棒功能具有两面性。尽管一些专家、学者和教育行政部门寄希望于通过职教高考改革，"建立中高本一体的人才培养体系……用高考把各级各类职业教育的内容规范起来""引导大家去报考职业教育""统考能确保教育部门有个机制能管，防止一些学校把招生当成买卖生源"，但一旦国家和地方统得过深，会不会对中职教育产生负面影响？比如"我设置的科目它就拼命教，我不考的科目它就不教""技能考什么它就买那个设备，我要是这个不考，它可能设备买都不买"。

（2）考试招生的投机性。

命题质量不高、难度偏低、区分度不大的问题，还会导致部分省市出现了普高生占据中职生考试赛道的情况，从而变相鼓励了普高生在招生过程中的投机行为。例如，部分省份已经出现了专门的培训机构，"形成了畸形化的中职招生市场……一些普高生培训两三个月就能在技能考试考到高分……一些中职生就打着能上高职上本科的旗号，给学生集中培训考试内容，其实那三年什么都没学。最后导致一赢三输：培训机构赢，高职院校、中职和政府输"。还有一些质量较差的高职院校，依靠单招制度囤积生源，也一定程度上扰乱了正常的考试招生秩序。

（3）如何确定统的范围和程度。

对于决定学生生涯发展方向和教育资源分配的高考制度而言，国家统一有其必要性，但对于职业教育而言，多样化的专业设置和招生数量限制了国家统一的范围和程度。教育行政部门必须要在经济性、可行性和必要性中取得平衡。例如，"有些专业全省每年就招一二百人，有些年份可能还不招学生，省级考试很难做到专业全覆盖……原则上报名人数少于1%的就要学校自主测试了""报名只有几十个人的专业，你难道还要给他划本科线？""我们一开始设计技能高考操作考试的难度时，定的是中级工。但我可以说，整个水平测出来，别说中级，初级都很难"。还有一些潜在的风险，也会左右政府对高考"统"和"放"的决策，比如"我们省的学生都坐大巴车集中去一个学校考试，一些地方是山区，交通安全隐患非常大"。

3. 利益格局重塑的阻滞

当前各省职业教育考试升学制度是基于本省高等教育、职业教育资源和生源特点，在多年的实践中摸索出的稳定制度安排。由于职教高考改革涉及不同类型生源升学路径、考试方式等敏感议题，不少省份近年来围绕职教高考提出的改革举措，主要集中在考试顺序调整、更换考试名称、扩大学生志愿填报数量等程序性、操作性层面，对于制度层面的改革触及面小。除个别省份外，大部分省份的改革基本不触及已有考试升学制度基本格局。

比如一些招办负责人关心中职生挤占普高升本名额的问题，"如果整体本科计划不增加的话，那我内部统筹肯定会冲击普高的本科计划……省领导肯定更关注普通高考的本科升本率，如果我这边切一大块过去的话，那我普高的升本率就会下去的"；还有一些领导关注职教高考的开放性问题，"现在都在普职融通，你弄一个考试制度，只允许职校生去考，那普高生会不会有意见？"此外，对于已有的贯通、衔接学制是否要参加考试，不同省份的领导也有不同意见，"你都贯通了，你还要考试，那贯通有什么意义？""从招生考试的公平性来看，如果贯通和衔接没有转段考试，那是破坏公平性的行为，肯定社会上是有声音的"。

历史制度主义将影响制度变革的核心要素归为"路径依赖"，强调"制度变迁一旦进入某一路径（无论是'好'还是'坏'）就可能对这种路径产生依赖"。职教高考改革中遇到的阻碍，大致源于两种"依赖"：一是社会大众和招考部门间形成的稳固心理预期，这种预期是政府和大众围绕高考改革长期互动和博弈所形成的，具有暂时稳定性和脆弱性。二是部门对已有利益边界的维护，例如，职业教育部门更强调职教高考的类型特征，而考试和招生部门则更强调考试对全局招生的公平性和可行性问题。尤其是各级招办负责人过去的工作重点和经历集中于普通高考，对于职教高考改革可能带来的冲击，往往较为敏感和趋向于保守。

4. 改革节奏的把控

职教高考改革的一大难点在于各省情况的差异性，仅就升学路径而言，各省除了春季高考、高职单独招生等考试升学路径之外，还存在中高贯通、中本贯通、高本衔接等贯通培养项目，以及技能大赛特招等特殊项目招生。即使是大部分省份都实施的春季高考和高职单独招生，其名称、实施时间和实施方式也存在较大差别，因此各省对职教高考改革的态度和节奏各异。

具体而言，这种差异主要集中体现在三个方面：（1）关于技能考试的方式问题，有的省极力主张推行统一考试，"统考以后，我们技能高考每年的分数都在涨，学生和家长越来越信任我们这种考试方式，对职业院校的招生来说是一种正向的促进"，但有的省由于考生数量庞大，技能统考实施难度大，"我们省今年17万中职考生，你说怎么搞统一技能考试？我哪有那么多设备？""我们省技能高考找的学校都是有工厂的，一个厂房里面有几十台设备，规模很大……所以我们是下了血本去做，效果很好。但在其他省能不能推广，确实是个问题"。（2）关于招生名额问题，一些省份希望教育部能为三校生单独下拨本科名额，但也存在一些省份不愿意增加本科招生名额，"我们省情况比较特殊，现在招生到什么程度了？学校都没床位了，你给他名额他都不愿意扩招"。（3）关于学业水平测试，有的省份建立学业水平测试，并将其作为高职录取的标准之一；但有的省份并未设立学业水平测试，或者学业水平测试的实施效果很差，"学生考出来的分数都是几分、十几分，你又不能不让他们读书，高职都'吃不饱'""它（指学业水平测试）和过去高中的会考差不多，就是检验学习的水平，大概只能划等级……很难有大的区分度"。

5. 改革红利的争取

不乏一些省份试图通过改革为本省争取更多的制度红利。这种红利体现在两个方面：一是为本省争取"增量"式的红利，例如，希望教育部为各省增加单招本科计划并单列，鼓励985、211等学校参加单招或通过职教高考录取一部分学生等。二是通过改革已有制度，实现"存量"更新式的红利，例如，对于跨省招生，高职院校每年会申报春招和秋招计划。如果跨省招生，可能没有办法预判秋招完成度，一旦无法完成，则可能会造成计划浪费。因此，建议调整考试时间，"将春招中的理论考试统一挪到和高考同一天，这样就能较好地避免计划的浪费"。

可以看出，职教高考在院校层面改革的最大阻力在于其功能预期的多元性。在决策层面，我们往往会对标普通高考较为成熟的功能定位和实施模式，希望职教高考能够拥有与普通高考相同的选拔功能，成为最公平的职业教育资源分配机制。然而，由于中等职业教育的专业性定位、职业教育生源的多样性、职业院校兜底的社会责任、职业教育的省级统筹等现实因素，导致职教高考改革难以实现目标的统筹。中职生强烈的升学意愿、高职院校"掐尖"和"兜底"并存的招生方向，以及教育行政部门公平分流和维稳的政治立场，必然会导致职教高考改革过程中的多元利益冲突。在这一过程中，中职生作为职教高考改革最直接的影响对象，其话语权并未得到充分重视。考生们所期待的"公平考试""有效选拔""大量升学""明确发展方向"等朴素期盼，往往会被淹没于有限的资源和多元利益的交织中。因此，职教高考改革不能仅从管理者、教育者"方便管理""提高生源质量"的利己主义角度入手，更要关注考生的核心利益诉求。

此外，企业和行业在职教高考的改革中似乎被有意无意地忽略了。在学校看来，职教高考解决的是学校内部的升学问题，因此其评价导向和企业用人导向存在差异。这种说法不能谓之错，但学生最终是要导向劳动力市场的，由教育部门主导的评价选拔体系，最终要为劳动力市场提供不同层次和规格的人才，因此，企业的声音也不应完全被忽视。职业院校中目前存在"岗课赛证"四类评价机制，其中岗位评价主要体现在用人单位的认可，课程评价体现为以职教高考为代表的教育系统统一考试；比赛评价则包括各类机构主办的职业技能大赛，其中以教育部的职业院校技能大赛和人社部的中国技能大赛权威性最高；证书评价则包括各类职业资格证书和职业技能等级证书。职教高考改革，应在评价内容和方式上，合理吸收其他四类评价的特色，尤其是企业关注的基础能力和通用能力。

第四节　讨论与结论

基于上述研究，职教高考改革的复杂性可归为四个核心问题：公平与效率的关系问题、考试内容与方式的设计问题、改革的多元利益冲突问题、职教高考和其他类型评价制度的关系问题。

一、职教高考的公平与效率问题

（一）促进公平的初衷：职业教育高考制度的公平效用

建立"职教高考"制度，本质上是希望通过"高考"这一遴选机制，建立职业教育人才上升和发展的有效通道。这一制度不仅为高等职业教育由专科层次提升至本科乃至研究生层次提供了重要的评价基础，也进一步凸显出了职业教育人才培养的类型特征，体现了职教高考制度在促进教育乃至社会公平中的重要性。

1. 教育机会公平：保障职业院校学生平等享受接受更高层次教育的机会

长期以来，促进教育公平是我国教育事业发展的一条基本主轴。"平等原则"是教育公平的三原则之一，包括受教育权平等和教育机会平等两个方面①。受教育权平等是社会公正的内在要求，也是教育公平的基础。我国《宪法》《义务教育法》等法律充分保障全体公民依法享有平等的义务教育权。而"机会平等"是过程的平等，属于"非基本权利"的范畴。入学机会平等和存留平等是审视教育机会平等的两大重要指标②。入学机会平等是指人们接受教育权利的平等；存留平等是指人们在学校教育过程中接受教育以达到特定教育程度的成功教育机会平等③。在保障公民基本的受教育权的基础上，应重点关注公民在教育体系中的教育机会平等，提升教育公平实施的质量。

---

① 褚宏启. 关于教育公平的几个基本理论问题 [J]. 中国教育学刊, 2006 (12): 1-4.
② 卢乃桂, 许庆豫. 我国90年代教育机会不平等现象分析 [J]. 华东师范大学学报（教育科学版）, 2001 (04): 7-16.
③ 褚宏启, 杨海燕. 教育公平的原则及其政策含义 [J]. 教育研究, 2008 (01): 10-16.

"职教高考"制度就充分体现了"机会平等"的重要原则。一方面，无论是普通教育还是职业教育的学生，都有接受更高层次与质量的教育的需求，而现有的普通高考制度在保障各级职业教育毕业生接受更高层次的教育上存在缺陷。普通高考制度的特点是用以学科知识为本位、注重知识体系考察的试卷对考生进行排序，排序靠后的学生将被纳入专科批次录取。这就使得中等职业教育的学生需接受"普通教育"尺子的衡量，从而降低他们进入本科院校的几率，无法在职业教育中充分落实入学机会平等。另一方面，"高考"是一种具有政府权力背书、社会公众认可的学习成果评定机制，对于规范教育过程、提升人才培养质量具有重要的指导作用。职业教育领域缺乏这一权威的评定机制，使学校在人才培养过程中的质量参差不齐、也使不同学校、地域、专业的学生难以获得一个具有更广适用范围、更具权威性的学习成果评定结论，进而影响了职业教育学生的存留平等。"职教高考"制度能够通过设计具有技术技能培养特色的考核方式与内容，配合本科层次职业教育的实施，进一步促进职业教育领域内的机会公平。

2. 社会身份公平：确立技术技能人才作为人才类型的成长路径和独立地位

从形式上说，身份是个人、群体或组织在社会中得以识别的一种社会特征，但是从实质上说，身份与职业、名望、权力等关联。我国古代社会主要依靠血缘关系识别身份，随着生产力的发展和社会流动的不断提升，以后天努力为核心的业缘关系逐渐替代血缘关系和地缘关系，成为个人身份获得的重要来源①。教育作为人力资本增值与实现阶层流动的重要方式，自然成为个体强化业缘关系的主要途径，而"高考"正是获得高质量业缘关系与否的关键所在。

高考作为一种社会评价机制，其背后体现的是学科知识本位下的人才成长和发展逻辑。这决定了普通高考以理论知识为主要考察内容，以"纸笔测验"为主要考察方式。而这些评价方式也在无形中形塑着社会对人才的基本认知。当普通高考成为社会大众获得业缘关系、实现阶层流动的重要乃至唯一手段时，普通高考遴选出的"学术型"人才逐渐成为全社会衡量人才类型与价值的唯一尺度。而被普通高考淘汰的学生则被排斥于"人才"的队列，难以实现社会阶层的突破和社会地位的提升。可见，"普通高考"这一评价机制正在伤害除"学术型人才"以外的其他各类人才的身份合理性。他们难以在人力资源市场的竞争和未来的生涯发展中获得平等的待遇，失去了应有的社会身份的公平。

---

① 胡平仁. 对平等与身份的法社会学分析［J］. 湘潭大学学报（哲学社会科学版），2004（05）：22-25.

"职教高考"制度的建立，有助于技术技能人才社会身份公平的重建。一方面，职教高考制度给予个人学历提升的通道，清晰地描绘了技术技能人才成长和发展的路径，以及不同阶段技术技能人才培养的重点与特色，让"断头路"变通途；另一方面，职教高考制度彰显了职业教育从中等层次到高等层次的一贯性，通过独特的考试内容、机制等的设计，向社会昭示着技术技能人才作为一类人才的完整体系及其入学门槛。这样，职教高考将成为技术技能人才升学和发展的途径，允许技术技能人才凭借精湛的技艺和独特的实践知识体系，获得应有的业缘关系与未来发展的资本，最终实现社会身份的普遍认可与公平对待。

3. 符号权力公平：提升工作本位知识及其语言表征系统在权力场域中的地位

符号（symbolic）是社会整合的最佳工具。作为知识和交流的工具，各种符号使得对于社会世界的意义达成共识成为可能，这种共识的基本特征在于对社会秩序的再生产。布迪厄（Bourdieu, P. ）曾对权力符号（symbolic power）进行过阐释："当我争辩说权力或者资本具有了符号性，并施加一种特殊的统治效果的时候，我称之为符号权力或者符号暴力"①。所以"符号"可以被看作是一种"普遍共识"，它背后是与权力的共生共存。符号权力最为典型的是语言霸权，不同成长环境、教育环境、社会阶层中的说话人在口音方面以及语法和词汇使用方面存在差异，这些形式主义语言学所忽略的东西，标示了说话人的社会位置，反映了说话人所拥有的语言资本以及其他资本②。

普通高考所要评价的是去情境化的学科本位知识，而学科本位知识有其独特的语言表征系统。这些知识往往以教材文本、教师在课堂上教学所使用的语言等形式出现在学生周围，形塑着学生对知识表征形态及其内容的认识。无论是出于主动还是被动的心态去学习理论知识，为了通过普通高考的"筛选"，学生必须适应理论知识的语言表征，包括理解特定的概念体系、使用一定风格的语言回答问题等。但是这套语言与职业教育中的工作本位知识及其语言表征系统有着根本性的区别。伯恩斯坦（Bernstein, E. ）的"水平－垂直"论深刻地解释了学科本位知识与工作本位知识之间的区别。"水平"知识，是指那些地方的、局部的以及与情境紧密相连的知识；"垂直"知识是指那些普遍的、明言的以及意义连贯的知识。以学科本位知识为代表的垂直知识往往是系统的、可编码的，而以工

---

① Bourdieu, P. , Language and Symbolic Power, （ed）［M］. Thompson, J. B. , Cambridge：Policy Press, 1991：166.

② 傅敬民. 布迪厄符号权力理论评介［J］. 上海大学学报（社会科学版），2010，17（06）：104－117.

作本位知识为代表的水平知识则是默会的、难以传播的①。在这种情况下，学科本位知识及其语言表征系统借助"普通高考"这一载体逐渐具备了"符号权力"，"统治"了学生对知识及其表征的理解，并成为个体获得其他资本的重要基础。而工作本位知识及其语言表征系统则在场域中逐渐丧失其应有的地位，其赋予个体其他资本的功能也被剥夺。

职教高考制度的建构，能在一定程度上扭转工作本位知识在权力场域中的劣势，因为职教高考制度是以区别于学科本位知识的工作本位知识为主体所建构的评价体系。工作本位知识必须要基于真实或模拟工作情境下与工具、对象、人的互动，在解决良构与非良构问题的过程中获得。它的属性及其语言表征与理论知识存在本质区别，尤其强调认知的具身性。工作本位知识的学习是"由身体通过与外界的互动，在人的判断、鉴赏、领悟等能力和直觉的参与下而形成的身心一致的过程"，是杜威口中的"从做中学"②。职教高考中的技能测试占据了所测试内容的主体地位，且测试的方式也由传统的"纸笔测验"改为现场操作、项目设计、角色模拟、人机对话等具有情境性或职业性的测试。这样，职教高考就在客观上构建起了工作本位知识传播、使用与发展的制度环境，最终提升工作本位知识及其语言符号在学术和工作领域内的地位。

（二）激化不公的疑虑：职业教育高考制度的公平隐忧

尽管职教高考制度在促进教育和社会公平中有着诸多优势，但一些省市的试点工作暴露出社会对职教高考"激化不公"的隐忧。这些疑虑一方面是操作层面存在的瑕疵和漏洞，另一方面则反映了社会大众在"绝对公平"与"相对公平"的平衡、"程序公平"与"实质公平"的平衡等思想层面存在的分歧。

1. 对考试内容的疑虑：如何选择和设计公平有效的考试内容

目前实施技能考试的部分省份，主要采用的是基于项目成果的评价方法，测试的内容通常来自某个专业所对应的典型工作任务。考生被要求在规定的时间内完成一个具体的项目，而考官则基于一些重要的观测点或技术参数，参照评价标准对考生的考试结果进行评价。以湖北省和浙江省的技能高考为例，湖北省机械类技能操作考试设有车工、铣工、钳工3个工种，由考生任选一个工种、抽选试

① 王亚南，石伟平. 职业知识概念化的内涵意蕴及课程实现路径——麦克·杨职业教育思想的述评及启示［J］. 清华大学教育研究，2017，38（04）：78-86.
② 李政. 职业教育现代学徒制的价值研究［D］. 上海：华东师范大学，2019：285.

题参加考试，设定加工零件的技术参数为给分点，将遵守操作规程、安全文明生产、环境保护等纳入评分，得出考生的技能考试成绩[①]。而浙江省的旅游服务类技能考试则是允许学生在礼仪展示、前厅服务、中式铺床、中西餐服务英语口语、导游讲解与应变等工作任务中完成特定的组合测试，考官基于一些关键点及标准给出成绩。总的来看，无论是制造类专业还是服务类专业，针对技能所采用的评价方式均属于表现性评价。它要求学生"在某种特定的真实或模拟情境中，运用先前所获得的知识完成某项任务或解决某个问题，以考察学生知识与技能的掌握程度、问题解决、交流合作和批判性思考等多种复杂能力的发展状况"[②]。

可以看出，影响技能考试内容质量环节有三：典型工作任务的选择、项目的设计、评价标准的制定。而公众对职教高考公平性的疑虑也正存在于对这三个环节的设计。首先，究竟选择哪些工作任务，在工作任务中考察哪些重要的技能，并设计何种载体以综合考察这些技能，是影响考试效度的关键。但现实中却存在命题质量不高、缺乏综合考察维度的现象，考试的区分度、信度和效度难以保证[③]。这些任务还与特定设备相关联，也有可能因设备采购导致不公现象。其次，职教高考考察的并非仅仅是技能操作，还包括专业理论知识与文化素质考试。那么技能操作、专业理论与文化课三者的比例如何设计？应该选择什么样的理论知识进行考核？理论知识的考核与技能操作间的考核之间应设计为何种关系？文化素质考试的难度如何把握？是否应该与普通教育的测试有所区别，区别的程度如何？这些内容的设计也会影响职教高考遴选功能的公信力。最后，技能水平虽然能够通过外在的表现进行评价，但是操作的过程往往也很重要，尤其涉及安全操作的部分。而考官是否能对操作的过程给予全面、细致的观察，仍有待检验。而隐藏在这三个疑虑背后更深层次的问题，则是关于考试内容是否能体现出学生学习三年的学习成果。一旦职教高考可以通过"短期突击"的形式通过，那么这条"捷径"势必会破坏当前高考制度的平衡与效度，从而危及选拔制度的合法性。

2. 对实施过程的疑虑：如何确保考试实施的严肃性与公平性

由于职教高考包括理论考试和操作技能考试两个部分，而这两个部分的考试

---

① 卢斌，陈少艾，吕金华，等. 基于高考改革的"技能高考"模式研究与实践成果 [J]. 中国职业技术教育，2016 (08)：5-9.
② 赵德成. 表现性评价：历史、实践及未来 [J]. 课程·教材·教法，2013，33 (02)：97-103.
③ 邵坚钢，张定华，许乐清. 基于综合素质评价的高职提前招生研究 [J]. 中国职业技术教育，2017 (18)：53-56.

形式有一定差别，故需要分别组织。理论考试的组织并不复杂，普通高考多年的实施经验完全可以借鉴，但是操作技能考试的组织仍然处于摸索阶段。目前一些省市的专业技能考试主要是委托高职院校承担①，省级教育考试管理部门负责组织专家制定考试方案、考试大纲、考试题库，并负责命题与题库建设工作细则、试卷与试件管理细则、考务工作总则、考务工作细则等制度层面的建设。具体考试的实施工作交由相关高职院校参照相关规定完成。

由于技能测试存在的"难以完全标准化""对操作工具和环境的依赖性较强"等客观因素，上面提到的工作模式在实施过程中存在较为突出的问题，影响到考生及公众对公平性的疑虑：首先，考试大纲和标准在描述上比较模糊，考官的评价存在较大的主观性发挥可能。例如，在对电路焊点作品进行评价时，虽然是有规范的工艺标准，但在实际操作过程中，评委单凭肉眼和经验判断，很难保证一致性，难免有主观性误差②。一些学校还存在技能测试打分过于随意的现象③。其次，一个省份某一类专业的技能测试往往安排在一所高职院校，这对于高职院校而言无疑是一个不小的挑战。受限于人力、物力、交通等的限制，这种考试实施方式增加了考试组织的风险，也提升了考生考试的成本。此外，尽管考点下放到少数几所高职院校存在现实合理性，但是在考试实施过程中仍然存在过程监控不严的现象，这就有可能导致考题外泄、评分放水等影响考试公平性的行为出现④。当考生在如此的实施环境中参加考试时，难免会引起公众的讨论和质疑。

3. 对录取方式的疑虑：如何制定和平衡不同类型的录取方式

除了内容层面的疑虑以外，职教高考的录取方式也让大众产生对录取公平性的疑虑。首先，在试点高考改革的一些省市，中等职业教育的学生可以通过多种方式升入更高层次的院校。以江苏省为例，江苏省先后制定了对口单招、五年一贯制、5+2（五年制专转本）、3+3（中高衔接）、3+4（中本贯通）等多种类别的招生制度，但实施过程不同的招生制度之间存在一定的不兼容性，如3+3和五年一贯制均属于中高衔接类招生制度，学生毕业后均可以拿到大专毕业文

① 田纯亚、覃章成. 湖北省技能高考政策解读与思考 [J]. 职业技术教育，2012，33（25）：24-28.
② 王乐，林祝亮. 浙江省技能高考的问题及对策研究——以电子电工类为例 [J]. 河南科技学院学报，2018，38（08）：35-39.
③ 雷炜. 深化高职院校招生模式改革的思考——以浙江省为例 [J]. 中国高教研究，2016（10）：98-102.
④ 王伟宜，罗立祝. 高职院校分类考试改革：理论、经验与对策 [J]. 中国高教研究，2014（11）：89-93.

凭，但在学习年限上相差一年；此外，3+4（中本贯通）制度的实施在一定程度上影响到了3+3中高衔接和五年制高职的招生。看似多元的高考制度，却因为不同考试招生项目设计间的冲突而影响了社会对职业教育人才选拔的观感。其次，《方案》中提到要"制定中国技能大赛、全国职业院校技能大赛、世界技能大赛获奖选手等免试入学政策"。这条政策的初衷是为具有精湛技艺和发展潜力的学生提供更为便捷的学习通道，以激励学生提升技术技能水平。但是依托技能实现"免试入学"是否能够被大众接受？什么层次的奖项能够匹配何种层次的入学资格？如果这些问题没有得到全面、科学的解释，就可能滋生破坏高考公平的土壤。再次，部分省市创建了"全省技能高考、学院单独招生"的考试改革新模式。那么"统一招录"和"单独招录"间的功能如何定位和匹配？这涉及教育行政部门与各级各类职业院校在招生工作中的"权力博弈"，也关涉职教高考的程序公平问题。最后，也是最重要的一点，如何确保通过职教高考进入本科层次的学生，与通过普通高考进入本科层次的学生在学习中的付出基本等值？如果本科院校中的职业学校生源在学期间付出的学习和训练时间偏短，学习成果要求也较普通教育而言偏低，那么这势必会导致社会对职教高考公平性的质疑。职教高考改革不能成为学生升本的捷径。

总结而言，对职业教育高考制度的公平疑虑，本质上仍来自社会对职业教育作为一种教育层次而非类型的"刻板印象"。除此之外，由于对这一"新生事物"的探索时间较短、经验不足，一些制度设计的缺陷影响了社会公众对职教高考的信任。但是，"职教高考"设计的初衷仍然是为了"促进公平"。这种公平在现阶段有两个特点：一是更多地侧重于"程序公平"而非"实质公平"。"程序公平"强调高考制度的透明性与公平的可度量性，"实质公平"侧重教育运行的实然状态和个体的主观感觉。现阶段，"实质公平"还主要是理想状态，而实现程序性公平则是实现"实质公平"的基础①。二是更多地侧重于"相对公平"而非"绝对公平"。"绝对公平"是一种"平均主义"的体现，在现实中很难实现；而"相对公平"则指的是从事某一活动或享有某种资源与自身主观和客观条件的一致性，它强调"适合性"，是符合当前我国职教高考制度改革的需求与现实的。

---

① 王建华. 教育公平的两种概念 [J]. 教育研究与实验，2016 (06)：24 – 28.

二、职教高考考试内容和方式的设计问题

（一）知识本位、技能本位和能力本位的问题

职教高考考什么，不仅是一个科学性的问题，还关涉价值观的判断，其中，公平和效率的不同导向，会形成对考试内容的不同倾向，这其中，知识本位、技能本位和能力本位是较多学者讨论的焦点：（1）知识本位的考试内容设计，重在强调职教高考内容改革的公平性，充分利用知识在考试中的可测性强、信效度高等优势。此外，在诸多学者和普通人的眼里，"知识"代表着理性。苏格拉底的"产婆术"强调应将知识从人的灵魂中"接生"出来，他认为知识的对象是绝对的美和善，即普遍的定义、本性或本质。知识是最能支配人的行为的美好东西[①]，进而认为"美德可教"。柏拉图则首次提出了关于知识本质的明确定义，他在批评泰安泰德"知识即知觉"的论断后，提出了知识就是证实了的真的信念（knowledge is justified true belief）这一著名论断[②]。笛卡尔的对感觉经验所持的怀疑态度、斯宾诺莎的"几何学"探索、莱布尼兹的"单子论"以及康德等都将知识构成中的逻辑成分和理性作用放在了更为重要的位置上。因此，对知识的考察，一定程度上就是对个体理性成分、逻辑思维能力的考察。这些内容是稳定且有价值的，是决定个体水平的关键要素。在职业教育中，这类知识主要体现在以语文、数学和英语等为代表的通识性知识，以及专业理论知识。但专业理论知识一般源于理论知识的技术化，甚至源于技术实践活动的经验总结。因此其稳定性、"信念"程度不及理论知识。（2）技能本位的考试内容设计，重在强调职教高考内容改革的效率性，因为技能是人类通过实践与物质世界的互动中介，充分体现了职业教育将实践作为认识世界和改造世界的逻辑起点的基本特征，也是最能区分职业教育和普通教育人才培养目标和规格，以及职教高考和普通高考的要素。基于此，一些政策文件中规定职教高考中不少于一半的考试内容应为技能操作。（3）能力本位的考试内容设计，认为职教高考不应将知识和技能割裂对待，应该将整体的工作能力、岗位胜任力视为一个整体作为评价对象[③]。以世界技能

---

① 董秀敏. 苏格拉底"美德即知识"思想述评 [J]. 现代大学教育, 1999 (02)：39 – 42.
② 胡军. 什么是知识 [J]. 求是学刊, 1999 (03)：5 – 12.
③ 赵志群，黄方慧. "职教高考"制度建设背景下职业能力评价方法的研究 [J]. 中国高教研究, 2019, 310 (06)：100 – 104.

大赛为代表的评价机制，就是通过一个经过精心设计的复杂问题情境，检验学生综合职业能力水平。德国不莱梅大学教授劳耐尔（Rauner，F.）曾提出了一个概念以解释工作过程中存在的系统的、全盘性（holistic）的问题解决能力——专业知识（professional knowledge）。专家知识是在工作世界中理解和掌控任务的必要条件。在这样的背景之下，全盘问题解决范式将得到充分的运用。因此，对职业能力的评价，本质是对学生所占有的专家知识的评价，且专家知识更偏向于思维层面的内容。此外，不少省份实施的"技能考试""技能水平测试"，其考察的内容不仅仅是动作技能的熟练度，还包括学生对问题情境的判断、对工具的使用等多个维度，因此，这些技能考试的本质仍是能力评价。

上述三种观点，体现了不同人对考试公平性和效率性孰轻孰重的判断，也体现了对职教高考功能的不同看法，但很显然，只选择一种考试内容势必会影响评价的信效度。因此，中央和地方在考试内容的设计上坚持"知识＋技能"的考试组合，并在技能考试中辅以职业素养的考察。但这里存在一些值得讨论的问题：（1）知识和技能的比例究竟如何设计？对技能考试设置不少于一半内容和分值的规定，一定程度上满足了职教高考"类型化"的需求，但技能评价较强的主观性，对于涉及社会教育资源配置这一敏感议题的职教高考而言，其社会风险较高。（2）知识和技能的分开考察，是否会对中职学校的能力本位课程改革和实施产生负面影响？尽管在操作层面，知识和技能的分开考察更有效率，但在内容的设计上，应秉持知识和技能考察的同步性，尤其是知识和技能之于能力的完整性。这有利于发挥职教高考对中等职业教育能力本位课程改革的正向引导作用。（3）职教高考所考的知识，究竟是什么知识？从对现有考试标准和内容的分析来看，所考察的知识主要是技术理论知识，但对于未来进入高等教育学习的学生来说，仅仅考察技术理论知识是否足够？更为普遍性的原理知识是否也应有所涉及？尤其是在中等职业教育基础性转向的大背景下，各学科领域的原理性知识和分析问题的思维能力等都应纳入教学和考试内容之中。

（二）类型化考试内容的难度和价值问题

在考虑职教高考内容类型化问题时，还要考虑类型化的考试内容本身是否有考试价值的问题。调研结果反映了职教高考考试内容设计的一大问题，即很多技能考试的内容，短期内可以通过集中训练的方式获得高分。即使是一些理论性的考试内容，因其主要考察学生在知识记忆层面的水平，因此也可以通过短期的集中复习通过考试。这就导致一大批普高学生集中参加校外培训机构组织的考试培训，从而挤占了中职生的升学机会。

这种现象促使我们对考试内容价值的两点反思：（1）技能是否适用于大规模评价，是否具有判定个体进入高等教育学习潜力的资质？职教高考选拔的不是进入企业工作的学生，其评价指向的不是岗位胜任力，而是高等教育的学习潜力。因此，尽管技能水平的高低能一定程度体现个体的过往学习水平，但技能水平高不一定就适合就读高等教育。调研结果也显示，高等职业院校更欢迎普高学生的主要原因在于学习态度、方法和其他通用能力方面的优势，技能的训练更多的是时间上的问题。（2）考试内容的难度如何设置？尽管有招办部门负责人和一线教师反映难度过高"可能导致大批量考试不过关"，但这并不应该成为考试内容整体偏易的理由。相反，我们应反思中等职业教育整体的教学质量问题，以及对知识评价的方式问题。

三、职教高考改革方向的多元利益冲突问题

改革必然伴随着利益关系的深度调整，职教高考改革亦是如此。自2019年《国家职业教育改革实施方案》首次提出"职教高考"这一政策概念以来，不少省份已先后启动相关改革[①]。然而，职教高考改革涉及对已有职业教育考试、招生与评价工作的深度调整，广泛涉及各级各类职业院校、雇主、考生等的切身利益，尤其是在维系考试公平与效率的关系上，多元主体利益相互交织和冲突，共同形塑了职教高考改革的复杂性，并很大程度上掣肘中央和地方改革的步伐，造成改革进程迟滞[②]。

政策可以被视为是以复杂的方式编码（通过斗争、妥协、命令的公众干预和再解释），并以复杂方式解码（基于行为者对其历史、经验、技能、资源和背景的诠释）的一种陈述（representation）[③]。因此，政策过程实质是政治博弈，各方均试图通过自身拥有的政治资源，以使决策结果倾向于自身利益[④]。现有研究较多从政策分析和理论思辨的角度，解构职教高考改革过程中潜在的利益冲突，这

---

① 姜蓓佳，樊艺琳.省级政府高职分类考试改革方案的比较研究——基于30个省区市政策文本的分析[J].职业技术教育，2021，42（09）：48－54.
② 姜蓓佳.省级统筹高职分类考试改革：意蕴、问题与对策[J].高等工程教育研究，2022，195（04）：176－181，200.
③ Ball S J. Education policy and social class: the selected works of Stephen J. Ball [M]. NY: Routledge, 2006: 43.
④ 米切尔·黑尧.现代国家的政策过程[M].北京：中国青年出版社，2004：7.

些冲突大致可分为四类：一是中央政府与地方政府的矛盾，包括地方政府忽视中央政策设计的部分意图，在评价质量和可行性间取得平衡[①]，引发公众对考试公平与效率关系的关注[②]。二是政府优质资源供给和学生资源需求的矛盾，包括有限的本科数量提升中职生升学难度[③]，跨省招生的有限性限制部分中职生的升学选择[④]。三是政府统筹和院校自主间的矛盾，如统一的职教高考制度限制了职业院校的招生自主权[⑤]，高职院校更多的是执行计划而非参与招生设计[⑥]。四是学校招生需求和社会用人需求间的矛盾，例如，应以接受高等教育能力还是岗位能力作为考试内容的设计标准[⑦]，现有招生考试制度不利于吸纳社会生源等[⑧]。

尽管已有研究呈现出了职教高考改革中潜在的利益冲突，但仍存在以下不足之处：首先，现有研究多属点状研究，难以全面反映职教高考改革过程中利益主体复杂的利益诉求和冲突关系；其次，现有的研究大多仅描述了不同主体间存在的利益冲突点，对于利益冲突背后的影响机制及其本质问题并未做深入分析，无法为破解职教高考改革的关键问题提供系统性解决方案；最后，已有研究得出的部分结论缺乏实证资料的支撑，一些观点无法得到佐证，很多隐藏的矛盾并未得到重视和分析。基于前期实证研究的结果，下面将从利益相关者的视角，揭开职教高考改革过程中的利益冲突这一"黑箱"，并从政策层面为缓解潜在的利益冲突提供解决路径。

（一）职教高考改革的利益相关者分类

职教高考改革的利益关系较为复杂，相关利益主体至少包括考生、高职院校、中职学校、政府和雇主五类。这五类主体在改革中的利益诉求和话语权各异。美国学者米切尔等（Mitchell，R. K. et al.，1997）曾经明确指出，利益相关者理论有两个必须要解决的核心问题："一是利益相关者的认定，即谁是企业的

① 张仁杰. 分层与整合：职教高考政策的评估与反思［J］. 中国高教研究，2023，356（04）：48-54.
② 李政. 促进公平还是激化不公？职业教育高考制度改革的"公平疑虑"及其消解［J］. 职教通讯，2021，538（03）：22-30.
③ 李政，杨梓樱. 中职生的升学选择及影响因素研究——基于全国10660名中职生的调查［J］. 复旦教育论坛，2023，21（01）：44-53.
④ 米切尔·黑尧. 现代国家的政策过程［M］. 北京：中国青年出版社，2004：7.
⑤ 陈礼业，李政. 招考一体还是招考分离：我国职教高考改革中的考试招生关系研究［J］. 职教论坛，2023，39（03）：45-52.
⑥ 谢鸿柔，姜蓓佳. 我国职教高考技能考试的组织实施问题研究［J］. 职教论坛，2023，39（03）：39-44.
⑦ 李政. 我国职业教育高考内容改革：分析框架与实施模型［J］. 职教论坛，2022，38（02）：31-37.
⑧ 黄亮. 国家职业教育改革背景下"职教高考"制度的困境与突破［J］. 浙江师范大学学报（社会科学版），2023，48（02）：100-107.

利益相关者；二是利益相关者的特征，即管理层依据什么来给予特定群体以关注"①。这里引用米切尔提出的评分法，对改革涉及的各类利益相关者进行分类，该评分法包括三个评分维度：合法性、权力性、紧急性。其中，合法性是指某一群体是否被赋予法律和道义上的或者特定的对于职教高考改革的索取权；权力性是指某一群体是否拥有影响职教高考改革的地位、能力和相应的手段；紧急性是指某一群体的要求能否立即引起职教高考改革决策者的关注。基于上述定义，五类利益相关主体在三个维度上的评分如表2-18所示。

表2-18　　　　　　　基于米切尔评分法的职教高考利益相关主体分类

利益相关者	合法性	权力性	紧急性
确定性利益相关者			
高等职业院校	高	中	高
政府	高	高	高
预期性利益相关者			
考生	高	低	高
中等职业学校	高	低	低
潜在性利益相关者			
行业企业	低	低	低

1. 确定性利益相关者

在职教高考改革中，政府和高职院校属于确定性利益相关者，在合法性、权力性和紧急性三个维度上保持中等以上的水平。（1）对于高职院校而言，在合法性上，职教高考改革需要解决的核心问题就是如何选拔中职生进入专科和本科层次的高职院校。因此，高职院校作为招生机构，对于职教高考改革中拥有较高的合法性地位，高职院校的诉求也应被充分考虑和吸纳。但就权力性而言，我国职业教育省级统筹、政府主导的发展格局，以及职业教育在不同地区扮演的"兜底"角色，决定了高职院校在改革过程中并不能占据高水平的权力地位。地方政府会根据区域发展需求，结合中央对职业教育发展的研判、对技术技能人才队伍

---

① Mitchell, R. K., Agle, B. R., & Wood, D. J.. Toward a theory of stakeholder identification and salience：Defining the principle of who and what really counts ［J］. The Academy of Management Review, 1997, 22 (4)：853-886.

建设的总体要求、对不同时期社会维稳和扶贫济弱的需要等，规约高职院校的发展方向和业务边界。此外，以"项目制"为代表的治理模式的运用，控制了高职院校尤其是公办高职院校发展的核心资源供给，一定程度上削弱了高职院校发展的主体性。（2）长期以来，政府主导我国职业教育的发展，公办职业教育力量占全部职业教育办学机构的 70% 以上。作为培养技术技能人才的一类教育，职业教育不仅兼有人才队伍建设的责任，还承担社会兜底教育的职责。职教高考是政府大力推行现代职业教育体系的重要制度设计，是规范各级各类职业教育人才培养的核心抓手，因此，政府在职教高考制度改革的过程中占据较高程度的合法性；在权力性方面，职教高考牵涉职业教育资源的分配，对社会大众而言敏感度高、利害关系大，政府作为超然的社会治理主体，理应具有高水平的权力性；在紧急性方面，职教高考制度建设是近年来中办国办关于职业教育发展文件中反复提到的重点任务。职业本科学校的建制化发展，以及各地职业教育考试招生工作中的乱象，也倒逼政府关注职业教育考试招生制度的系统化改革。因此，政府在职教高考改革中的紧急性水平也保持较高水平。

2. 预期性利益相关者

考生、中等职业学校和政府属于预期性利益相关者，它们在合法性、权力性和紧急性三个维度中的某一个维度保持较低水平，在另外两个维度则保持较高水平：（1）考生是职教高考改革最直接的影响对象，改革措施的出台，都要充分考虑考生的行动逻辑和主观意愿，因此具有较高的合法性。此外，近年来因为考试不公、录取程序瑕疵等问题而产生的社会舆论，均源于考生的举报和媒体曝光，考生权益及其代表的社会稳定始终是招考机构改革要考虑的最重要问题。因此，考生在紧急性维度上呈现出较高水平。但考生在决策权力结构中并不占据优势，或者考生权益和改革意愿也仅仅是行政部门决策的参考条件之一。在实际决策过程中，受信息壁垒、信息传递过程中的衰减等因素影响，考生及社会大众的意愿难以直接、全面和真实地传递至决策层，且受个体决策局限性的影响，考生作为个体的改革意愿也带有偏见，因此其权力性水平较低。（2）中等职业教育是职业教育体系的基础，也是近年来普职比热议的中心。"活着"似乎是不少中职校当前面临的最重要问题。职教高考改革的一个矛盾点在于，究竟是"教什么考什么"，还是"考什么教什么"。两种不同的考试改革取向，均会对中职校的人才培养、发展方式乃至生死存亡有着重大影响。因此，在职教高考改革的进程中，中职校理应保有较高水平的合法性和紧急性地位。然而，在现有的改革方案中，中职始终是被"形塑"的对象，即使是中职的老师，对于未来发展的方向也

"倍感迷茫"。在确保招生的外部压力下，中职在考试招生领域并未持有较高的话语权，因此，其权力性水平较低。

3. 潜在性利益相关者

目前在职业院校中存在岗课赛证四类评价，这四类评价的取向各不相同。职教高考主要面向"课"所代表的教育评价，这类评价旨在为高一级的教育机构选拔人才，因此具有浓厚的高等教育选拔取向。在各省现有的职教高考命题标准中，来自岗位的评价标准并不作为考试内容设计的直接参照，而是将经过教育化处理的专业教学标准、课程标准等作为考试内容和评价标准的来源。与职业技能标准相比，专业教学标准、课程标准等教学标准是结合岗位需求、中职生特点、学制特点等因素而形成的学校教育类标准，且更关注学生作为社会个体全面发展的长远需求。因此，行业企业在职教高考改革中的合法性、权力性和紧急性水平均不高。

（二）　不同利益相关者的利益冲突

经过一级和二级编码，本研究共形成了 9 个利益冲突点，这些冲突点分别属于职教高考改革的权力冲突、内容冲突和路线冲突，围绕"高等职业教育入学机会配置的权力、内容和路线"这一核心类属，共同构成了职教高考改革利益冲突的形成机制。而缓解改革利益冲突的关键是正确认识我国高等职业教育入学资源的两大属性：公共利益最大化和不平衡的稀缺性。

1. 职教高考改革利益冲突的主要内容

（1）央地政府权责划分冲突。我国职业教育的事权在省域，因此省级政府拥有对本省职业教育分类考试招生制度的设计和实施权限，中央政府通过政策引导、招生数额等手段宏观调控全省职业教育考试招生。这种"中央指导—地方负责"的权责分配，体现了一种"行政分包制"（administrative subcontracting）的中国特色治理格局。这种格局平衡了中央集权和地方分权间潜在的冲突，但不可避免地产生了改革过程中央地权责划分冲突和分工不明的情况。在中央看来，职教高考在各省面临的情况，和要解决的问题存在很大差异……它和普通高考不一样的地方在于考试科目众多，考试内容不一，又缺乏全国统一课程标准，教育部要统的话，很难找到有力的抓手。而在地方政府看来，各地职教高考改革遇到的很多问题，是中央层面缺乏统一定调和方向把控的结果。

（2）政府与市场的考试导向冲突。在政府看来，职教高考属于给高职院校选拔学生的考试，解决的是高等教育资源如何分配的问题。尽管不少省份都将职业标准纳入考试内容的选择范畴，但主要考察学生是否适合进入高校，且考察的技能都是最基本的通用操作技能，职教高考缺乏面向市场需求的设计理念和动机。但对于用人单位来说，如果职教高考的内容不能体现岗位的实际操作能力，那么得分高的学生并不一定是他们想要的。政府和市场之间的人才选拔导向博弈，侧面反映出职教高考功能定位的争议。

（3）普通高考和职教高考的改革利益冲突。职教高考改革的复杂性还在于它对普通高考格局的影响。这里包括三个层面潜在的利益冲突：①职校生和普高生的考试投机行为。职教高考命题质量不高、难度偏低、区分度不大的问题，导致部分省市出现了普高生占据中职生考试赛道的情况，从而变相鼓励了普高生在招生过程中的投机行为。同时，还有一些观点关注职教高考导致的普高生升学不公的问题，即不能让职教高考改革导致普高生吃亏，破坏了整个教育的公平性。②普通高考和职教高考的招生通道互通问题。例如，有了职教高考，是否保留高职院校通过普通高考招生的通道。③普通高考和职教高考的"注意力政治"（politics of attention）问题，一些省份的招考部门负责人表示省长更关注的是普通高中的升本率，职教高考的升学其实不太关注。

（4）省域高招资源的供需冲突。高招资源的数量和质量会影响到职教高考的社会关注度和吸引力。一方面，我国高等职业教育资源地域分布不均，东部部分省份高招资源供大于求，而中西部部分省份则供不应求。这就导致不同省份职教高考改革的难易度和方向存在显著差异，一些省份的举措在另一个省份难以推广。另一方面，中职生普遍反映本科招生名额太少了。近年来职业本科教育快速发展，能在一定程度上缓解职教高考本科招生资源紧张的问题，但职教本科能否破除老百姓对"职业"二字的观念性身份的拒斥，仍需要观察。

（5）升学导向与就业导向的选择冲突。职教高考改革还为雇主带来了招工方面的担忧。在企业看来，职教高考呈现出明显的升学导向，"那以后中职生是不是都不去就业了，企业还能不能招到中职生"；而中职生则表达出了十分强烈的升学意愿，且升学意愿往往导向职业地位的提升。值得关注的是，不少学生强烈的升学意愿夹杂着对前途的迷茫心态和一定的从众心理。在为何升学上，一些学生给出了"父母让读书就读书""周围人都读书了，感觉读书肯定不会错"等类似表述，一部分学生选择了对老师和同伴的信任乃至"盲从"。

前文提到，为了顺应国家对中等职业教育"基础性"的功能定位，提升学生的升学率，很多中职校会根据学生的技能表现，为在技能上有特长的学生单独编班，形成了一套独立于其他学生之外的"大赛班"。而获得大赛奖项的学生，则有机会通过技能大赛特招进入更高一级的学校。这些技能大赛选拔出来的学生，进入高职后往往会继续进入大赛赛道"为校争光"。这里的遴选机制，可被视为是"绩效主义"在人才培养中的体现。在老师们看来，通过这一机制，既能为学生找到所谓"最合适"的发展道路，也能为学校争得荣誉、实现升学率等指标的达标。

（6）升学导向性和选择有限性的规则冲突。相较于普通高考的志愿填报，目前职业教育考试升学只为学生提供了较为有限的选择空间。这种有限性体现在两个方面：一是一些省份的单招只能在一个学校内选择相应的专业，有些省份甚至只允许选择一个学校的 1～2 个相关专业。二是生源资源分配不均，绝大部分高职院校都在本省招生，只有很小一部分比例对外省招生。

（7）职教高考公平与效率的价值冲突。从高考作为选拔性考试和职业教育社会资源分配的角度看，职教高考理应把公平性放在考试设计的首位，这是提高职教高考社会认可度和吸引力的首要指标。但囿于现阶段职业教育考试利害关系度比普通高考低，以及技能考试自身特点，职教高考改革面临多个公平性疑虑：包括但不限于中职学校的差异化发展导致的考试起点不公平、考试组织和实施的不公平等。

（8）改革保守与激进的步调冲突。各省职教高考改革基础和面临的问题差异大，带来了改革保守与激进的步调冲突，这种冲突集中体现在三个方面：①是否要将高职院校单独招生和三校生统考合并为统一的考试，将考试的命题和组织权限从高职院校收回。②是否要进行全省统一的技能考试，以及如何选择技能考试的实施方式，技能考试面临的问题在于统考实施难度大。③是否要全面建立省级职业教育学业水平测试制度。

（9）政府治理和高职院校招生的意愿冲突。政府和学校在招生过程中存在着潜在的利益博弈：①教育行政部门承担着"突出职业教育类型化特色"和"构建现代职业教育体系"的政治任务。因此，提升三校生[①]的招生比例，是政府对高职院校招生工作的基本态度。另外，高职院校在对待不同生源的态度上存在明显的倾向性。有招办的老师表示虽然单独招生解决了大部分的招生问题，但通过（普通）高考多录点人是最好的。②在本科招生方面，一些地方招生部门希望中央能单独下拨本科招生名额，因为这样能调动本科招收三校生的积极性。但一些

---

① 三校生指的是中等专科学校、中等职业学校和技工学校三类实施中等职业教育学校的学生。

招生院校也并非"照单全收"式地扩大招生，原因在于学校资源难以满足更多的招生数。③部分职教本科院校还提到了招生自主权的问题，例如，部分学校希望能有特长生（如艺术生、体育生、技能大赛优秀生）的自主招生渠道。

2. 职教高考改革利益冲突的形成机制

通过对二级编码的反复凝练和比较，三级编码抽离出了"高等职业教育入学机会配置的权力、内容和路线"这一核心类属。资源的稀缺性决定了资源优化配置的必要性。与普通高考相似的是，职教高考制度具有鲜明的社会资源配置属性，其配置的资源是稀缺性较高的高等教育入学机会①。围绕职教高考改革的诸多利益冲突，均与"高等职业教育入学机会"这一稀缺资源的配置规则有关。上文提到的九种类型的冲突，主要涉及"谁来主导职教高考改革（改革权力）""职教高考改革什么（改革内容）""职教高考如何改革（改革路线）"这三个维度，它们共同构成了职教高考改革利益冲突的形成机制（见图 2 - 20）。

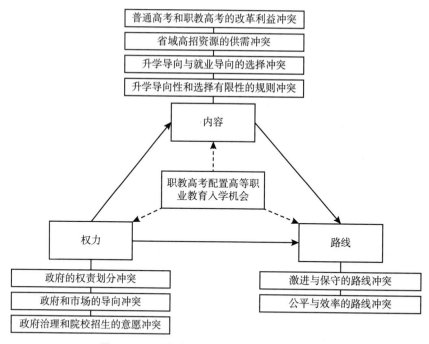

图 2 - 20   职教高考改革利益冲突的形成机制

---

① 张学广. 高考招生制度中的"竞争性资源配置"[J]. 复旦教育论坛，2009，7 (06)：48 - 50.

（1）改革权力冲突——谁来主导职教高考改革。权力的产生是由于权利具有稀缺性和自在性，权利是权力的基础①。职教高考改革的权力冲突，本质上是"谁享有职教高考资源配置权利"的问题，是引发改革内容冲突和路线冲突的本源。权力冲突包含央地政府的权责划分冲突、政府和市场的导向冲突、政府治理和院校招生的意愿冲突三类。前者侧重于对职教高考改革的事权划分，中者涉及知识合法性的界定权和人才培养的话语权，而后者涉及政府和学校围绕"考招"关系的权力博弈。

（2）改革内容冲突——职教高考改革什么内容。在权力博弈的影响下，不同主体基于对人力资本的不同定义、对各自组织功能和使命的不同认识、对自身占有社会资源和话语权的判断，界定职教高考改革的内容和重点，从而产生了普通高考和职教高考的改革利益冲突、省域高招资源的供需冲突、升学导向与就业导向的选择冲突、升学导向性和选择有限性的规则冲突等四类利益冲突，涉及职教高考的招生数量与模式，以及考试内容与方式。

（3）改革路线冲突——职教高考如何实施改革。各方权力博弈的结果，以及对职教高考改革内容的影响，最终将形成不同的改革路线，其中最突出的路线之争体现在公平与效率、激进与保守两个维度，前者源于不同的职教高考价值观和发展观，后者则源于对职教高考改革潜在社会影响的不同判断。

3. 各方利益冲突缓解的关键在于正确认识我国高等职业教育入学资源的属性和特征

从上述分析可知，缓解各方利益冲突的关键在于缓解权力冲突，这取决于如何正确认识我国高等职业教育入学资源的两大属性：公共利益最大化和不平衡的稀缺性。

"公共利益最大化"立足于市场资源调节的固有缺陷，由政府作为社会公共利益的化身对市场运行进行公正无私的调控②。公共利益源于利益主体和诉求的多元化及其潜在的利益矛盾，是在特定社会条件下，具有社会共享性的全社会的整体共同利益③。政府要超脱单一利益主体的诉求，平衡各方在资源配置中的权责关系。我国高等职业教育入学资源具有较强的准公共产品的性质④。同时由于

① 杨宇立. 关于权利、权力与利益关系的若干问题分析［J］. 上海经济研究，2004（01）：3-10.
② 何荔，林永茂. 政府失灵及其矫正［J］. 学习与探索，2002（03）：30-33.
③ 董江涛. 转变政府职能：以公共利益最大化为目标［J］. 长白学刊，2008，140（02）：57-59.
④ 李政，徐国庆. 我国职业教育治理结构转型：内涵、困境与突破［J］. 西南大学学报（社会科学版），2020，46（04）：78-85.

高等职业教育入学机会的分配会影响到个体人力资本的增值，进而影响其未来的薪酬水平乃至社会地位。资源的准公共产品性质，叠加较强的社会利害关系，决定了政府应该成为职教高考发挥资源配置功能的权力主体。政府所要实现的最大化的公共利益，是如何通过一套选拔机制，将入学机会公平地分配给更适合接受职业高等教育的学生，从而提升高职院校的生源质量和人才培养质量。

其次，我国的高等职业教育资源具有典型的地域分布不均衡性。根据 2019 年的《高职质量年报》数据，各地职业专科数量占高等教育机构比例从北京的 27.17% 到内蒙古的 68.52% 不等，其中低于省均占比的为北京、上海、陕西、西藏、吉林、辽宁和浙江。以各省入选双高院校的数量计算，各省优质高职院校数量分布从 0 到 28% 不等，呈现明显差距。在纳入分析的 485 所全国各地高职院校中，外地招生比例超过 50% 的仅有 24 所，30%～50% 的为 36 所，10%～20% 的为 141 所，每年各省面向省外开展单独招生的学校数量也十分有限。这种不平衡的稀缺性，决定了政府发挥职教高考资源配置功能时，需要遵循中央兜底和省域统筹相结合的原则：一是动态调整各省职教高考改革中的公平与效率关系；二是中央兜底重在形式公平兜底，以及把握学校教育立德树人的底线；三是赋予部分省份示范性、先导性的改革权力，为缓解利益冲突探索多元路径。

（三）不同利益相关者的利益冲突整合的可能

立足我国高等职业教育入学资源的两大属性，以及权力冲突在改革中的关键地位，未来应重点通过各类政策调试央地政府的权责划分冲突、政府和市场的导向冲突、政府治理和院校招生的意愿冲突，并注重将考生视角纳入职教高考公共政策改革。

1. 明确中央和地方的权责关系与任务分工

央地权责关系的核心是划分职教高考改革的行动域，建立央地改革的联动关系。中央应基于职教高考改革力争实现的最大化的公共利益，对各省职教高考的考试科目、时间、命题模式等做原则性规范和底线要求。地方层面可围绕职教高考改革总目标，基于本省职业高等教育资源的供需情况，和近年来已有的改革基础，制定本省五年内职教高考改革路线图和实施方案。公平性是职教高考赖以生存和发展的生命线，但公平和效率的矛盾在各省情况不一，各省应夯实职教高考形式公平的基础，对目前职业教育分类考试招生中可能影响公平性的要素做分析，并提出解决方案。这里可能影响公平性的因素包括但不限于：技能考试的设计与实施、高职自主命题的保密性、大赛获奖免试入学、考试的难度和区分度等。

2. 以央地协同的题库建设协调知识的控制权

尽管职教高考的首要目的是筛选出更适合接受高等职业教育资源的学生，但这些学生终究要进入劳动力市场参与职位竞争，雇主对学生能力的认可度是决定高职院校办学质量的重要维度。因此，需要一种机制，合理调试政府和市场、中央和地方围绕知识控制权的冲突，以充分关照市场的人才定义权和培养话语权。央地协同建设职教高考题库是实现这一目标的有效方式。央地协同的工作机制，既为国家宏观调控命题质量和维护考试公平提供了管理平台，同时较好地关照了技术知识的地域性特征。地方可以组织职业院校和行业企业参与题库建设，维系了地方知识在人才培养中合理的话语权。题库建设是提升职教高考治理能力的重要手段①。

理想情况下，我们总希望每个专业都能拥有对应的考试内容，但由于职业教育专业众多，且每年招生专业及考生数量不断变动，很难做到按专业设计考试内容。因此各省会权衡考试成本和收益，选择最合适的命题单元。依照命题单元的精细化程度由低到高，目前各省主要采用三种命题单元：专业大类、课程和内容模块。其中：按照专业大类命题是最为广泛的做法，每个专业大类精选共性知识和技能点组成试题；按照课程命题则主要是在每个专业大类中选择若干门代表性的专业基础课作为考试科目；而按照内容模块命题则是基于整个专业大类的知识点和技能点，根据当年相关专业报考情况，重新组织若干内容模块作为考试内容。最后一种命题单元的考核效果最佳，最能确保不同专业的考生拥有对口的考试试题，但需要高质量、可持续的题库建设做支撑。在央地协同机制下，中央可统一全国力量，以专业类为参照，以内容模块为单位开发考试内容，尤其是开发各省招考学生数量少的专业试题。同时各省可在中央题库的基础上，将学校人才培养特色、地方企业技术知识等纳入命题范畴，在各专业类中增加和定期更新内容模块。

3. 探索基于统一职教高考的招考分离模式

由于触及"唯分数"应试教育的病理，招考分离一直以来都是我国高考制度改革努力的方向②，高职院校单独招生③是招考分离的典型模式，高职院校自主

---

①　王蕾. 国家题库服务中国式考试现代化的探索［J］. 中国考试，2022，368（12）：27 – 33.

②　张会杰，董秀华. 高考改革招考分离的探索、困境与未来选择［J］. 教育发展研究，2022，42（07）：40 – 47，65.

③　部分地区也叫高职自主招生，指的是高职院校自主命题。

命题、学生自主报考，在形式上保障了高职院校的招生自主权，一定程度上缓解了政府治理和院校招生的意愿冲突。然而招考分离并未显著带来高职院校人才培养质量的提升，其原因在于很多高职院校的命题能力不强，且部分地区的高职院校为确保完成招生计划，自主降低考试难度。这就导致招考分离大幅降低了职业教育分类考试招生的科学性和有效性，使社会大众产生了职业教育考试"严肃性不强""认可度不高"的负面印象。

相较于普通高考，现阶段职教高考实施"招考分离"的基础更好、难度更低，但前提是不能降低职教高考成绩的权威性和公平性。未来可探索基于省域统一职教高考的招考分离模式，即把全省统一的职教高考成绩作为高职院校招生的基本参照，并赋予部分特殊专业、特殊人才培养项目参照其他指标的权限。各省应逐步将现有的春季高考和高职单招考试合并为职教高考统一招生考试，在每年的春季举行。

4. 注重将考生视角纳入职教高考公共政策改革

在职教高考的改革中，各方主要围绕人才培养和考招关系形成了话语权和决定权的博弈，而中职生作为职教高考改革的利益主体和影响对象，其话语权被有意无意地忽视了。造成这一现象的原因，在于学生缺乏权力资本，且被视为是社会资源配置的对象而非平等的配置主体。因此，考生群体关注的诸如"扩大优质本科招生规模""全面推行平行志愿以拓宽选择性"等利益诉求，并未出现在政府、市场、高职院校等的视野中。然而，基于"公共利益最大化"的基本属性，考生是入学资源的消费者和受益者，也是高等职业教育办学的源动力。考生合理的利益诉求理应被视为政府优先考虑的公共利益，是职教高考改革走出困境的关键突破口。

将考生视角纳入公共政策，并不是一味地迎合考生群体的各种要求，而是要考虑考生利益诉求背后的深层次动因。考生群体利益诉求的本质是缓解对高质量职业教育的需要，同区域高等职业教育资源供给不足之间的矛盾。因此，有必要在一定时间内通过特殊手段扩大优质高等职业教育资源供给，尤其是省域优质高等职业教育资源的调配，提高职教高考的社会吸引力和认可度。如为优质本科单列职教高考渠道的招生名额，推动部分优质高职院校扩大省外招生比例，省内逐步推行平行志愿录取。

四、职教高考和其他类型评价制度之间的关系问题

职业教育中存在的岗课赛证四类评价机制，需要我们思考职教高考代表的教育评价，与岗位评价、大赛评价和证书评价间的关系。这涉及职教高考作为一类考试，是走向自成体系的"封闭式"发展，还是注重提升成绩流通价值的"开放式"发展。调研结果显示，部分省份允许学生使用证书、大赛成绩等代替技能考试成绩。但职教高考成绩是否会被雇主或普通高校认可，仍需要实践层面的探索和检验。

（一）职教高考和普通高考

总的来看，职教高考考试结果的主要功能是服务学生在学制体系内升学的选拔，但从职教高考制度长期发展的角度看，职教高考应建立与普通高考成绩互换的机制。这是实现普职融通、提升职业教育地位的关键举措，也能推动高中教育改革，增强高中教育的专业性。职教高考与普通高考的成绩转换存在的最大障碍在于考试内容，即普通高等院校是否认可职业教育以专业理论知识和操作技能作为学生就读高等教育能力的判断标准。之所以劳动力市场高度认可普通高考成绩，很大程度上在于普通高考的内容涉及了个体的知识记忆和运用、逻辑思维、文字表达等多重能力。这些能力在不同岗位具有通用性，能较好地体现出个体的岗位工作潜力。因此，职教高考改革必须要在类型特色和考试成绩的流通价值之中做好平衡。

在知识考察上，职教高考应侧重于对知识理解和运用层面的考察，尤其是关注那些跨岗位的、基础性强、通用性强的技术理论知识。对知识的应用能力考察，应着重让学生针对复杂问题情境给出详细的问题解决思路和方法，判断学生分析问题和解决问题的综合能力。在技能或能力评价上，应侧重于对学生职业思维的考察。职业思维指的是专业工作者在完成其职业任务时的思维活动或思维方式。这一心理学术语有两个含义：一个是强调专业工作者运用职业技能解决其工作任务的思维过程，这是就专业本身来研究职业思维的本质或一般规律的，是宏观上的概括；另一个是强调受职业活动制约的、有别于其他行业的各种独特而具体的思维特点，它是对某种职业活动的思维过程和思维特点进行的一种微观分析。良好的职业思维可以使专业工作者迅速、准确、有效地解决各种具体问题。它使专业人员从以体力投入和动作操作为主的单纯技术观点，转而重视脑力投入

和智力操作为主的职业思维上来，使专业工作者成为对自己的活动对象有敏锐的观察力、能提出合理化建议、善于革新和勇于进行发明创造的人①。如某个（类）职业对特定思维（如数字思维等）有较高需求，应在题项的设计上有所体现。

（二）职教高考和证书评价

尽管各类技能证书能较好地反映个体的技能水平，部分地区允许使用技能证书作为技能考试的替代，但必须要认识到技能证书和职教高考中的技能考试存在的差别：首先，技能证书的获得并不能完全代表技能操作的水平，因为技能证书考试包括理论考试和技能操作；其次，技能证书包含类型众多，目前我国主要存在三个技能水平的认证体系——由人社部主持的职业资格认证体系（包含从业资格和执业资格）、由教育部主持的职业技能等级证书体系，以及由人社部门会同行业协会实行的专业技术人员职业资格认证体系。虽然三者均具有技能水平认证的功能，但前两者属于国家取向、中心主义的技能认证模式，而后者则是行业取向、分布化的认证模式。因此，如果使用证书作为技能考试或其他考试的替代，必须要仔细研究该证书的考核过程、内容及其在业界的权威性。最后，由于证书的考取和发放存在市场化的性质，因此如果将某类证书纳入考试成绩的替代，需要考虑由此带来的利益输送、考证导向等潜在风险。

（三）职教高考和技能大赛

将大赛获奖作为个体获得就读高等教育机会的凭证，意义有二：一是向外界传达重视技能、重视实践的发展导向，鼓励更多的学生将精力投入到提升技能之中；二是选拔少数在技能操作上有较高天赋、基础和能力的学生，进入高等教育阶段进一步学习，类似于普通高等教育中的"拔尖计划"。技能大赛和职教高考都具有选拔性，但技能大赛更偏向于在某一专门领域考察学生的综合能力。由于其竞争性强，且赛项和题目具有较高的水平，因此比赛结果在业界有一定权威性。

作为和职教高考并行的一类评价体系，技能大赛的评价方向和标准与职教高考既存在相同之处，也存在不少差异，这些差异集中体现在评价范围、评价重点

---

① CNKI 百科. 心理咨询大百科全书. 职业思维. [2022 – 04 – 05]. https：//xuewen. cnki. net/r2006062360004128. html.

和评价方式等方面，例如，技能大赛偏向于对某些具体领域典型任务操作水平的考核、并非所有赛项都涉及对知识维度的考察、技能比赛成绩和所使用设备有紧密关联等。这种差异在不同专业大类中体现程度各不相同，对职业教育考试升学的公平性也产生不同的影响。更重要的是，职业技能大赛获奖选手是否一定适合就读高等教育，也涉及大赛评价和高考评价不同导向的问题。访谈调研中就有学生反馈学校专设"大赛班"为学校争荣誉的畸形做法。因此，对于技能大赛是否应纳入学生升学机会获取的凭证，应合理分辨不同层级和类型大赛的权威性，省级教育行政部门应建立大赛成果认证和成绩转换制度，或实现高考制度和大赛制度的联动，共同促进职业院校人才培养的规范化。

第三章
职教高考作为评价制度的
合法性基础

对职教高考制度的内涵和愿景，以及我国职业教育分类考试实施的现状分析，使我们明确了职教高考制度在未来建设的基本方向和需要攻克的主要问题。本章将从"为何"过渡到"以何"，基于对调研结果的分析和讨论，重点聚焦职教高考作为一种制度的合法性基础，从理论层面阐述职教高考存在和发展的基本条件，挖掘职教高考作为一种关键评价制度的核心特征，为后续回答职教高考"如何"提供坚实的理论基础。

第一节　职业教育评价制度的社会嵌入

一、教育评价的制度属性

目前研究主要从三种视角讨论教育评价的本质问题：一是哲学视角。这一视角认为，教育评价改革中的很多本质问题并非技术问题，而是哲学问题[1]，因为教育评价涉及价值判断，是关乎教育作为一种事业的合法性的关键环节。不同学者秉持不同的价值观，从评价的功利性[2]和人本性[3]、主体间性[4]、应然目标与实然状态的博弈[5]等多个方面讨论了教育评价的本质及其改革路向，提出了"进步质量观"[6]"生存需要论"[7]"弱功利评价"[8]等具有时代特色的评价理念。哲学视角的功能在于为教育评价在行动层面提供价值观引导，确立教育评价的应然目标，为评价实施和工具开发提供主旨思想、理论基础和信念。二是技术视角，也就是教育评价的实践路径。这一视角着重探讨教育评价的实施模式，尤其是教育

---

[1] 赵勇. 教育评价的几大问题及发展方向 [J]. 华东师范大学学报（教育科学版），2021，39（04）：1－14.

[2][8] 刘庆昌. 一种弱功利的教育评价哲学 [J]. 教育发展研究，2018，38（12）：1－11.

[3] 刘继萍. 基础教育评价的教育性反思：人的异化与回归 [J]. 中国人民大学教育学刊，2020，39（03）：105－113.

[4] 熊杨敬. 教育评价多元主体的共同建构——基于对话哲学的视域 [J]. 教育研究与实验，2018，184（05）：74－78.

[5] 刘志军，徐彬. 教育评价：应然性与实然性的博弈及超越 [J]. 教育研究，2019，40（05）：10－17.

[6] 迟艳杰. "进步即质量"：指向学生成长过程的教育质量观与价值追求 [J]. 教育研究，2019，40（07）：36－43.

[7] 龚孝华. 重建学校教育评价的价值基础——从"生活—需要"论到"生存—需要"论 [J]. 高等教育研究，2006（06）：46－50.

评价工具的开发问题。尽管哲学层面的研究能为评价工具的开发提供理念指导，然而很多教育评价手段的开发更突出其"工具属性"及其中立价值，试图阐释一种评价工具作为方法的合理性。目前关于教育评价技术的讨论主要是围绕两大范式进行：实证范式与人文范式①。广泛应用的实证范式及配套工具带来了"评价标准精确化，教育成果可计量化、评价结果排名化"的负面效应②，引起了研究界和实践界的反思，一些学者主张将质性评价、非正式评价、体验评价作为实证范式的补充③。此外，一些研究也开始针对实证主义和大规模评价的"合流"及其弊端做了分析④，并从技术层面提出了一些解决办法⑤。近年来，智能化技术的广泛应用，使得教育评价迎来了工具层面的革命。大数据技术⑥、人工智能技术⑦等在技术层面提供了实现个性化评价、增值评价、高质量大规模评价的可行方案。但同时，智能化所依托的核心技术——算法在评价领域内可能导致的偏见强化、排名陷阱、数字鸿沟和物化困境等问题也需要引起重视⑧。三是功能视角。这一视角着重探讨教育评价作为一个独立事物对其他社会系统产生的影响。例如，教育评价的治理功能⑨，教学指导功能⑩、办学导向功能等⑪。

以上三种视角分别从本源、本体和功能三个层面对教育评价进行了研究。然而，在现实生活中，评价作为一种规则的制度属性却被有意无意地忽视了。尽管很多研究均提到了"评价制度"这一概念，但是主要是将评价视为一系列价值观念指导下的一种实施安排，是介于哲学层面的评价与技术层面评价之间的一种实体化的存在。但是，当教育评价成为一种"应该做什么和不应该做什么"的制度后，它也就超越了评价的价值性和工具性，具有了作为一般制度的特殊属性——

① 叶显发，王伶俐．关于教育评价实证范式的思考——兼议教育评价实施中的负效应［J］．湖北大学学报（哲学社会科学版），2000（05）：106－109.
② 高江勇．大学教育评价中的过度量化：表现、困境及治理［J］．中国高教研究，2019，314（10）：61－67.
③ 万永奇．好的教育评价及其实现［J］．湖南师范大学教育科学学报，2021，20（06）：109－115.
④ 刘磊明．国际大规模教育评价的逻辑反思［J］．教育研究，2020，41（01）：75－85.
⑤ 赵志群，黄方慧．"职教高考"制度建设背景下职业能力评价方法的研究［J］．中国高教研究，2019（06）：100－104.
⑥ 宋乃庆，郑智勇，周圆林翰．新时代基础教育评价改革的大数据赋能与路向［J］．中国电化教育，2021（02）：1－7.
⑦ 张生，王雪，齐媛．人工智能赋能教育评价："学评融合"新理念及核心要素［J］．中国远程教育，2021（02）：1－8，16，76.
⑧ 杨欣．教育评价改革的算法追问［J］．华东师范大学学报（教育科学版），2022，40（01）：19－29.
⑨ 周作宇．论教育评价的治理功能及其自反性立场［J］．华东师范大学学报（教育科学版），2021，39（08）：1－19.
⑩ 田杰．评价是教学指导的工具——教育评价的一种新功能［J］．教育科学研究，2002（04）：25－27.
⑪ 林冬桂．教育评价与学校特色建设［J］．教育科学研究，2008（07）：41－44.

规范性。尽管新制度主义的不同流派对于制度规范性的来源有着不同的看法，但他们都认同制度对个体行为能够产生显著的规范性，不管个体是否认同。对于教育评价制度而言，其规范性体现主要在以下三个方面：（1）教育评价制度维持着哲学层面的评价与技术层面评价之间存在的"张力"。一种评价哲学往往是理想的和超现实主义的，现有的技术和社会规则下可能并不存在实现这一理想的工具，因此评价制度扮演了协调两者关系的中介：它一方面强调了指向未来的评价理念的合理性，另一方面通过微观层面的技术和方法改进，试图靠近这一理想目标。（2）教育评价作为制度维持着不同类型主体参与评价的控制权"张力"。评价主体的多元性虽然有助于提升评价结果的效度，但由于不同主体的价值目标和利益诉求存在差异，因此也就不可避免地造成了评价过程的潜在冲突。评价的制度化能在一定时空范围内固化各方在评价过程中的权限，维持评价机制的正常运转。（3）教育评价作为制度维持着评价对象之间围绕资源分配形成的"张力"。由于评价结果决定了社会资源的流向，评价方式涉及哪些人是资源分配主体，评价内容决定了评价者对获取成果资源的导向，因此教育评价具有高利害关系的社会属性①。教育评价的制度属性，体现了其作为社会资源分配机制的关键属性，扮演着社会关系的协调作用。

教育评价制度虽然不会轻易被外部环境所改变，但是环境因素仍然是重要的制度变迁变量②。规范制度主义认为，制度的意义结构和适当性逻辑来自产生他们的社会。因此，即使一种教育评价在不同情境中扮演相同的功能，但是指导功能发挥的价值观、功能发挥的过程，以及功能指向的群体都存在很大差异。以高考为例，高考作为对高中阶段学生分流的一种制度安排，本质上可被视为是一种高等教育资源的分配制度，但是它在美国社会和中国社会中存在的形态，以及指导其发展的价值观均存在较大差异。美国以 ACT、SAT 为代表的大规模标准化测试，正是杂糅了美国进步主义思潮、高等教育民主化发展、构建以精英阶层为核心的"贤能政治"体系、美国经济现代化发展需求等各类因素后产生的结果③，而中国的高考则是在贯彻党的教育理念、回应社会对人才的期待、考量大学自身的存在价值、促进人的多元发展等因素的基础上所推进的，充分体现在从知识立

---

① 李鹏. 评价改革是解决教育问题的"钥匙"吗？——从教育评价的"指挥棒"效应看如何反对"五唯"[J]. 教育科学, 2019, 35（03）：7－13.

② 司林波, 裴索亚, 王伟伟. 新中国教育评价制度变迁的影响因素、基本规律与实践启示——基于教育评价相关政策文本的扎根理论研究 [J]. 大学教育科学, 2021, 190（06）：69－77.

③ 尼古拉斯·莱曼. "美国式高考"：标准化考试与美国社会的贤能政治 [M]. 戴一飞, 李立丰, 译. 北京：北京大学出版社, 2018：1－20.

意到能力、素质立意的改革进程之中①。因此，教育评价制度必然是在社会场域中生成和发展的②，是一种社会嵌入的存在，具有制度层面的独立性。

二、职业教育评价制度的多层社会嵌入

作为教育评价制度中的子系统，职业教育评价的生成和发展也自然受到社会场域的影响。如果把职业教育评价视为一种协调机制或资源分配制度，那么职业教育评价至少连接起了技能提供主体——职业院校和培训组织、技能学习主体——个体、技能使用主体——企事业单位，进而构成了职业教育评价的多层嵌入模型（见图 3 - 1）。

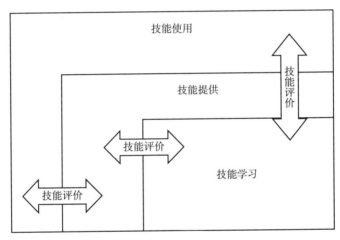

图 3 - 1　职业教育评价制度的社会嵌入

（一） 职业教育评价制度嵌入技能提供主体的发展特征

作为技能提供的主体，各级各类职业院校和从事职业技能培训的社会机构会从组织的属性及其社会定位出发，对技能评价的内容、方式等形成影响。对于各级各类职业院校而言，在学校职业教育尚未实现体系化发展之前，职业教育评价更多的是指向组织内部的评价需求，旨在通过一定的评价手段让学生具有毕业和

---

① 钟秉林，王新凤. 我国高考改革的价值取向变迁与理性选择——基于 40 年高考招生政策文本分析的视角 [J]. 教育研究，2017，38（10）：12 - 20.
② 赵勇. 教育评价的几大问题及发展方向 [J]. 华东师范大学学报（教育科学版），2021，39（04）：1 - 14.

就业的资格。在纵向贯通现代职业教育体系逐渐成型的当下，职业教育评价开始由阶段性评价转向系统性评价，尤其是职业教育高考制度的陆续出台，进一步强化了不同层次学校职业教育间的过渡和衔接，评价的内容不仅关注学生的就业能力，还关注学生升入更高一级职业教育所需要具备的知识和技能。此外，教育行政部门对职业教育发展和人才培养的行政指示，也会影响评价设计的价值方向和行动模式。对于各类职业技能培训组织而言，培训市场化水平的不断提升，为职业技能评价带来了正面和负面效应：一方面，技能培训和评价组织提供的培训产品更加多元，更能满足不同群体的技能培训需求；另一方面，过度市场化的运营模式和市场管理机制的欠缺，导致技能培训产品提供质量的下降，进而耗损了技能评价的权威性。因此，职业教育评价制度的设计，需要充分考虑技能提供主体的价值站位和历史局限。

（二）职业教育评价制度嵌入技能使用主体的需求特征

不同类型的技能使用主体会基于自身对技能的需求特征，争取在技能评价中的话语权。企业是最基本、最重要的市场竞争主体和经营实体，也是最典型和最广泛的技能使用主体，因此企业介入职业教育评价具有天然的观念合法性和现实层面的建制合法性。企业会通过对自身人才需求特征的分析，结合对话语权的判断，选择合适的方式介入人才培养和评价的过程。这里就产生了企业作为技能使用主体，和学校或培训机构作为技能提供主体之间的权力博弈问题。由于评价具有社会资源的分配功能和高利害属性，企业的高度介入很可能会导致评价价值导向的失衡和资源分配的高度倾斜，进而损害学习者个体和技能提供主体的话语权和其他权益。因此，职业教育的评价设计，需要充分考量技能使用主体需求特征的评价价值，在企业需求的个性化和学生发展的开放性之间维持平衡。

（三）职业教育评价制度嵌入技能学习主体的群体特征

作为技能的载体、学习主体和受益者，个体很大程度上受现有技能提供和技能使用制度的形塑，按照现行制度的规则开展技能的学习活动。然而受先天禀赋、发展诉求、资源占有等因素的影响，个体会以群体的方式向职业教育评价制度的设计施加影响，并由此影响技能提供主体的教育行为。例如，学习者的数量会影响职业教育升学考试的定位——选拔性还是达标性；学习者的意愿会影响职业教育评价的价值导向——升学和学历导向，还是就业和证书导向。技能学习主体的群体特征并不总是与技能提供主体和技能使用主体的意愿一致，最为典型的便是学生的学历提升意愿、企业的招工意愿和学校的校企合作意愿间的不一致。因此，职业教育评价在其中将扮演着协调多主体意愿和权力结构的作用，不同时期的评价方式、评价内容都会有不同的侧重点。

第二节　影响职业教育评价的关键制度变量

由技能使用、技能提供和技能学习三个层面构成的社会场域，从不同角度形塑职业教育评价的制度生成。而这三个层面在相互作用的过程中，逐渐分别演化出了三个影响职业教育评价的关键制度变量：产业发展模式、教育制度和生涯发展制度。

一、产业发展模式与职业教育评价

贝尔（Bell，D.）在他的概念性图式中以生产方式和技术的变化这一中轴将人类社会划分为三个阶段：前工业社会、工业社会和后工业社会。这三种社会形态分别代表着三个阶段的产业形态及其对应的发展模式：手工操作和工场手工业生产模式、机器生产和福特制泰勒制生产模式、智能化生产和灵活可重构生产模式。这三种产业形态及发展模式，也分别衍生出了职业教育评价的三种范式。

（一）手工业生产与综合性、默会性的评价范式

手工业生产依靠的是经验形态的操作技能，主要表现为技艺、技巧和经验①。这种技能是彼时劳动人民通过模仿、试误等方式认识世界和改造世界形成的智慧结晶，是寄居于身体之中、具有个体差异的学习成果。生产水平的低下、技能的具身性以及传播成本的高昂，直接形成了彼时职业教育的基本形态——师徒制。师傅通过言语和动作的形式进行示范，将技能中蕴含的经验以隐性的方式传播给学生，而后由学生通过模仿、操作和试误的方式"识知"其中的诀窍，并最终通过形成合格的成果实现技能的学习。因此，师徒制中的评价往往是由徒弟的综合

---

① 李政. 职业教育现代学徒制的价值审视——基于技术技能人才知识结构变迁的分析［J］. 华东师范大学学报（教育科学版），2017，35（01）：54–62，120.

性成果决定的，并在其中融合了师傅对徒弟学习过程、技能表现等方面的主观看法。这种评价杂糅了客观标准、主观判断乃至个人价值观等精神层面的倾向。

（二）机器大工业生产与标准化、割裂式评价范式

生产力的发展推动了生产组织模式的重大变革——分工制。在《资本论》中，马克思讨论了两种形式的分工：工场手工业生产和机器大工业生产。在工场手工业生产中，由于没有机器的介入，整个生产过程的效率仍然取决于每个工人在局部岗位上的力量、熟练、速度和准确性。然而在工业时代的中后期，经验技术在生产中的地位逐渐让位于以科学为基础的现代技术，机器的自动化发展构成了大规模标准化生产的技术基础，并催生了基于标准化操作、细致化分工的福特制的生产组织方式和泰勒制的管理模式。福特制和泰勒制的应用，使得企业内部的生产在横向上被切分为一个个孤立的、分工明确的岗位，在纵向上则形成"研究—设计—操作"的技术分化格局。这一时期，学校职业教育凭借其人才培养的高效率，逐渐替代传统的师徒制成为行业人才的主要供给主体，而生产技术的科学化和生产组织方式的变革，推动学校职业教育评价由整体性、主观性走向了分割式、标准化：所谓分割式，指的是学校职业教育将对知识和技能的学习和评价视为可分割的两个部分，甚至学校职业教育的评价结果与岗位工作需求间也呈现出割裂状态。这种割裂性根本上源自机器大规模应用带来的一线员工的"去技能化"；而标准化则指的是评价的过程依据先前已经设定好的标准进行评价，强调评价过程的规范性和评价结果的可比性。对标准化的追求根本上则源于机器的大规模普及、操作技能的标准化设计以及评价作为资源分配制度的公平性驱使。割裂式、标准化的评价是彼时生产技术和生产组织方式在学校职业教育中的投射，它从形式、内容和功能上重塑了学校职业教育的评价制度，构成了当前我国职业院校评价的基本模式和改革基础。

（三）智能化生产与综合性、前瞻性评价范式

后工业社会中智能化技术的应用，将自动化的机器生产时代带入了以数据驱动的智能化生产时代。大规模标准化生产时期的刚性生产系统逐渐转向可重构的生产系统，工业机器人开始大规模替代低技能岗位，岛式生产的组织方式，以及不同环节物理互联和信息互通的流水线生产组织方式得到大规模应用，数据和信息的传递、即时分析和转化成为指导生产和服务的关键要素。因此，智能化生产的核心特点在于生产系统的自适应能力、生产技术的标准化和精细化，以及生产

对象和结果的多元性。在智能化生产时代，企业将不再单独依靠提升生产效率赢得市场占有率，而是将投入的重心转向企业独占技术的研发、客户群体的研究和经营。这使我们不得不反思一个根本问题，即我们如何从一个去情境化的、结构化的学校职业教育环境中培养出适应智能化生产模式的、掌握新技术和新思维，具有行业前瞻性的人才。一些职业院校也开始探索评价模式的改革，例如，从对静态职业能力的评价转向对学生核心能力的评价，利用大数据技术为学生精准画像并提供生涯发展指导、在评价中引入创新创业的维度等。

二、教育制度与职业教育评价

（一）教育的公共性特征与评价的转向

现代公共教育是伴随着近代民族国家的产生而产生的[1]，与古代时期教育作为特权阶级独享权力所不同的是，教育的公共性强调教育的国家责任、公益属性和机会平等。近代以来的西方资本主义国家陆续建立起了本国的公共教育体系。尽管受资本主义世界周期性的经济危机和新自由主义思想的影响，不少国家均开启了教育的市场化、民营化改革，但是无论是公立教育还是私立教育，都应以对公共事务的关怀和公民品德的培养为旨归，使公民个体融入政治共同体，培养其作为时代公民的正义感[2]。

教育的公共性在客观上引起了职业教育评价价值与内容的转型，一方面，教育评价的首要目的要指向为个体形成全面、自由发展的人。正如杜威所言，职业并不是一个排他性的、狭隘性的专门化事务，职业"是对人生活动的指导"，是"有目的的连续性活动"。换言之，职业教育的表面目标——职业胜任力并非其最重要的目的，在职业训练中形成个体的经验积累和信息组织，才是职业教育的本真目的。然而在实施过程中对职业的片面、狭隘的理解，尤其是在哲学观中形成的劳动与闲暇、理论与实践、身体与心灵、精神与世界的对立[3]，造成了职业教育和自由教育的分野，并导致职业教育评价显示出强烈的市场导向、企业导向。这也是近年来关于中等职业教育的社会价值，以及高等职业教育"高等性"的讨

[1]　王等等. 新自由主义对公共教育发展的影响 [J]. 社会科学辑刊，2009，185（06）：46–48.

[2]　朱家存，周兴国. 论公共教育的公共性及实践表征 [J]. 华东师范大学学报（教育科学版），2007，98（04）：38–43，51.

[3]　约翰·杜威. 民主与教育 [M]. 上海：华东师范大学出版社，2019：368.

论日益热烈的根源，因为由教育的公共性衍生出的对教育平等、教育正义和教育权利的追寻，迫切呼唤职业教育回归其作为一种教育类型的初心和使命。另一方面，教育的公共性也要求教育评价的设计要关照学生成为一个合格的社会人。这就要求教育评价应关注现代公民的基本素养、融入国家和民族情感，并充分贯彻统治阶级的思想和理念，即亚里士多德所言的"应该教育公民适应他生活于其中的政体"，培养政治共同体所需要的公民德性[①]。近年来职业教育评价中体现的"三全育人""立德树人""德技并修"等理念，正是对培养合格社会人的回应。

（二）职业教育的市场化办学与评价的转向

在近现代教育发展的历史中，教育的公共性和市场性之间始终保持着一定的张力，不同国家的政府和市场在教育控制权的博弈中呈现出各自的形态和结果。以促进技能形成为目的的职业教育大致形成了自由市场经济模式和政府主导型模式[②]。从新中国成立到改革开放前，我国的职业教育呈现出典型的计划性特征，从人才选拔、培养再到分配就业，职业教育先天地嵌入工厂和企业的发展生态中，作为其人力资源供给的主体。"厂办技校"和"校办工厂"的嵌入式发展，以及政府主导式的计划性发展，天然营造了产学一体的制度环境。职业教育评价也就具有了人力资源分配和服务特定企业发展的功能，评价的应用效力高。随着国有企业改制和高校招生就业制度改革，产学一体的制度环境不复存在。为了重构产教融合的制度基础，评价就成为职业教育建立与企业紧密联系的重要载体。学校试图通过引入企业人员、标准、设备等，将企业的岗位人才需求融入对学生的学业评价之中，并以此吸引企业与学校建立长期合作关系。然而与改革前相比，职业教育评价并不具有服务特定企业的制度基础，即使是以"招生即招工、毕业即就业"为特点的现代学徒制，也很难为毕业生提供制度化的用工保障。更关键的是，某个企业的评价标准也并不一定适应行业发展的需求。在充分自由竞争的人力资源市场中，学生更需要一个行业通用性强、具有强烈信号价值的学业评价机制。而现有的评价机制更多的是为学生提供就业准入的信号功能，而不是就业能力的检验功能和发展潜力的预判功能。在一些行业，学业评价成果甚至并非学生就业的必备条件或准入条件。因此，市场化办学的转向，必须要解决评价

---

① 朱家存，周兴国. 论公共教育的公共性及实践表征 [J]. 华东师范大学学报（教育科学版），2007，98（04）：38-43，51.
② 刘晓. 政府与市场：国家技能治理体系的两种模式及其治理逻辑 [J]. 中国高教研究，2018，301（09）：99-103.

结果的效力问题。

三、生涯发展制度与职业教育评价

作为职业教育评价的对象，职业教育的学习者希望基于评价的结果获得职业生涯发展的阶段性认证，并凭借这一认证的信号功能在人力资源市场中谋得生存和发展的机会。因此，学习者是否接受和认可职业教育，其中的一个关键因素就在于职业教育的评价是否具有人力资本的增值和收益功能。目前学习者的生涯发展主要通过学历体系和技能水平认证体系实现。

（一）学历体系

学历是人力资本存量的重要标识，体现了学习者具备某一学习层次的学习能力和未来的学习潜力。正因为如此，技能的使用主体通常会将学历作为员工招聘乃至发展的重要条件，诸多研究也证明了学历层次及其市场价值之间呈现出显著的正向关系。从理性行为人的角度看，在当前人力资源市场提供的收益水平不具有显著吸引力，且学习者具有负担学习成本的能力时，学习者必然希望通过学历的提升，在未来的人力资源市场中获得更大的议价权。这一诉求集中体现在了社会各界推动职业教育评价在学历维度上的强化和提升。为了实现这一目标，从中央到地方均在不同时期出台了相应的政策，包括保留专升本和自考通道、设立中高、中本和专本贯通的联合培养项目、在普通本科中设立高等职业教育、推动地方本科转办职业教育等。而这些举措导致的一个结果便是职业教育评价的"学术漂移"。由于发放本科学历的学校均为普通高校，其人才培养方案并非按照职业教育的特征设计，这就导致升学的学生必须要通过普通高等教育的评价体系，职业教育人才培养的特点在评价的指挥棒中被抹杀了。为解决学历需求和培养特色间的矛盾，2010年颁布的《国家中长期教育改革和发展规划纲要》提出了"分类评价"的改革方向，2019年国务院启动了职业本科教育的办学试点工作，并试图通过职业教育高考制度的建立，让职业教育内部形成从中等教育到高等教育的制度化上升机制，服务应用型人才培养体系的形成。

（二）技能水平认证体系

除了学历体系之外，与学习者生涯发展密切相关的另一个职业教育评价体系是技能水平的认证体系。它反映了技能作为生产资料的质量水平，是专业主义思想下职业准入的门槛和发展的标尺。我国目前主要存在三个技能水平的认证体系——由人社部主持的职业资格认证体系、由教育部主持的职业技能等级证书体系，以及由人社部门会同行业协会实行的专业技术人员职业资格认证体系。虽然三者均具有技能水平认证的功能，但前两者属于国家取向、中心主义的技能认证模式，认证的对象主要是专业性偏弱的技能性岗位从业资格，而后者则是行业取向、分布化的技能认证模式，认证的对象主要是专业性强的岗位。由于这些证书大多具有强制性职业准入的功能，能够为市场提供质量信号，且能显著提升劳动者的收入①，因此它是职业教育评价中的关键维度和重要内容来源，也是学习者寻求人力资本积累的主要途径。近年来，职业院校普遍推行"课证融合""双证融通"等举措，其主要目的就是将技能水平认证体系的要求融入已有的课程体系，并按照证书要求实施课程评价。

在这三个关键制度因素中，产业形态是影响职业教育评价的最根本因素，生涯发展制度可被视为是一个中介影响因素，而教育制度则是影响职业教育评价的最直接因素。它们构成了如图3-2所示的社会嵌入模型。

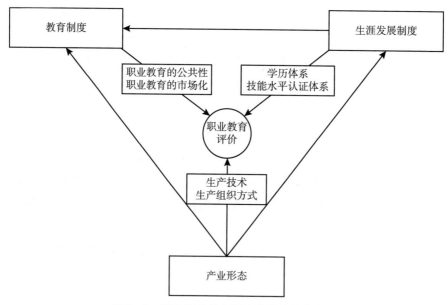

图3-2　影响职业教育评价的关键制度变量

---

① 李雪，钱晓烨，迟巍. 职业资格认证能提高就业者的工资收入吗？——对职业资格认证收入效应的实证分析 [J]. 管理世界，2012，228（09）：100-109，119，188.

第三节　职教高考构建的制度基础

基于上述构建的职业教育评价制度的社会嵌入模型，下面将从影响职业教育评价的三大关键制度变量——教育制度、产业形态和生涯发展制度三个方面，分析职教高考构建的制度基础。

一、教育制度：职业高等教育资源分布特征及其对职教高考制度的影响

由职业教育的公共性和市场化博弈构成的教育制度变迁，反映了教育资源的稀缺性对教育评价制度的属性和功能的影响。职业高等教育资源的分布，将影响全国层面以及省域内职教高考制度构建的逻辑起点和功能期待。

（一）职业高等教育资源的分布特征

1. 我国高等职业教育资源的总体分布呈现省域不均衡

表3-1展示了我国职业高等教育资源相较于普通高等教育资源的情况。可以看出，职业高等教育资源从数量上已经超过了普通本科院校，占据了高等教育的半壁江山，但专科学校的生师比（26.72）仍大幅落后于普通本科院校（17.49）。

表3-1　　　　　　　　　我国职业高等教育资源整体情况

学校	学校数（所）	学校数占比（%）	教职工数（人）	专任教师数（人）	本专科在校生（人）	生师比
高等教育学校	3012		2785592	1913817		
1. 普通本科院校	1238	41.10	1931463	1272996	22263417	17.49
2. 本科层次职业学校	32	1.06	32202	25743	129297	5.02
3. 高职（专科）院校	1486	49.34	787355	595014	15900966	26.72
4. 成人高等学校	256	8.50	34363	19973	8326521	416.89

续表

学校	学校数（所）	学校数占比（%）	教职工数（人）	专任教师数（人）	本专科在校生（人）	生师比
5. 其他普通高教机构（不计校数）	21	0.70	209	91		

注：数据源于教育部官方网站，数据更新于 2022 年，http：//www.moe.gov.cn/jyb_sjzl/moe_560/2021/quanguo/202301/t20230104_1038068.html。

2. 省域职业高等教育资源的分布分析

表 3－2 展示了不同省份职业高等教育资源的总体分布和人均分布情况：（1）从学校数来看，目前有 21 个省、自治区、直辖市拥有本科层次职业学校。其中河北、江西和山东各拥有 3 所。各地职业专科数量占高等教育机构比例从北京的27.17%到内蒙古的68.52%不等，其中低于省均占比的为北京、上海、陕西、西藏、吉林、辽宁和浙江。（2）从生师比来看，全国本科层次职业学校平均水平为5.59，其中福建省的职业本科生师比最高（14.38），河北省的生师比最低（0.35）。全国职业专科学校平均水平为 26.46，其中广西壮族自治区最高（37.06），北京市最低（15.61），达到生均以上水平的省份有 17 个。（3）从生均校舍面积来看，全国本科层次职业学校平均水平为232.34m²，其中河北省最高（1566.03m²），福建省最低（28.89m²）。全国职业专科学校平均水平为17.61m²，其中北京市最高（52.52m²），吉林省最低（2.75m²）。（4）从生均教学仪器设备总资产来看，全国本科层次职业学校平均水平为 11.38 万元，其中河北省最高（81.29 万元），河南省最低（0.52 万元）。全国职业专科学校平均水平为1.16 万元，其中北京市最高（6.31 万元），云南省最低（0.55 万元），达到生均以上水平的省份有 9 个。表 3－3 展示了各省专科层次职业教育的分布情况。以各省入选双高院校的数量计算，各省优质高职院校数量分布从 0 到 28%不等，呈现明显差距。

（二）依据职业高等教育资源分布情况确定省域改革路线

省域职业高等教育资源的上述分布特点，对职业高等教育产生了如下两个潜在影响：一是职业高等教育资源的省域差异带来竞争度的差异化，在职业高等教育资源丰富、生师比较低的省份，高等教育学位数偏多，中职生的升学竞争度相对偏低，反之则竞争度偏大。二是职业高等教育资源的省域差异带来资源配置低

表 3－2　不同省份职业高等教育资源的总体分布和人均分布情况

地区	学校数量和占比							职业本科							职业专科						
	普通职业高校	普通本科学校	本科层次职业学校	本科职业学校占比(%)	高职(专科)院校	高职专科院校占比(%)	成人高等学校	专职教师数	在校生	生师比	产权校舍面积(m²)	生均产权校舍面积(m²)	教学仪器设备总资产(万元)	生均教学仪器设备资产(万元)	专职教师数	在校生数	生师比	产权校舍面积(m²)	生均产权校舍面积(m²)	教学仪器专设备总资产(万元)	生均教学仪器设备资产(万元)
总计	2756	1238	32	1.16	1486	53.92	256	25743	129297	5.02	10585883.97	81.87	543751.55	4.21	595014	15900966	26.72	242180593.7	15.23	13723808.16	0.86
北京	92	67	0	0.00	25	27.17	23	0	0		0	0	0		4358	68027	15.61	3572973.91	52.52	428976.1	6.31
天津	56	30	0	0.00	26	46.43	13	0	0		0	0	0		7100	210523	29.65	2933071.75	13.93	294214.42	1.40
河北	123	58	3	2.44	62	50.41	6	2901	1007	0.35	1576989.51	1566.03	81860.03	81.29	29555	777785	26.32	11912477.44	15.32	478528.85	0.62
山西	82	32	2	2.44	48	58.54	9	1311	4724	3.60	890621.36	188.53	41738.24	8.84	11630	353570	30.40	5103909.62	14.44	226431.22	0.64
内蒙古	54	17	0	0.00	37	68.52	2	0	0		0	0	0		11596	226604	19.54	5859049.55	25.86	365343.71	1.61
辽宁	114	62	1	0.88	51	44.74	18	357	2726	7.64	205628.92	75.43	4571.47	1.68	13560	447337	32.99	5425510.33	12.13	369358.97	0.83
吉林	66	37	0	0.00	29	43.94	14	0	0		0	0	0		8175	245900	30.08	676420.03	2.75	240043.19	0.98
黑龙江	80	39	0	0.00	41	51.25	16	0	0		0	0	0		12665	304723	24.06	5671103.07	18.61	307226.81	1.01
上海	64	39	1	1.56	24	37.50	12	447	1038	2.32	160096.57	154.24	7718.24	7.44	5325	141877	26.64	2035307.56	14.35	247002.14	1.74
江苏	167	77	1	0.60	89	53.29	8	817	4278	5.24	415843.31	97.21	29267.36	6.84	35368	896557	25.35	20012034.34	22.32	1124036.02	1.25
浙江	109	58	2	1.83	49	44.95	8	1165	3533	3.03	600109.87	169.86	27486.82	7.78	20429	526632	25.78	11219744.1	21.30	671281.4	1.27
安徽	121	46	0	0.00	75	61.98	6	0	0		0	0	0		27724	759366	27.39	13439651.07	17.70	545279.42	0.72
福建	89	38	1	1.12	50	56.18	3	414	5952	14.38	171930.71	28.89	10315.76	1.73	18172	463772	25.52	6668208.56	14.38	384241.43	0.83
江西	106	42	3	2.83	61	57.55	5	1694	11636	6.87	572260.06	49.18	28011.94	2.41	27649	680980	24.63	11824898.45	17.36	465236.44	0.68
山东	153	67	3	1.96	83	54.25	11	2896	18240	6.30	9100057.27	49.89	35038.65	1.92	44375	1236344	27.86	19836680.9	16.04	974115.49	0.79
河南	156	56	1	0.64	99	63.46	10	1130	8764	7.76	0	0.00	4534.07	0.52	59887	1377911	23.01	4637792.88	3.37	986127.5	0.72

续表

地区	学校数量和占比						职业本科							职业专科						
	普通、职业、成高校	本科层次职业学校	本科职业学校占比（%）	高职（专科）院校	高职专科院校占比（%）	成人高等学校	专职教师数	在校生	生师比	产权校舍面积（m²）	生均产权校舍面积（m²）	教学仪器设备总资产（万元）	生均教学仪器设备资产（万元）	专职教师数	在校生数	生师比	产权校舍面积（m²）	生均产权校舍面积（m²）	教学仪器专设备总资产（万元）	生均教学仪器设备资产（万元）
湖北	130	0	0.00	62	47.69	14	0	0		0		0		23760	724233	30.48	13458281.29	18.58	532686.33	0.74
湖南	128	1	0.78	76	59.38	12	601	332	0.55	312535.72	941.37	8199.54	24.70	32811	777578	23.70	14464900.88	18.86	583707.18	0.75
广东	160	2	1.25	93	58.13	14	2258	19104	8.46	896990.67	46.05	32614.42	1.71	46738	1254052	26.83	17820232.56	14.21	1189435.12	0.95
广西	85	2	2.35	47	55.29	4	2891	12423	4.30	1014659.12	81.68	67067.44	5.40	19421	719735	37.06	9295830.1	12.92	497217.7	0.69
海南	21	1	4.76	13	61.90	1	948	7426	7.83	399200.49	53.76	19853.8	2.67	3709	111938	30.18	1133847.91	10.13	75109.77	0.67
重庆	69	1	1.45	43	62.32	3	740	7683	10.38	300638.11	39.13	13541.42	1.76	20423	488557	23.92	7874028.81	16.12	360312.33	0.74
四川	134	1	0.75	81	60.45	13	678	5602	8.26	267217.64	47.70	9540.33	1.70	34295	873713	25.48	11516608.7	13.18	652461.88	0.75
贵州	75	1	1.33	46	61.33	3	793	982	1.24	202955.49	206.68	11002.69	11.20	17809	475812	26.72	10056768.38	21.14	382800.55	0.80
云南	82	0	0.00	50	60.98	1	0	0		0		0		15198	528635	34.78	1877705.23	3.55	290274.17	0.55
西藏	7	0	0.00	3	42.86	1	0	0		0		0		755	12783	16.93	384778.75	30.10	18297.4	1.43
陕西	97	2	2.06	40	41.24	14	1318	9436	7.16	429113.45	45.48	27657.77	2.93	16879	534304	31.65	9077118.87	16.99	408571.51	0.76
甘肃	49	2	4.08	27	55.10	4	1822	1441	0.79	1052205.61	730.19	75216.19	52.20	10142	290978	28.69	6081879.56	20.90	214994.43	0.74
青海	12	0	0.00	8	66.67	2	0	0		0		0		1761	31819	18.07	880116.38	27.66	87600.68	2.75
宁夏	20	0	0.00	12	60.00	1	0	0		0		0		2712	66104	24.37	1234509.68	18.68	107968.54	1.63
新疆	55	1	1.82	36	65.45	6	562	2970	5.28	224130.09	75.46	8515.37	2.87	11033	292817	26.54	5995153.02	20.47	214927.46	0.73
省均	88.90	1.03	1.19	47.94	54.16	8.26	830.42	4170.87	5.59	341480.13	232.34	17540.37	11.38	19194.00	512934.39	26.46	7812277.22	17.61	442703.49	1.16

注：数据源于教育部官方网站，数据更新于2022年。

表3－3　　　　　　全国各省高职院校数量和质量分布情况

序号	省份	总数	公办学校	民办学校	中外合作办学	双高院校	示范性院校	骨干院校	优质占比（％）
1	安徽省	74	58	16		5	3	5	6.76
2	北京市	25	16	9		7	4	2	28.00
3	福建省	51	30	20	1	5	2	4	9.80
4	甘肃省	27	25	2		3	2	3	11.11
5	广东省	87	62	25		14	4	7	16.09
6	广西壮族自治区	40	28	12		4	2	3	10.00
7	贵州省	43	37	6		3	1	1	6.98
8	海南省	12	6	6		1	1	1	8.33
9	河北省	61	49	12		10	4	4	16.39
10	河南省	84	63	20	1	6	4	3	7.14
11	黑龙江省	42	36	6		6	4	3	14.29
12	湖北省	60	50	10		8	4	5	13.33
13	湖南省	74	63	11		11	5	4	14.86
14	吉林省	25	19	6		4	3	1	16.00
15	江苏省	90	69	20	1	20	7	8	22.22
16	江西省	58	48	10		6	1	4	10.34
17	辽宁省	51	41	10		6	4	3	11.76
18	内蒙古自治区	36	28	8		3	2	2	8.33
19	宁夏回族自治区	11	11	0		2	2	1	18.18
20	青海省	8	8	0		0	0	0	0.00
21	山东省	76	62	14		15	6	7	19.74
22	山西省	49	44	5		4	2	3	8.16
23	陕西省	38	30	8		8	3	3	21.05
24	上海市	25	13	12		1	4	3	4.00
25	四川省	74	45	29		8	6	5	10.81
26	天津市	26	25	1		7	4	3	26.92
27	西藏自治区	3	3	0		0	1	0	0.00
28	新疆维吾尔自治区	36	31	5		2	3	2	5.56
29	云南省	49	36	13		3	2	1	6.12

续表

序号	省份	总数	公办学校	民办学校	中外合作办学	双高院校	示范性院校	骨干院校	优质占比（%）
30	浙江省	49	40	9		15	6	5	30.61
31	重庆市	39	22	17		10	3	3	25.64
	总计	1423	1098	322	3	197	100	100	13.84

注：数据源于 2022 年全国高职院校质量年报相关数据。

效的潜在风险。竞争度的差异化，配合招生的地域保护主义，可能导致部分省份闲置职业高等教育资源的浪费。这一点体现在部分省份高职院校招生计划常年完成率低。因此，职教高考应从以下两个方面处理好职业教育的公共性和市场化间的潜在矛盾。

1. 合理确定职教高考的选拔性功能

高考的选拔性源于三个因素：一是高等教育资源的稀缺性，包括总量上的稀缺、结构上的稀缺和区域间的配置差异。二是高等教育的高回报性。研究显示，高等教育能够显著提升受教育者的薪酬水平和社会地位，尤其是优质高等教育资源。因此，为了能够实现阶层流动和社会地位的提升，更多的学生将人力资本向高等教育方向投资，从而产生了选拔性的需求。三是高等教育自身的特性。即并非所有的人都适合就读高等教育。尽管高等教育已经实现了从大众化向普及化的过渡，高等教育内部也分化为多种类型，但任何一种类型和层次的高等教育，都对学生的学习能力、心智能力等提出基本要求。有学者就建议对中等职业教育的学生进行专门开发的能力水平测试，严格把关来决定其是否可以进入高职继续学习，从而向社会传递理性信号——不是盲目涌入高职渠道就能进入主要劳动力市场，而是要根据自身的能力水平做出合理的选择和分流①。

职教高考本身具有选拔学生进入职业高等教育的功能，但受职业教育省域统筹和已有招生格局的影响，这种选拔功能会在不同省份有不同程度的表现：对于那些职业高等教育资源竞争度弱的省份，其选拔性偏小；反之则偏强。这也决定了各省在制定职教高考改革路线图时，要充分摸底本省职业高等教育资源的供需情况，据此确定改革的阶段性目标和整体节奏。

---

① 王奕俊，胡慧琪. 基于信号理论的中等职业教育"升学热"现象剖析 [J]. 职教论坛，2018，692（04）：13－18.

2. 扩大高职院校跨省招生

跨省招生是解决目前省域职业教育，尤其是优质职业高等教育资源分布不均衡的重要举措。基于 2019 年高等职业教育年度质量报告数据分析发现，在纳入分析的 485 所全国各地高职院校中，外地招生比例超过 50% 的仅有 24 所，30% ~ 50% 的为 36 所，10% ~ 20% 的为 141 所。每年各省面向省外开展单独招生的学校数量也十分有限。造成这一现象的原因，既有实际操作层面的难度，也有招生名额地域保护主义的掣肘。在职教高考改革中，推动更大范围和程度的跨省招生应该成为重要政策发力点。

二、产业形态：产业变革下的人才需求结构及其对职教高考制度的影响

不同的产业形态会对人才需求结构产生不同影响，进而影响职业教育评价的内容。尽管在职教高考中，行业企业作为潜在的利益相关主体，不对职教高考的内容产生直接影响，但职教高考内容和标准的主要依据——专业教学标准、课程标准、技能标准等均源于对一线岗位的任务和能力分析，因此，职教高考的内容改革需要分析当前产业形态及其对一线从业人员知识特征和结构的需求。

（一）技术知识作为职业教育考试内容的基本特征

技术知识是人们在改造和控制自然的实践过程中形成的技术原理、技术规则、技能的综合[1]，是"生产和服务过程中所使用的各类知识"[2]。它是关于"做"的知识，是围绕特定的实践目标的完成所形成的一类具有行动色彩和指向的知识类型，也是支撑职业教育类型化特征的知识论基础[3]。对技术知识的记忆、了解和应用水平，是包括职教高考在内的各类职业教育评价方式的主要评价对象。

技术知识包括技术理论知识与技术实践知识，前者源于科学理论知识的技术化，表现为在科学理论指导下的技术原理，后者源于一线实践的技术经验积累，

---

[1] 于雪. 2011 年技术认识论研究综述［C］// 王前. 文成伟主编. 中国技术哲学研究年鉴（2012 – 2013）［M］：北京：科学出版社，2016：181.
[2] 徐国庆. 实践导向职业教育课程研究［D］. 上海：华东师范大学，2004：37.
[3] 徐国庆. 开发技术知识："双高计划"背景下高职院校课程建设的突破点［J］. 教育发展研究，2020，40（09）：47 –55.

表现为技术规则、技术诀窍等经验性知识①。表 3 - 4 以炼钢为案例，展示了理论知识、技术理论知识和技术实践知识之间的区别和关系。各省实施的"知识 + 技能"的考试组合和题目，可以大致对应"技术理论知识 + 技术实践知识"的考核。不同的产业形态对理论知识、技术理论知识和技术实践知识的需求各不相同。智能化生产的普及、高端产业和产业高端的深度布局，对从业人员的知识结构产生了如下影响：一是对理论知识的需求度提升，员工需要了解工作的原理，并能在工作中举一反三；二是对技术实践知识中的判断决策和行动情境的知识有更高要求，而基于身体感知的默会知识则有所降低；三是受科学对技术影响的不断加深，以及生产的社会化和全球化，技术理论知识的标准化程度有所提升。同时受职业情境多样性、消费模式个性化、生产组织方式灵活化等因素的影响，对技术理论知识的创造和灵活运用能力有更高要求。

表 3 - 4　　基于"炼钢"的理论知识、技术理论知识和技术实践知识的区别说明

理论知识	$Fe_2O_3 + 3CO \overline{\quad\quad} 2Fe + 3CO_2$（高温）（还原反应）
技术理论知识	选择有冶炼价值的品质的铁矿石、使用焦炭提供热量并产生一氧化碳作为还原剂、使用石灰石造渣和去除脉石……
技术实践知识	行动规则：工作步骤、诀窍……（锅炉烧到 1800 度即停烧） 行动情境：工具与设备知识、工作环境知识……（使用什么型号的锅炉） 行动判断：若 A 则 B（锅炉不升温——判断原因）

（二）产业变革对职教高考内容的影响

1. 适当增加对科学理论知识的考核

对各省考纲和考题的分析发现，技术理论知识是目前考试的主要内容。尽管对技术理论知识的考核，体现了职教高考知识论的基本特点，但技术理论知识背后的科学知识，开始深度影响一线从业人员的工作方式和质量。此外，对科学理论知识考察的缺失，导致对学生接受高等教育所需要的逻辑思维能力、知识迁移运用能力等高阶思维考察的缺失，这与职业高等教育的发展逻辑存在错位。因此，职教高考内容应适当增加对科学理论知识的考核，强化技术理论知识与其相关科学理论知识的联动考核。

---

① 李政. 职业本科教育的学科建设：大学职能的视角 [J]. 江苏高教，2022，253（03）：111 - 118.

2. 考察学生对技术理论知识的灵活运用

对各省考纲和考题的分析发现，目前对技术理论知识的考察仍主要停留在记忆和理解水平，对学生灵活运用的能力考察不足。这会引导学生和教师强化对知识的简单记忆，形成"应试教育"的不良后果。未来职教高考改革中，应通过题型改革和提问方式改革，引导学生在认知和记忆知识的基础上，灵活运用知识解决复杂问题。

3. 强化对考生多元情境中判断决策知识使用的考核

从业人员使用判断与决策知识的过程，无论是条件权衡，还是问题处理，抑或是情境判断或元认知过程，它们的本质都是在工作过程中解决各类问题的过程。因为判断决策知识使用的情境是问题情境，在问题情境中，从业人员需要通过权衡、判断等过程寻找问题解决的方案，并给出合理的决策，朝向问题解决的目标迈进[①]。职教高考应扩充关于学生判断决策知识使用的内容，让学生书写出对问题情境的判断，以及解决问题的思路和方法。这种对职业思维、问题解决思维的考核，能考察学生职业能力中蕴含的"专家知识"，以及其未来在职业高等教育中的学习潜力。

三、生涯发展：学生生涯发展需求变迁及其对职教高考制度的影响

（一）从"谋生式就业"到"内卷式升学"：学生生涯发展需求的时代变迁和反思

升学还是就业，这不仅是中等职业教育未来发展需要思考的方向性问题，而是自现代化的学校教育系统诞生以来就存在的教育目的论之争。2022 年全国高中阶段毛入学率91.6%，高等教育毛入学率达到了59.6%，新增劳动力平均受教育年限达 14 年[②]。高中阶段教育接近全民覆盖，高等教育已经进入普及化阶段。老百姓如此高的升学意愿，其直接原因在于人才需求端的学历高移向供给端的传导。而人才需求端的学历高移，既有产业升级对从业人员能力结构产生更高

---

① 李政. 职业教育现代学徒制的价值研究［D］. 上海：华东师范大学，2019.
② 中新经纬. 2022 年全国高等教育毛入学率59.6%，提高 1.8 个百分点［EB/OL］（2022 - 03 - 23）
　［2022 - 05 - 10］. http：//www. jwview. com/jingwei/html/03 - 23/533053. shtml.

需求的因素，也有高等教育大众化造成文凭供需失衡和高度内卷的因素。在高收入、高声望、稳定性强的岗位供不应求的情况下，学历作为劳动力市场最受欢迎、最稳定的价值信号，就成为雇主判断应聘者水平的核心载体。改革开放以来中国人收入水平的逐步提升，也一定程度上减轻了大众依靠教育谋生的紧迫性。中低阶层家庭更是愿意为孩子投入大量资本，希望以孩子的升学带动家庭的阶层跃迁。上述各种因素的叠加，推升了普通民众对学历获取的需求，也在近年来深刻影响职业教育的办学方向、形态和主要任务。

"办人民满意的教育"一直是中国共产党发展教育的重要方针。为了满足老百姓在生涯发展上的需求，一些省份放松了对"普职比大体相当"的管控，希望通过普通高中的大量扩招，减轻家庭教育焦虑，社会上甚至有"取消高中阶段分流"的观点和提案。然而取消分流是否就能减轻社会教育焦虑？需要承认的是，不论是否存在分流制度，教育领域内的社会分层始终存在。这种分层根源于教育资源，尤其是优质教育资源的供需矛盾。即使是在高中阶段不分流的美国，这种分层依然体现在高等教育阶段。因此，取消分流的本质是推迟分流，它无法从根本上缓解社会教育资源的供需失衡问题。现阶段破解这一问题的最有效办法，应该是依托各类教育的高质量发展，提升人力资源在劳动力市场中的认可度，用市场的正向反馈缓解大众对职业教育的偏见和焦虑。

（二）职教高考应为学生获得更宽广的生涯发展空间

如何提升人力资源在劳动力市场中的认可度？根据信号理论，雇主会通过各类证书及其传递出的信号，判断学生在劳动力市场中的流通价值，并予以相应的薪资待遇。而各类证书会因其证明效力的高低、适用范围的大小而产生不同水平的信号价值。尽管职教高考的主要功能定位是职业高等教育的选拔机制，但职教高考改革应致力于通过提升考试成绩的信号价值，为学生未来走向多元生涯发展道路提供支持。这就需要职教高考要在已有的职业教育多元评价体系中坚守教育性的根本定位，科学分析技术技能人才的关键能力和高阶思维能力，让职教高考的成绩有更大范围的适用空间和社会认可度。

近年来，对于构建以学校教育为主体的现代职业教育体系，社会上始终存在一种质疑的观点，即职业教育成为"应试教育""升学教育"，现代职业教育体系建设反而是破坏职业教育类型特色之举，职业教育就应该"从实践中来、在实践中学、到实践中去"。这一观点实际上混淆了两对核心概念：一是把职业教育和升学教育对立起来。实际上，升学教育本就是学校教育制度的本质属性，也是现代教育制度的内在要求。升学的目的是提升学习者的学历和学力，且后者对于智能化时代的生产系统而言更为重要。二是把实践教育和学校教育对立起来。通过对现代产业从业人员知识结构的分析发现，以学校学习和工作场所学习交替为典型特征的现代学徒制，更匹配现代产业从业人员知识结构的形成需要。学校教育中蕴含着实践教育的元素，实践教育需要学校教育的系统知识支撑。

第四章
职业教育高考制度的国际
比较研究

职教高考制度的构建，受教育制度、产业形态和学习者生涯发展等因素的共同形塑，并深深地嵌入到了不同国家的政治制度和社会文化之中。因此，面向职业教育学生的升学考试制度必然存在基于国家和文化圈层面的异同。本节将考察德语文化圈国家——瑞士、中华文化圈国家——日本、盎格鲁撒克逊文化圈国家——英国和美国，以及我国台湾地区。希望对这些国家和地区职业教育考试升学制度的深度比较，挖掘各国在解决考试的公平性和效率性矛盾、缓解改革利益相关者的利益冲突、提升考试的内容和方法设计质量方面的宝贵经验。

第一节　瑞士职业教育考试升学制度研究

瑞士构建了普职融通的大学录取模式，只要具备所选大学和专业所学的知识水平或实践能力的中职毕业生都可以拥有自主选择升入普通或职业类高等教育的权力。瑞士灵活多样、高度渗透的职业教育升学路径与机制，在国际上起到了极大的示范作用，也为我国进一步推进"职教高考"制度提供了有益借鉴。

一、瑞士中等职业教育到高等教育的升学路径

瑞士有"普通会考"（Gymnasiale Maturität）、"专业会考"（Fachmaturität）和"职业会考"（Berufsmaturität）三种中等教育进入高等教育的升学路径①。其中，"普通会考"面向普通中学，"专业会考"面向专业中学②，"职业会考"面向职业基础教育，即学徒制职业教育培训。"专业会考"和"职业会考"是瑞士和职业教育考试升学相关的制度。在"专业会考"和"职业会考"的基础上，"递进补充考试"（Passerellen – Ergänzungsprüfung）为职业教育学生提供进入普通大学的机会。

---

① 本文特指通过会考制度进入瑞士本科层次高校。
② 专业中学在瑞士官方高中阶段教育分类中属于普通教育范畴，但其是为学生进入高等职业教育以及应用科学大学作准备。该类学校涉及健康、社会工作、教育、交流和信息、设计和艺术、音乐和戏剧和应用心理等职业领域，其中交流和信息、设计和艺术、音乐和戏剧和应用心理等职业领域仅由个别专业中学提供。

（一）专业会考

瑞士专业会考以专业中学毕业考试为基础，完成专业中学三年全日制学习并获得毕业证书的学生，可以自主选择是否继续完成为期一年的专业会考补充学习及专业会考论文，以获得国家认可的专业会考证书，获得该证书的学生可以申请进入应用科学大学中与其专业会考职业领域相符合的专业继续学习。专业会考职业领域按照专业中学的职业领域划分，不同职业领域的专业会考所必须完成的补充学习内容也不同。根据作为学校教育主管机构的瑞士联邦教育局长会议（Die Schweizerische Konferenz der kantonalen Erziehungsdirektoren EDK）所制定的《专业中学毕业证书认证规定》及《专业中学框架教学计划》，专业会考补充学习的内容基本包括12周至40周的相关实习经历，或至少120课时的实践课程或通识课程。

由于专业中学隶属于联邦州的管辖范围，因此面向专业中学毕业生的专业会考也由各州负责具体实施。以每年获得专业会考证书占比最多的教育类职业领域为例，圣加仑州教育局规定①，教育领域的专业会考补充学习内容包括德语、法语、英语、数学、生物、化学、物理、历史、地理、设计、音乐。其中，德语、法语、英语、数学需要进行笔试和口试，生物、化学、物理、历史、地理和音乐仅口试，设计仅进行笔试。教育领域的专业会考补充学习内容实质上是深化与未来进入师范教育相关的普通教育科目的内容。完成教育领域专业会考补充学习内容考试及专业会考论文的学生可获得教育领域专业会考证书，并申请师范大学的学前及小学阶段的师范专业。如果是健康领域的专业会考，必须完成的补充学习内容则是在健康类机构进行为期47周的实习，该健康类机构必须提供实习计划且配备专业指导人员，学生在这47周的实习中最多允许进入2个岗位，且在每个岗位的实习时间至少为4个月，完成实习后由实习单位给出成绩。社会类职业领域的补充学习内容和健康类职业领域相同，也是以实习经历作为基本要求。关于这些补充学习内容的指导和认定，由专业中学和应用科学大学或者实习单位共同合作完成。在此过程中，学生接受来自专业中学和应用科学大学的教师或实习单位专业领域专家的指导和监督。②

专业会考论文也是获得专业会考证书的要求之一，学生需要完成与所选职业

---

① Der Erziehungsrat des Kantons St. Gallen. Reglement über die Abschlussprüfung der Fachmittelschule und die Fachmaturität vom 27. Juni 2018［Z］. 2018：9 – 11.

② EDK. Reglement über die Anerkennung der Abschlüsse von Fachmittelschulen［Z］. 2003 – 06 – 12：8.

领域相关的书面形式论文并进行口头或书面答辩。专业会考论文体现了科学研究的基本要求，学生需要展示其所具备的能力，例如，学生能提出实践相关的问题或假设，能使用恰当的方法，能搜集、评估评价资料信息，能分析和评估职业情况，能将所学的理论知识和实践经验之间建立联系，能批判性质疑所选的主题以及自己的结果并确定进一步思考的方向，能以可理解和有条理的方式口头和书面介绍学习过程和结果。[①]

根据获得专业会考证书的要求来看，专业会考是以学生在专业中学学习期间所获得的知识、能力和个人修养为基础，再通过专业会考补充学习及论文撰写的过程，学生能继续深入认识所选择职业领域的真实工作世界，在实践中处理具有挑战性的复杂情况，并在这种情况下更好地认识自己，将他在专业中获得的理论知识与实践中观察到的情况联系起来。[②]

（二）职业会考

与专业会考不同，职业会考是瑞士学徒制职业教育培训的升学途径。根据《联邦职业会考条例》和《职业会考框架教学计划》的规定，职业会考包括职业会考课程、毕业考试及实践性跨学科项目三部分。获得职业会考证书的学习者可以申请进入应用科学大学中和其职业领域相同或相近的专业继续学习。由瑞士国家教育、研究和创新秘书处（SBFI）发布的《职业会考框架教学计划》为学徒制职业教育培训和应用科学大学的纵向贯通提供了指导。[③] 该文件规定了学习者在职业会考课程结束时必须达到的能力要求，因此也就构成了职业会考的内容基础，同时它还决定了具体科目的框架课程结构，从而明确了各联邦州职业会考的统一标准。另外，瑞士《联邦职业教育法》第 25 条规定了各州应确保为职业会考提供充足的职业会考课程，且公立学校的职业会考课程是免费的，联邦或州政府可向私立学校提供职业会考课程补贴。[④] 瑞士约有 180 个学校及机构提供职业

---

① EDK. Rahmenlehrplan für Fachmittelschulen vom 25. Oktober 2018（Inkrafttreten am 1. August 2019）［Z］. 2018：17.
② EDK. Anleitung für die Erstellung eines Anerkennungsgesuchs für die Abschlüsse von Fachmittelschulen gemäss dem Anerkennungsreglement und dem Rahmenlehrplan vom 25. Oktober 2018［R］. 2020：8.
③ Der Schweizerische Bundesrat. Verordnung über die eidgenössische Berufsmaturität vom 24. Juni 2009（Stand am 23. August 2016）［Z］. 2016：1 – 12.
④ Die Bundesversammlung der Schweizerischen Eidgenossenschaft. Bundesgesetz über die Berufsbildung. Art. 25. vom 13. Dezember 2002（Stand am 1. Januar 2015）［Z］. 2015：9 – 10.

会考课程，其中大部分是公立学校，[①] 这些职业会考课程为职业会考的实施提供了保障。

职业会考课程学习的途径主要有两种，第一种是在双元制职业教育培训期间学习（BM1），即在接受中等职业教育培训的学徒期间，同时兼顾职业会考课程内容的学习。但是这种形式必须获得雇主的同意，因为双元制职业教育培训期间学徒由雇主负责管理。职业会考的课程和双元制职业教育培训同时进行，参加职业会考的学生每周额外附加一次职业会考课程。对于这些学生而言，在职业会考课程结束时，也必须获得双元制职业教育培训的联邦职业资格证书。第二种是完成双元制职业教育培训获得联邦职业资格证书之后的学习（BM2）。在这种途径中，已经完成双元制职业教育培训获得联邦职业资格证书的技术人员，可以选择参加为期 2 个学期的全日制职业会考课程，也可以选择参加为期 3 ~ 5 个学期的在职职业会考课程，这两种学习途径满足了不同群体的升学需求。

职业会考课程实现了双元制职业和应用科学大学专业之间的衔接，它将双元制职业划分为五大类职业领域，第一类是技术、建筑、生命科学领域，包括了双元制中的技术类和手工业类的职业；第二类是双元制中农业及食品类相关职业，即自然、农业和食品领域；第三类是企业相关的或商业类的双元制职业，即商业和服务领域；第四类设计和艺术领域是艺术类和手工业技术类的职业；第五类是健康和社会类以及护理类的职业，即卫生和社会事务领域。这五类职业领域分别对应了应用科学大学的商业、艺术、音乐、设计、技术、建筑、社会工作、健康、体育等专业。

无论是哪个职业领域，职业会考课程内容都由基础领域、重点领域、补充领域和跨学科任务（Interdisziplinäres Arbeiten）的固定模式组成。四个基础领域分别是第一母语、第二母语、第三语言和数学，语言的具体种类由各联邦州决定[②]。重点领域共七个，包括财务和税务；设计，艺术和文化；信息和交流；数学；自然科学；社会科学；经济和法律。学生从中选择两个与双元制职业资格证书相关的领域。重点领域的作用是加深和扩大学生的知识和技能，以便未来在应用科学大学中学习与职业领域相关的专业。补充领域是对重点领域内容的补充，包括历史和政治，技术和环境，经济和法律，学生需要从中选择与职业资格证书相关的

两个领域。跨学科任务占职业会考课程总学时的 10%，用来培养学生跨学科思考和解决问题的方法能力。跨学科任务定期以小项目、迁移性工作、项目管理和沟通等形式在基础领域、重点领域、补充领域的教学中实施。从职业会考的内容来看，基础领域、重点领域、补充领域和跨学科任务分别侧重通识知识和专业知识的应用能力。

职业会考课程结束时，学生需要参加毕业考试以及完成实践性的跨学科项目任务（interdisziplinäre projektarbeit，IDPA）。毕业考试包括基础领域和重点领域的内容，《职业会考框架教学计划》中列出详细的考试时长和形式。在基础领域中，第一母语包括 150 分钟笔试和 20 分钟口试，第二母语和第三语言包括 120 分钟笔试和 20 分钟口试，数学则根据职业领域的不同进行 60 分钟到 120 分钟不等的笔试。在重点领域中，财务和税务需要 180 分钟笔试；设计，艺术和文化则需要为期 16~32 小时的项目实践以及最多 30 分钟的项目汇报；信息和交流需要 120 分钟笔试和至少 30 分钟的实践作业；数学是 180 分钟笔试；自然科学则根据职业领域的不同进行 40~120 分钟不等的笔试；社会科学包括 150 分钟笔试和 20 分钟口试；经济和法律是 120 分钟笔试。补充领域内容则以平时成绩的形式计入总分。考生所选择的实践性跨学科项目任务必须与工作世界的专业实践以及职业会考课程中的至少两个科目有关，学生需要独立完成项目工作并撰写论文。

瑞士双元制职业教育培训是职业会考的前提，因此职业会考是在坚实的实践基础上展开的，发挥了职业经验在应用科学大学入学资格中的基础作用，这种基于职业资格证书的学习资格在本质上还是对经验的肯定，并在此基础上继续深化一般知识和专业知识，为学生学习高等教育课程奠定了适合的基础。职业会考也为年轻人提供了新的机会，它将双元制基础职业教育培训与拓展的普通教育相结合，使获得联邦职业会考证书的人拥有双重资格：他们既具有国家认可的专业技术工人资格证书，可以进入劳动力市场工作，同时他们又有资格申请在应用科学大学本科阶段的学习。职业会考贯通了双元制职业教育和大学教育，受到社会的认可，自 1994 年建立职业会考制度起，根据瑞士联邦统计局数据显示，完成职业会考的比例逐年增加，每年约 14000 人获得职业会考证书。①

① Bundesamt für Statistik. sekundarstufe – Ⅱ［EB/OL］.［2021 – 12 – 23］https：//www. bfs. admin. ch/bfs/de/home/statistiken/bildung – wissenschaft/personen – ausbildung/sekundarstufe – Ⅱ. html.

（三） 递进补充考试

根据瑞士联邦议会《关于专业会考证书和职业会考证书获得者的补充考试条例》规定，如果持有专业会考证书和职业会考证书的人通过递进补充考试则具备申请普通大学所有专业的资格。递进补充考试在专业会考和职业会考的基础上更侧重拓展通识知识，也为普职融通提供了可能，让拥有职业教育经历的申请者也可以进入普通教育继续学习深造。

递进补充考试由瑞士会考委员会（SMK）监管实施，国家教育、研究和创新秘书处组织，每年举行两次考试，和所有形式的会考相同，递进补充考试也是在会考委员会制定的会考框架下完成的。对于递进补充考试的准备没有强制课程要求，有些学校或机构会提供为期两个学期的准备课程。各地区的学校或机构会根据自身情况安排报名时间、课程及学费等事项，学费从 2000 瑞士法郎到 20000 瑞士法郎不等。经过会考委员会认证的学校，如果提供为期一年的准备课程，则可以自行为参加准备课程的学员实施递进补充考试。

同时，瑞士会考委员会与联邦职业会考委员会、瑞士大学校长会议共同制定了《递进补充考试—职业会考/专业会考—大学—指导方针》，以便于更加清晰明确实施递进补充考试。该指导方针对考试科目及要求都做出明确的安排。补充考试的科目包括第一母语（德语、法语或意大利语）、第二母语（德语、法语或意大利语）或英语、数学、自然科学领域（生物、化学和物理）、人文社会领域（历史和地理）。第一母语需要进行 4 小时笔试和 15 分钟口试，第二母语或英语需要进行 3 小时笔试和 15 分钟口试，数学考试为 3 小时笔试和 15 分钟口试，自然科学领域的各科目考试时间分别为 80 分钟笔试，共 4 小时，人文社会领域各科目考试时间分别为 2 小时笔试，共 4 小时。[①] 从递进补充考试的内容来看，侧重于语言、数学、自然及人文领域的学科知识，符合瑞士普通高等教育的定位，即普通大学更侧重于基础研究，而不针对具体职业领域。

二、瑞士职业教育升学路径的特点

瑞士的教育体系有意为学生提供升学的交叉点和转移点，使学生能够在学术

---

① SMK. Ergänzungsprüfung Passerelle "Berufsmaturität/Fachmaturität – universitäre Hochschulen" – Richtlinien 2020 – Prüfungsinhalte und – verfahren [R]. Stand Januar, 2019：6 – 18.

和职业学习之间无缝衔接，同时从基础的学徒制职业教育培训无缝衔接到应用科学大学等高等教育中，激励学生继续追求更高层次的教育和高级资格。[①] 中等职业教育相关毕业生在升学上也具有极大的灵活性与渗透性，在不同可能性下具有更多的自由和学习空间。瑞士中等职业教育考试升学制度呈现出以职业教育为基础加强通识教育、以资格为驱动明确入学要求、以过程为导向优化考核机制和以标准为基础保障运行机制等特点。

（一）以职业教育为基础加强通识教育

在职业教育的基础上加强通识教育是瑞士会考制度的显著特征。在 20 世纪的后几十年，国际上以学士学位为主的高等教育越来越普及。瑞士在 20 世纪 90 年代也经历了经济衰退期，出现了公司被迫重组及大量裁员的情况，失业率从几乎为零上升到略高于 5%，虽然相对于其他国家而言瑞士失业率依然是非常低的，但这对习惯于几乎充分就业的瑞士人来说却是一个警告，因为自 1930 年以来，瑞士失业率从未出现过 5% 这样的数字。[②] 为了应对这样的现实情况，瑞士并没有单纯依靠增加学术课程以延长毕业生就业时间等手段，而是加强了职业教育与培训中的通识教育部分，以职业教育培训为基础来扩充通识课程，特别是 20 世纪 90 年代中期联邦职业会考制度的建立，为完成学徒制职业教育培训的合格技术工人提供了继续升学的路径。这样的选择反映了瑞士对推动经济所需劳动力类型的充分了解，即瑞士需要高技能、有职业自豪感、受过专业教育培训的技术人员，这些人员在基础职业教育培训体系中成为专业技术工人，并继续在继续教育即高等系统中磨炼更高的应用技能，能与少数毕业于大学的研究人员、或企业家和发明家合作，营造新的协作和创新的文化。

专业会考和职业会考都是以工作世界中的实践应用能力为基础，结合通识类课程的学习，使得专业素质和人文素养紧密结合在一起，更加贴合工作世界中对人才的需求。专业会考和职业会考制度的建立也增加了民众对职业教育培训的认可度，使职业教育培训对优秀的年轻人具有更大的吸引力，而且也促进了企业提供职业教育学徒培训的意愿。在最初的几年之内，职业会考就覆盖了大多数职业

---

① Nancy Hoffman/Robert Schwartz. Gold Standard: The Swiss Vocational Education and Training System – International Comparative Study of Vocational Education Systems [R]. The Center on International Education Benchmarking of the National Center on Education and the Economy, 2015: 19/15/7.

② Puhani, P. "The Rise and Fall of Swiss Unemployment: Relative Demand Shocks, Wage Rigidities, and Temporary Immigrants." [D]. Discussion Paper, University of St. Gallen, 2002: 6.

领域，随着职业会考和应用科学大学的引入，职业教育培训的价值得到了显著提升①。

（二）以资格为驱动明确入学要求

瑞士中等职业教育与高等教育之间的升学途径呈现多样化的特征，且各自具有明确的入学要求。例如，专业中学毕业证书和专业技术工人资格证书是专业会考和职业会考的前提条件，而专业会考证书、职业会考证书以及递进补充考试证书则是进入应用科学大学及普通大学及技术大学等学校的前提条件。专业会考证书、职业会考证书以及递进补充考试证书的获得，就是以明确的资格要求确保中等职业教育相关专业毕业的学生能在入学前具备大学学习所需要的知识和实践能力。

由于专业中学的定位和课程设置，专业会考证书资格实质上更强调的是专业实践经验，学生通过参与实习或实践经验获得相应的资格证明，构成了进入高等教育的基础。而由于参加职业会考的学生是已经获得联邦职业资格证书的专业技术工人，因此职业会考证书资格实质上更强调通识知识的学习，以及理论联系实践的解决问题的能力。作为进入普通大学的递进补充考试就更加注重综合素质的前提条件。不同类型的大学也会根据学生的不同情况附加额外的录取要求，以补充学生在知识或经验上的不足，使学生获得更加综合的能力。瑞士以证书和经验相结合的升学途径包容性很强，可以面向不同的学生群体，设置科学合理的路径条件。

（三）以过程为导向优化考核机制

瑞士职业教育相关考核更多的是基于过程来考量的，不管是联邦职业资格证书考试还是专业会考、职业会考以及递进补充考试，都不是一次性的考试，如果学生在学习或考试中出现不合格的情况，还有补考的机会，很大程度上消除了一次性考试带来的压力，使学生最终能达到联邦要求的合格水平。在考试过程中，特别是实践类考试，专家或考官会一直"跟踪"学生的整个考试过程，从而更好地评判学生的学习能力及成绩，考试成绩不仅仅只强调最终的结果，更强调专业实践过程中的过程与表现，这一点尤其是在专家拥有为考生加分的特殊权利中得

---

① Katharina Rilling. Eine kurze Geschichte der Reformen im Bildungssystem［EB/OL］.（2019 - 09 - 05）［2021 - 12 - 27］. https：//www. horizonte - magazin. ch/2019/09/05/einmaleins - der - reformen/. Horizonte - Das schweizer Forschungsmagazin.

到了充分体现。① 从瑞士各类学习或学校入学机制来看，可以说基本上采取了"宽进严出"的原则，即入学相对容易而毕业相对严格，能让学生在整个学习过程中得到极大的锻炼和提升，更是体现了学生之间智力上无差别的对待，在过程中培养学生的素养与能力。

（四） 以标准为基础保障运行机制

明确的法律条例和内容框架是瑞士纵横交错的教育体系得以顺利运行的基础，无论是专业会考、职业会考还是递进补充考试，都有其需要遵守的法律条例和内容框架。专业会考的法律依据是《专业中学毕业证书认证规定》，内容依据是《专业中学框架教学计划》。职业会考的法律依据是《联邦职业会考条例》，内容依据是《职业会考框架教学计划》。递进补充考试的法律依据是《关于专业会考证书和职业会考证书获得者的补充考试条例》，内容依据是《递进补充考试—职业会考/专业会考—大学—指导方针》。这些国家文件作为标准为会考制度的实施提供了充分的依据和保障。

职业教育与经济发展及劳动力市场具有紧密直接的联系，职业教育的升学路径也与企业及劳动力市场有着千丝万缕的联系，职业教育在这样的复杂的社会系统中更需要明确的法律条例来规范其发展和升学的路径。众所周知，瑞士中等职业教育是以市场为定位的企业、学校和政府"三元主体"学徒制模式，提供针对职业资格和现有工作的实际需求的培训。② 以此为基础的联邦职业资格保证了专业技工层面的知识和能力要求，特别是真实工作环境中的实践经验，学生拥有丰富的职业实践能力为职业会考更强调通识课程提供了基础。而专业会考则将重点放在实习、实践经历和经验上，强调职业领域的真实实践能力。也就是说，在瑞士教育系统的各阶段教育中，均有明确的目标和要求以及需要达成的结果和标准，各阶段的教育按照明确的标准进行，保证本阶段学生所需要达成的学习目标，并为下一阶段的学习提供可靠的前提条件。可以说，中职教育的高质量是保证瑞士升学机制得以畅通运行的基础条件。

---

① ECUS. Reglement für die Ergänzungsprüfung der schweizerischen Hochschulen. Genehmigt von der Rektorenkonferenz der schweizerischen Hochschulen （swissuniversities） am 14. Januar 2016 （Stand 17. April 2019） ［Z］. 2019：1 – 8.

② The Federal Council. Vocational Education and Training ［EB/OL］. （2017 – 11 – 27） ［2021 – 12 – 27］. https：//www. eda. admin. ch/aboutswitzerland/en/home/dossiers/overview. html/aboutswitzerland/en/meta/news/gesellschaft.

三、对我国"职教高考"制度建设的启示

我国高等职业教育招生制度按照录取批次形成层次性界限,不符合职业教育作为类型教育的基本政策,建立职教高考制度势在必行。职教高考制度建设是一项系统工程,既和中等职业教育的质量及内容相关,又和高等教育的目标和定位相关,职教高考要承担起衔接和贯通的作用。瑞士职业教育考试升学制度为我国提供了建设高质量中等职业教育、明确高等教育分类定位以及保持职业教育属性的启示。

(一) 建设高质量中等职业教育是职教高考制度建立的基础

职教高考制度是建设现代职业教育体系、落实类型教育思想的重要突破口,而高质量的中等职业教育则是职教高考制度的重要基础。中等职业教育质量越高,越能为高等职业教育提供优质生源储备,而且只有保证了中等职业教育阶段的学习质量,才能更明确职教高考的方式和内容。基于瑞士在普职融通升学体系的经验,我国可参考"证书 + 考试"的模式,以被社会和企业行业认可的证书充分保障中职毕业生就业,同时以符合职业教育发展需求的考试为学生提供升学途径。这就要求中等职业教育必须首先能为社会和企业培养合格技术技能人才,在此基础上,才能实现学生高质量就业和高质量升学之间的自由选择。

因此,只有具备高质量的中等职业教育,才能真正发挥实践经验在考试升学制度中的作用,使中等职业教育毕业生有更多的资格和名额参与更高层次的学习,且避免高校之间争夺普高毕业生的尴尬局面。以中等职业教育的培养质量为基础,如果中等职业教育的毕业生是满足企业需求的合格技术工人,那么职教高考重点考察学生的通识知识及解决实际问题的能力。如果是以学校学习为主要学习形式的职业教育,那么实践经验的补充和考核与高等教育所需的通识课程同样重要,需要进行统一协调设计。

(二) 明确高等教育的分类定位是职教高考制度建设的依据

职教高考制度纵向衔接中等职业教育和高等教育,横向可以贯通普通教育和职业教育,因此,明确的高等教育定位对职教高考制度建设非常重要。正如瑞士的普通大学和应用科学大学的类型定位,普通大学更注重通识知识、学科知识,而应用科学大学则带有非常强烈的职业应用属性。根据高等教育的不同属性,瑞

士的专业会考、职业会考为中等职业教育毕业生提供了进入应用科学大学的路径，同时，又通过递进补充考试实现了职业教育和普通教育的融通，这些不同要求和形式的会考制度既为申请者提供不同的可能性，也保证了高等教育的招生质量，根据不同的基础实现统一的标准。

在我国的高等教育体系中，即使是高等职业教育，其招生也长期依附于普通高考，按照录取批次面向普通高中招生，对普高学生的专业实践能力和经验几乎处于忽视状态。因此，在保证中等职业教育质量的基础上，中职毕业生的专业实践经验等优势作用才能继续发挥出来。同时，国家需要明确各类高校的定位，以明晰其相应的招生要求。对于应用型本科或职业本科而言，如果生源为普高毕业生，那么职教高考中则应加强对相应职业实践经历的要求，使其具备与中等职业教育毕业生同等的升学资格。另外，瑞士经验显示，在明确高等教育定位的基础上，可以通过额外的补充考试实现普通教育和职业教育的融通，各自弥补自身类型教育中的不足，为跨类型教育中的考核提供等值标准，使学生获得较为综合的能力与水平，能在普职教育体系中实现自由的跨越。

（三）保持职业教育属性是职教高考制度建设的目标

职业高考制度建设必须保持职业教育的"职业性"这一根本属性，特别体现在职教高考内容和组织机构方面。在职教高考内容设置方面，以专业大类为基础组织考试，将同一类的职业知识整合起来，在群或组的建设过程中将其重复的内容列为基础性教育内容，设立联考模式，纳入职教高考的内容[1]。同时，在专业大类的基础上，建设属于各专业大类的试题资源库，实现考试的可持续性，并以"职业性"为依据构建模块化考试内容，包括基础模块、重点模块、补充模块及跨学科项目或任务模块。职教高考所面向的高等学校应该从整体上把握模块化考试的内容与领域，避免过度理论化。对于职业技能的考核，在设置各专业大类技能测试标准的基础上，开发具有可操作性的职业技能测量工具，并在不断应用中提升工具的有效性，发挥测量工具在技能考核中的积极作用。同时，提升实践经验成绩在录取中所占权重，依托或联合企业提供真实或模拟的考试环境，完成现场真实性评价。在现场的评价过程中，应加强多方的监督与指导，强调对学生整个考试过程的评价。

① 光明日报.职教高考：另一个"赛道"也能上大学［EB/OL］.（2022-01-07）［2022-01-28］.https://www.ecnu.edu.cn/info/1095/59326.htm.

在职教高考的组织机构方面，必须要有强有力的外部保障，并由专门的机构和大量专业工作人员来负责支持①。瑞士在联邦的统一指导下设置了专业的考试组织，在考试过程设置中充分发挥了企业、培训机构、专家等多方的协同作用。我国在职教高考制度建设时期，应设立专门的考试机构来对其进行整体的统筹与管理，包括在证书、考试、招生、科研、命题等方面下设部门，形成专业化的分工。在各部门相应人才需求下，引进具有扎实职业教育理论基础和专业实践的对口人才，构建专业分工的优质团队。考试机构在各利益主体之间进行协调与服务，构建多方协同发展的利好环境。考试机构在进行管理与服务的同时，也应该注重职教高考相关制度标准的建立，尤其是国家职业资格考试制度标准的建立，达到合格的水平，可直接代替我国职教高考中单独设置的技能考试。同时，该考试机构也应该加强与"普通高考"组织主体的合作与交流，在证书、考试、专业等方面的互通与等值关系上构建适当的耦合点，以更好地实现学生在升学路径上的普职融通。

第二节　日本职业教育考试升学制度研究

自 1999 年高职院校被纳入普通高考统招中以来，高职院校一直以普通高等教育的专科层次进行考试招生，而不是作为一个与普通高等教育具有同等层次的独立的教育类型来进行②。但随着高等教育的大众化，这样的高考制度已无法适应职业教育多样化的发展以及培养高质量人才的需求。因此，2019 年 2 月，国务院印发的《国家职业教育改革实施方案》明确提出，建立"职教高考"制度，完善"文化素质 + 职业技能"的考试招生办法，为学生接受高等职业教育提供多种入学方式和学习方式。③ 该政策的出台，不仅明确了职业教育与普通教育的同等地位，还将"职教高考"这个新名词带入了大众视野，构建"职教高考"制度成为当下讨论的热点问题。而日本在经过反复试验与改革后，最终形成了统一性和多样性并存的高等职业教育入学考试模式，在保证生源质量的同时，也为日

---

① 王笙年. 职教高考考试模式及其制度体系构建探讨［J］. 职教论坛，2020，36（07）：20-26.
② 蒋丽君，边新灿，卓奕源. 对高等职业教育考试招生的若干思考——以新高考改革为视角［J］. 中国高教研究，2016（07）：97-101.
③ 国务院. 国务院关于印发国家职业教育改革实施方案的通知［Z］. 2019-01-24.

本的三大产业输送了不少高质量的技能型人才。因此，了解日本高等职业教育入学考试的发展及其核心特点将给我国"职教高考"制度的建立提供更多建设性的意见和借鉴。

一、日本职业教育升学途径解析

（一）日本职业教育体系

日本职业教育主要有学校教育、社会教育、企业教育等形式，其中学校教育是日本职业教育的主体，主要包括中等职业教育和高等职业教育两个阶段。

（1）日本中等职业教育。日本初中阶段以实施普通教育为主，而中等职业教育主要集中于高中阶段，以职业高中为主。职业高中是以实施专门教育为主要内容的一种教育①，它是日本中等职业教育的重点，主要涉及工业、农业、商业、水产业等领域。2014年，日本文部省推出了超级职业高中（スーパー．プロフェッショナル．ハイスクール）项目，形成了五年一贯的教学体制。

（2）日本高等职业教育。日本高等职业教育主要由短期大学、高等专门学校、专门学校以及专门职大学（专门职短期大学）构成。其中，短期大学在日本《学校教育法》中被定义为与四年制普通大学具有不同目的和年限的大学，以"新娘大学"著称，自创设以来，作为女性高等教育的普及以及职业教育的实践性场所发挥了重要作用，多为私立，学习年限为2~3年，以人文、社会学科为主，学生毕业后可选择就业也可选择继续升学。高等专门学校是以培养实践性、创造性的技术人员为目的的高等教育机构，多为国立，主要招收初中毕业生，学习年限一般为5年，专业以工业类为主，毕业生就业率较高，受到产业界的一致好评，同时毕业生也可选择继续升学拿到学士学位。专门学校是专修学校中的一种类型，在《学校教育法》中，专修学校被认为是以"培养职业或实际生活中必要的能力，或者谋求提高教养"为目的的学校，分为面向高中毕业以上学历的专门课程（专门学校）、面向初中毕业及以上学历的高等课程（高等专修学校）和不问学历的一般课程三种类型，根据不同的学科学习年限为1~4年不等，毕业后可选择就业或继续升学。专门职大学是以培养专业岗位所需的具有实践能力和应用能力的人才为目标的高等教育机构，是2019年4月增设的介于大学与专门学校

① 石伟平．比较职业技术教育［M］．上海：华东师范大学出版社，2001：160.

之间的新型教育形式，招生对象多样，包括高中毕业生、社会人士以及编入生等。在学习年限上，专门职大学为 4 年，专门职短期大学为 2～3 年，实习课程占三分之一以上，学生毕业后可获得学士学位（专门职大学）或短期大学士学位（专门职短期大学）。目前，日本国内的专门职大学（专门职短期大学）已有 11 所。

（二）中高职阶段的升学路径

日本职业教育的升学路径灵活多样，可以通过一般入学、推荐入学、AO 入学、社会人入学等多种入学方式由中等教育向高等教育过渡，同时，也打通了普通教育与职业教育之间的"壁垒"，将职业教育的"天花板"提高到了研究生教育。如图 4－1 所示，职业高中和普通高中的学生可以以编入生的身份进入高等专门学校，之后既可升入本校的专攻科，也可通过编入生制度进入普通大学或技术应用大学；短期大学的招生对象也不仅仅限于职业教育学生，同时也招收普通高中和高等专修学校的毕业生，并且毕业后也可编入普通大学；专门学校作为专修学校的一种，一直以学校体制外的"旁系"身份出现，它的包容性强，可以吸纳一切高中毕业及以上学历的学生，因此专门学校的学科综合性较强；专门职大学的入学要求同样没有限制，主要招生对象包揽了所有的中等教育，只是入学考试方式有所区别。此外，需要注意的是，高等职业教育的招生对象不仅仅局限于学校内，也包含了部分有意向继续学习的社会人，除高等专门学校外，其他三种类型的高职院校都有专门针对社会人的入学考试。

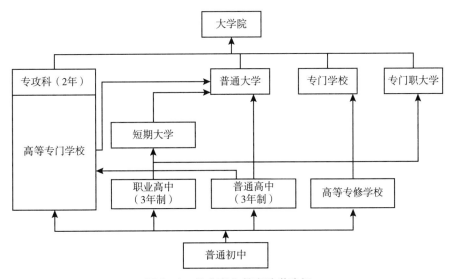

图 4－1　日本职业教育升学路径

二、日本高等职业教育入学考试制度

日本高等职业教育的入学考试是灵活多样的，大致可分为以下七种类型，各个学校根据自身办学特色采用不同的选拔方式，具体如表 4 – 1 所示。

表 4 – 1　　　　　　　　　　日本高等职业院校入学考试方式

考试方式	学校类型			
	短期大学	高等专门学校	专门学校	专门职大学
一般入学	●		●	●
推荐入学	●	●	●	●
AO 入学	●		●	●
社会人入学	●		●	●
留学生入学	●		●	
归国学生入学	●	●		●
特招入学			●	

（一）一般入学

一般入学考试是基于书面资料审查的一种考试方式，每一个高等职业院校都会采用这种方式，主要包括大学入学共通考试 + 个别学力检查型、大学入学共通考试独立利用型、个别学力检查独立利用型三种类型。

大学入学共通考试（以下简称"共通考试"）是文部省于 2017 年在《大学入学共通考试实施方针》中提出的，2021 年起替代大学入学中心考试的一种统一考试方式。它仍然由大学入学考试中心组织实施，是对学生高中阶段基础知识和技能的考察。考试内容由大学入学考试中心根据教学大纲命题，主要包括国语、数学、外语、公民、理科、地理历史六个学科，各高校根据自身需求规定学生的必考和选考科目。[①] 个别学力检查是各个学校根据自己的专业特点以及选拔要求组织实施的一种考试方式，主要有科目考试、小论文、面试等形式。此外，有部分院校会把一般入学考试分为"前期日程"和"后期日程"，分两次甚至三

---

① 李雄鹰，王颖 . 日本大学入学考试中的综合评价研究 [J] . 当代教育科学，2016（18）：48 – 51，64.

次选拔新生，在"前期日程"录取完后再进行"后期日程"的考试，给考生提供再一次考试的机会。

短期大学对三种考试类型均有使用。例如，山形县立米泽女子短期大学采用共通考试＋个人学力检查型，规定在共通考试中选择一门必考科目和一门选考科目，再加上学校自设的小论文测试进行选拔①；大月短期大学的经济专业既可以参加共通考试选拔，也可以参加个别学力检查选拔，二者只要通过其一就可录取②。高等专门学校一般采用个别学力检查的考试方式。例如，东京工业高等专门学校主要采用科目考试的方式，考国语、理科、数学、英语四门科目，笔试成绩占比80％，还有20％取决于学生调查书的审查③；秋田工业高等专门学校主要采用科目考试＋面试的方式。专门学校一般也采用个别学力检查的考试方式，主要以面试为主④，如京都调理师专门学校、骏台电子商务信息专门学校都是采用面试与审查材料相结合的方式进行选拔。专门职大学（短期大学）一般采用共通考试＋个人学力检查相结合型进行选拔，如静冈县立农林环境专门职大学生产环境经营学专业招生时规定学生必须参加数学与理科两门科目的共通考试，同时还要进行个别学力检查的考核，包括两篇小论文、面试以及资格加分三项内容⑤。

（二）推荐入学

推荐入学作为一般入学的一种补充，以调查书和推荐书等书面材料为主要依据来录取新生，完全或部分减免学生的个别学力检查考试。最初推荐入学主要是私立大学采用，后来所有的短期大学都采用，如今大多数高等职业院校都在使用该方式录取新生，甚至有些学校推荐入学的招生人数远远超过一般入学的招生人数。例如，带广大谷短期大学地域教养专业2021年推荐入学（指定校推荐＋校长推荐）招收学生26名，一般入学三期加起来只招收了5名。推荐入学中被推

---

① 山形县立米泽女子短期大学官网. 山形县立米泽女子短期大学2021年（R3）一般入学［EB/OL］. （2020－07－30）［2021－03－01］. http：//www. yone. ac. jp/exam/outline/2021ippannyusi. html.

② 大月市立大月短期大学官网. 大月短期大学2021年招生简章综合入学和一般入学［EB/OL］. （2020－10－02）［2021－03－01］. http：//www. ohtsuki. ac. jp/wp－content/uploads/2020/10/02－R3boshuuyou kouall. pdf.

③ 国立东京工业高等专门学校官网. 国立东京工业高等专门学校2021年招生简章. ［EB/OL］. （2020－08－03）［2021－03－01］. https：//www. tokyo－ct. ac. jp/wp－content/uploads/2020/08/EntExamAppReq－R3. pdf.

④ 秋田工业高等专门学校官网. 秋田工业高等专门学校2021年招生简章［EB/OL］. （2020－10－30）［2021－03－01］ https：//www. akita－nct. ac. jp/exam/nyugaku/.

⑤ 静冈县立农林环境专门职大学官网. 静冈县立农林环境专门职大学2021年招生简章［EB/OL］. （2020－07－10）［2021－03－01］. https：//shizuoka－norin－u. ac. jp/entrance/document/R3nyuugaku syasennbatuyoukou. pdf.

荐的学生必须是当年 3 月前毕业或结业的学生，如 2021 年招收的即是 2021 年 3 月前能够毕业的学生①。

推荐入学根据推荐方的不同可以分为以下三种。（1）指定校推荐，即只有高等职业院校指定学校的毕业生才能够参加。除此之外各个学校根据专业不同也会有不同的选拔方式，如带广大谷短期大学指定校推荐的申请条件是被推荐学生是从本学校指定高中学校内选拔出来的以及高中时的学习绩点达到 3.3 以上，其审查资料包括：志愿书、推荐书、调查书以及自荐书（包括活动报告书）等，其中地域教养专业、营养师专业以及介护福祉专业均采取书面审查 + 面试的选拔方式，儿童福祉专业在此基础上还需要加上一篇小论文②。（2）校长推荐，即"公开招募"。这种选拔方式相当于是指定校推荐的"补考"，即未能得到指定校推荐名额或部分学校没有指定校时就会采取"公开招募"的推荐方式，被推荐的学生不一定必须是高中毕业，五年一贯制的高等专门学校的学生也可以是初中毕业，或学完文部科学大臣认定的具有与初中同等学力的教育机构课程的人都具有参加推荐入学资格，基本资格获得后，各个学校还会根据自己的专业特色提出不同的要求。如：木更津高等专门学校除了对毕业和学业成绩有要求外，还对学生的个人特性和学习能力提出要求，要求申请人身体健康且具有明确的学习动机，对理工学具有适应能力且具有自发性、持续、协调性学习能力；选拔方式除了书面审查与面试外，还加了一门适应性测试（回答中学学习的基础性数学问题）③。（3）自荐。前面两种方式是由学校或校长写推荐书，自荐则是需要学生自己撰写推荐书，同时第一志愿必须是招生院校，选拔方式仍然是书面审查 + 面试的形式。

在高等职业院校中，短期大学和专门职大学一般采用指定校推荐和校长推荐两种方式进行招生；高等专门学校一般只采用校长推荐，并且对学生个人特质和学习能力都有一定的要求，同时非常重视学生的学习动机；专门学校除了会采用指定校推荐和校长推荐两种入学方式以外，部分院校为了给学生更多的选择，还设有自荐的形式，如骏台电子商务信息专门学校和好莱坞美容专门学校等。

---

① ② 带广大谷短期大学官网. 带广大谷短期大学 2021 年招生简章［EB/OL］.（2020 – 09 – 18）［2021 – 03 – 01］. http：//www. oojc. ac. jp/cms/wp – content/uploads/2020/09/0c99565424e77b063ea84c844b04d 4b0. pdf.

③ 木更津工业高等专门学校官网. 木更津工业高等专门学校 2021 年招生简章［EB/OL］.（2020 – 10 – 21）［2021 – 03 – 01］. http：//www. kisarazu. ac. jp/wp – content/uploads/2020/10/832ea137e2037d674b4 af9f572c35e46. pdf.

（三）AO 入学

AO（Admission Office）是高等院校入学担当事务局的简称，主要负责各校招生相关事宜，即招生办公室。AO 入学是从美国引入，"以综合判定考生的能力、适应性、意欲以及目的意识等为目的的选拔方法"①，但却与美国有所区别，形成了日本独有的考试制度。它尊重每个考生的个性和积极性、将来性，从多方面进行综合性评价，着重考察学生的综合素质和发展潜力，因此部分院校也称作"综合入学"。

AO 入学是建立在充分了解报名学校的基础上的，一般有两种方式了解报名学校。一种是参加报名学校的"招生咨询会""校园体验日"或"开放校园"等活动。例如，日本工学院北海道专门学校在 2021 年招生简章中就明确提出，通过"参加升学咨询会""参加开放校园 + 体验入学""参观学校""参加在线个别咨询""参加在线开放校园"等方法了解日本工学院北海道专门学校是申请的条件之一②。另一种方式是通过面谈来相互了解。例如，带广大谷短期大学采用的就是面谈的方式，在报名表的基础上，报考学生参加学校组织的面谈，介绍自己的同时也可以了解学校的基本情况，加深彼此的了解。AO 入学的一般流程是：参加开放校园—提交报名表（包括入学志愿书、志愿理由书、调查书、自我推荐信等）—书面审查—面试（包括专业问题、学习能力、未来规划、爱好、特长等考察）—合格发表—办理入学手续。

AO 入学在短期大学和专门学校里较为常见。高等专门学校由于其偏工科的专业性，对学力也有一定的要求，反而更偏向采用一般入学和推荐入学，较少采用 AO 入学。专门职大学（专门职短期大学）也采用综合入学，但更偏向于推荐入学里的自荐入学方式。

（四）特殊入学

除了上述比较常见的三种入学方式以外，日本高等职业院校为了保证教育的公平性和生源的多样性，针对不同类型的群体也有不同的入学考试方式，以下概括归纳出四种常见类型。

（1）社会人入学。社会人入学主要面向已经毕业但选择重返校园"回炉深

---

① 崔成学. 日本的 AO 入学考试 [J]. 外国教育研究，2003（02）：6-8.
② 日本工学院北海道专门学校官网. 日本工学院北海道专门学校 AO 入学考试. [EB/OL].（2020-05-14）[2021-03-01]. https://www.nkhs.ac.jp/ent/ao.html.

造"的社会人,书面审查是基本,主要审核毕业证书、调查书、志愿理由书、资格证书等书面资料,考核方式主要有面试、小论文、一般常识测试等。不同的学校根据学校专业特点选择不同的组合,其中面试是必须的,重视学生的入学动机和社会履历。有些专门职大学和专门学校对考生的工作经验也有一定要求,例如,东京医疗保健专门职大学社会人申请时需要有 1~2 年的保健医疗领域的工作经验(兼职、打工除外);京都调理师专门学校需要有 1 年以上的工作经验。短期大学对经验并无要求。

(2)留学生入学。留学生入学面向不具有日本国籍且取得高中毕业证书的学生,考核方式主要采用书面审查 + 日语能力考试 + 面试 + 小论文进行综合评价,其中书面审查除了一般审查的书面资料外,还包括日语能力考试证书、健康诊断书以及护照复印件等,并且日语水平至少要达到 JLPT2 级以上。留学生入学在短期大学和专门职大学较为常见,部分专门学校也招收留学生。

(3)归国生入学。归国生是指拥有日本国籍但在国外完成高中以上学业的学生或在国外居住持续超过两年的学生。归国生入学考核方式主要是书面审查 + 小论文 + 面试的综合审查,不同类型学校还会附加一些考核方式。例如,带广大谷短期大学还需要考察日语水平;秋田工业高等专门学校加上了学力检查(包括理科、数学、英语);信息经营创新专门职大学对英语水平有一定的要求。

(4)特待生入学。特待生是指入学成绩特别优秀、满足招收学校的基准值后享受免除一定学费的学生。特待生制度的提出是为了减轻学生的经济负担,包括技能特待生、文化特待生和自荐特待生三种类型,一般出现在专门学校中。例如,日本牙医医药专门学校有技能考试和文化课考试(国语和数学中选一门)两种特待生考核方式。较为特殊的是日本工学院专门学校,其特待生是指在体育和音乐领域满足一定条件的优秀者,可以免除学费或享有一定优惠,相当于我国的高考特长生。

三、日本高等职业教育入学考试特点

作为连接中等教育与高等职业教育之间重要的环节,日本高等职业教育入学考试体现出以下四个特点。

(一)考试形式多样化

日本高等职业教育考试形式主要有上述四大类,其多种多样的选拔方式主要取决于以下两个因素。（1）生源结构多样性。日本高等职业教育的生源包括普通高中毕业生、中职学校毕业生、社会人、留学生、归国生等。对于普职毕业生注重学力考查；对于社会人群体注重书面审查＋面试的综合考察；对于留学生和归国学生注重语言能力考核。由于针对不同的群体，考试的侧重点有所区别，从而考试形式也会有所差别。（2）入学考试组织结构多样性。在日本，共通考试是由日本大学入学中心组织负责；一般考试由各高职院校负责，部分采用中心考试成绩；推荐入学和 AO 入学则完全由各高职院校的相关机构负责组织实施，各高职院校可以从自身实际出发，根据专业特色，自由出题，选择考试形式，重点考察学生的学习能力以及专业能力①。由于不同的高职院校有自己的选拔标准，因此相应地必然会出现不同程度地参考中心考试、自主命题学力考查、书面审查、面试等不同类型的考试形式。

（二）考试内容个性化

考试内容的个性化体现在两个方面。（1）考试内容具有针对性，与所选专业相关。在一般入学中，考试内容由学校规定科目，不同专业规定的选考科目也有所区别。例如，山形县立米泽女子短期大学社会信息专业规定国语为必考科目，外语专业规定外语为必考科目。在其他入学考试中，学生一般会面临小论文写作或面试环节，这不仅是为了考查学生的思考能力和表达能力，也是为了测试学生对志愿专业的了解程度，如信息经营创新专门职大学的信息管理创新专业的小论文命题"'2045 年 AI 超过人脑能力''内阁府提出的 2050 年的精神上虚拟生活'等问题，以前被认为是梦想的事情不断实现。在这样的时代即约 30 年后的 2050年，请你就实现了什么（想实现）进行说明"②。（2）考试内容具有专属性，为考生"量身定做"。在入学申请时，所有考生除了需要填写入学志愿书外，还需要填写志愿理由书，说明为什么选择这个专业以及选择这个专业毕业后的打算。在面试时，招考学校除了确认申请理由外，还会对学生的兴趣、爱好、特长等个人特性进行询问，同时对学生的背景、家庭环境等基本信息也会有一定的了解③。在全面了解的基础上，学校在学生入学后会为其制定一份专门的职业生涯规划，

---

① 刘洁. 浅谈日本大学入学考试对中国高考的启示［J］. 现代教育科学，2008（06）：53 - 55.
② 信息经营创新专门职大学官网. 信息经营创新专门职大学 2021 年招生简章综合入学［EB/OL］.（2020 - 09 - 11）［2021 - 03 - 01］. https：//www. i - u. ac. jp/admissions/ao/.
③ 张宜年，史亚杰，张德伟. 日本大学招生考试制度的多样化［J］. 外国教育研究，2002（06）：43 - 46.

促进学生的长远发展。

（三）考试安排人性化

与我国"千军万马过独木桥"的高考不一样，日本大学审议会为了减少"一考定终身"给考生带来的心理压力，建议增加考试次数，并且对考试时间也做了一定的调整，以给学生更多的机会与选择。以 2021 年带广大谷短期大学入学考试社会福祉系介护福祉专业选拔日程为例，如表 4 – 2 所示，可以看出综合入学、一般入学、社会人入学都展开了多期考试，并且前一期的合格发表时间尽量都安排在了下一期申请截止时间之前，因此即使第一期没有合格，学生也可以立马申请第二期考试。此外，各种类型的考试时间和申请时间都尽量错位，为学生进入自己想去的学校提供了充足的时间条件。从另一个方面看，考试机会的复数化、考试安排的人性化在给予学生充分的思考和选择时间的同时，也保证了高职院校的招生率。

表 4 – 2　　　2021 年带广大谷短期大学社会福祉系介护福祉专业入学考试日程

入学类型（形式）	申请时间	考试时间	合格发表时间			入学手续办理截止日期
	报名	面谈日	申请许可	申请时间	合格发表	
综合入学 I 期	2020 年 6 月 13 日~7 月 16 日	2020 年 8 月 5 日	2020 年 8 月 27 日	2020 年 9 月 18 日~9 月 30 日	2020 年 11 月 2 日	2020 年 11 月 19 日
综合入学 II 期	2020 年 7 月 27 日~8 月 27 日	2020 年 9 月 12 日	2020 年 10 月 1 日	2020 年 10 月 30 日~11 月 6 日	2020 年 12 月 1 日	2020 年 12 月 16 日
综合入学 III 期	2020 年 9 月 5 日~10 月 8 日	2020 年 10 月 17 日	2020 年 10 月 29 日	2020 年 11 月 16 日~12 月 3 日	2020 年 12 月 17 日	2021 年 1 月 7 日
指定校推荐入学	2020 年 10 月 30 日~11 月 6 日	2020 年 11 月 14 日	2020 年 12 月 1 日			2020 年 12 月 16 日
公开招募推荐入学	2020 年 10 月 30 日~11 月 6 日	2020 年 11 月 14 日~11 月 15 日	2020 年 12 月 1 日			2020 年 12 月 16 日
一般入学 I 期	2021 年 12 月 14 日~2021 年 1 月 25 日	2021 年 2 月 6 日（早上 9：45 前）	2021 年 2 月 10 日			2021 年 2 月 18 日
一般入学 II 期	2021 年 2 月 1 日~2 月 15 日	2021 年 2 月 25 日	2021 年 3 月 2 日			2021 年 3 月 11 日

入学类型（形式）	申请时间	考试时间	合格发表时间			入学手续办理截止日期
	报名	面谈日	申请许可	申请时间	合格发表	
一般入学Ⅲ期	2021 年 2 月 22 日~3 月 10 日	2021 年 3 月 18 日	2021 年 3 月 20 日			2021 年 3 月 23 日
共通考试利用	2021 年 2 月 1 日~2 月 15 日	—	2021 年 3 月 2 日			2021 年 3 月 11 日
社会人入学 1 期	2020 年 10 月 30 日~1 月 6 日	分别通知各位考生	2020 年 12 月 1 日			2020 年 12 月 16 日
社会人入学 2 期	2020 年 11 月 16 日~12 月 3 日		2020 年 12 月 17 日			2021 年 1 月 7 日
社会人入学 3 期	2020 年 12 月 14 日~2021 年 1 月 25 日		2021 年 2 月 10 日			2021 年 2 月 18 日
社会人入学 4 期	2021 年 2 月 1 日~2 月 15 日		2021 年 3 月 2 日			2021 年 3 月 11 日
社会人入学 5 期	2021 年 2 月 22 日~3 月 10 日		2021 年 3 月 20 日			2021 年 3 月 23 日
归国生入学	2020 年 12 月 14 日~2021 年 1 月 25 日	2021 年 2 月 6 日	2021 年 2 月 10 日			2021 年 2 月 18 日
留学生入学	2020 年 12 月 14 日~2021 年 1 月 25 日	2021 年 2 月 6 日	2021 年 2 月 10 日			2021 年 2 月 18 日

注：根据带广大谷大学招生简章日程表自行整理而成。

（四）评价标准多维化

日本曾经的中心考试一直因"唯分数论"被诟病，而在现行的考试制度中，即使是 2021 年刚开始实施的替代中心考试的共通考试也不再是整个考试制度的核心，而是成为评价学生基础学力的依据。在此基础上，各高职院校自主命题来考察学生的学习能力（小论文）、专业能力（笔试/实操）、适应力（适应性测试）、爱好特长（面试）及学习意愿（志愿理由书）等，从多个角度对学生进行综合判断，不再把学生的学习成绩作为录取的唯一标准，而是更加注重学生的学习动机和各种能力，从而选拔出具有综合素质的学生。AO 入学更是评价尺度多维化的一个重要体现。

四、日本高等职业教育入学考试制度对我国"职教高考制度"建立的启示

（一）统一性与多元化相结合

统一性是指在国家层面建立统一的考试课程和考核标准，多元化是要建立多元化入学考试制度。2019 年的百万扩招计划使得我国传统的"普校毕业生为主，中职毕业生为辅"的生源结构正在被逐渐瓦解，中职毕业生将会成为高职院校生源的主体；同时，如退役军人、下岗失业人员、农民工、新型职业农民等社会人群体将会陆续加入高职院校的生源大军，"父子同校"不再是笑谈。然而，多元化的生源结构也给我国"职教高考"制度带来了严峻的挑战。《国家职业教育改革实施方案》提出，"建立'职教高考'制度……为学生接受高等职业教育提供多种入学方式和学习方法"，为"职教高考"指明了方向。多元化入学考试制度为不同类型的考生提供了个性化的入学方式。例如，针对普高生，可以采取文化成绩＋职业适应性测试的方式；针对中职生，可以采取技能考核为依据，文化考核为参考的考试形式；针对社会考生，则以面试为主。此外，当前我国高职院校招生虽然有"普通高考""三校生高考""自主招生""对口单招""注册入学"等多种形式的入学方式，但这些只是属于地方性的政策，并未在国家层面上统一规划①。因此，我国"职教高考"制度在开发统一的考试科目与标准、保证考试的公平性的同时，还要采用多元化的入学考试制度提升考试的覆盖面。

（二）做好中高职有效衔接

日本在中高职衔接上主要有三种模式：（1）以学制为中心的衔接模式，与我国的五年一贯制较为相似，实施主体是高等专门学校；（2）以编入生制度为中心的衔接模式，俗称插班生制度，主要存在于短期大学和专门职大学（短期大学）；（3）以推荐选拔为中心的衔接模式，即上述的推荐入学②。这三种模式不仅在职

---

① 徐国庆. 作为现代职业教育体系关键制度的职业教育高考［J］. 教育研究，2020，41（04）：95－106.
② 王力维. 日本中高职教育衔接的模式、先进经验及借鉴［J］. 教育与职业，2019（09）：90－96.

业教育内部进行中高职有效衔接，同时也打破了职业教育外部的普职壁垒，促进学生的自由流动。我国与日本同为"学历社会"，具有相似的"高考"国情，可以借鉴日本的编入学制度，不放过任何一个优质生源，将百万扩招计划切实有效地落实到位，以达到"有质量地扩招"。同时，调整中高职院校的专业设置和课程体系，保证推荐入学或申请入学等选拔方式的学生能够进行精准对接，发挥出"职教高考"的整体导向功能。

（三）扩大高职院校招生自主权

日本高职入学考试的组织结构主要有两大主体：大学考试中心和各个高职院校。大学考试中心负责提供共通考试，而各个高职院校负责对自己学校入学考试方式的制定及实施，是否参加或参考共通考试也由各个高职院校自己决定，尤其是私立高职院校更是全权掌握自己的招生权。在我国"职教高考"的招录机制中，自主招生基本是以"省级政府教育主管部门提供指导意见＋学校自主确定具体招考方式"的模式进行，然而学校自主确定考试方式时仍然是以高中学业水平测试＋职业适应力测试为主，并未展现出自主招生的优势和吸引力[①]。我国可以借鉴日本的选拔制度，扩大高职院校的招生自主权，放权给学校，让高职院校参与考试的具体过程[②]，调动高职院校招生的积极性，从而设计灵活多样的招生方式吸引学生入学。

（四）以学生发展为本

（1）尊重学生的个人意愿。在入学考试前，日本有"开放校园""体验入学日"帮助学生了解志愿学校；在入学考试中，学生可以选择考试方式，还有不止一次考试的机会，不必陷于只有一次考试的心理压力中，并且对考试科目具有选择权，充分展现了对考生权利的尊重和对学生个性化需求的关注。而我国现有的"职教高考"仍然是"唯分数论"的录取标准，考生由于文化或技能分的欠缺，只能与理想院校失之交臂。为此，我国可实行统一水平测试＋自主选考科目模式，即语文、数学、英语作为统一水平测试，然后学生可以根据专业的不同选择

---

① 陈健. 职教高考的国际经验、现实困境与改革建议 [J]. 高等职业教育探索，2020，19（06）：23 - 30.
② 李鹏，石伟平. 职业教育高考改革的政策逻辑、深层困境与实践路径 [J]. 中国高教研究，2020（06）：98 - 103.

不同的科目进行考试，在给学生更多选择权的同时也降低了学生的学业负担①。此外，还可设置"二期考试"，给予那些因偶然性失误未能参加第一轮考试的学生以补考机会，提供给考生更多的尊重和人文关怀。

（2）重视学生的学习动机。日本的 AO 入学尤其重视学生的入学志愿理由，对学生的学习动机会从性格、能力以及喜好等各个方面进行剖析，从而为学生未来的职业规划做好准备。而我国的高职教育一直是以就业为导向，以培养高素质高技能复合型人才为目标，如此"职教高考"就不能只承担选拔人才的作用，还需要承担就业导向的作用，将人才的输入与未来学生的输出就业相连接②，这就必须要考虑学生的学习动机以及职业生涯规划。

（3）注重学生的综合能力。在日本推荐入学和 AO 入学中，学生的志愿理由、未来规划等都作为能否被录取的重要评判标准，在推荐书或调查书中更是关注学生高中阶段是否参加课外活动？获得哪些奖项？入学欲望是否强烈？这些都是对学生的评定标准之一，避免学生只重视文化学习，从而忽视德智体美劳全面发展。因此，我国在设计"职教高考"模式时，可增加中学时文化活动的加分项，关注学生学习的全面发展，提高生源质量。

由于职业教育专业种类众多，"职教高考"需要探索出一条符合职教特色，具有统一考试方案和标准与多元化入学考试制度相结合的路径。在统一入学测试或学业水平测试的基础上，高职院校作为招生主体，不同的高职院校要有不同的专业要求和标准，根据自身的办学特色以及对人才的需求，增加相应的技能或能力测试。考生作为考试主体，针对各个院校的不同招生标准，要根据自身的优势进行分流竞争，选择更适合自己的学校和专业。

第三节　英美职业教育考试升学制度比较研究

职业教育是国民教育体系和人力资源开发的重要组成部分，为我国社会主义现代化建设提供人才和技能支撑，合理的职业教育招生考试制度既能保障我国职业技能人才供给和储备，又有利于促进教育公平。英美两国职业教育体系完备，

---

① 王笙年. 职教高考考试模式及其制度体系构建探讨［J］. 职教论坛，2020，36（07）：20 – 26.
② 孙善学. 完善职教高考制度的思考与建议［J］. 中国高教研究，2020（03）：92 – 97.

特色鲜明,其职业教育招生考试制度值得我国进行研究与借鉴。值得注意的是,尽管二者均属于昂撒民族,在文化和社会制度上相近,但是在职业教育发展模式上,二者呈现出各自的特点。

招生考试制度包括招生制度和考试制度,招生制度是各级各类学校对进入学校学习的方式、资格、程序、审核等标准与准则的总称,本书中讨论的考试制度则主要指入学考试制度,是职业教育机构在招生时采用的考试及其运作方式,包括考试方式、科目、内容、实践、途径、录取标准等。本节分别对英美中等职业教育和高等职业教育的招生考试制度进行比较,包括招生机构、生源、录取条件、录取程序、学制、学费、考试机构、考试类型、考试内容等。

英国的职业教育体系按场所可分为学校职业教育和学校外职业教育,学校职业教育主要集中于义务教育的中等职业教育和延续教育阶段各延续教育机构,学校外职业教育则以现代学徒制为代表。美国的职业教育统称为"生涯与技术教育"(Career And Technical Education,CTE),中等 CTE 主要由综合高中、全日制 CTE 高中、区域 CTE 学校或中心提供。中等后 CTE 是高职教育,主体是社区学院[①]。本节的研究对象主要是学校体系内的英美职业教育招生考试制度。

一、英美中等职业教育招生考试制度比较

英国的中等职业学校主要包括综合中学、现代中学、技术中学和城市技术学院,学制均为 5~7 年,义务教育阶段为 5 年。美国实行单轨学制,义务教育阶段包括小学(5~12 岁)和中学(12~18 岁),义务教育后学生升入高等教育阶段。美国的高中类型包括普通高中、综合高中、职业高中,学制一般为 3~4 年。不论是英国还是美国,"小升中"属于义务教育阶段,学生无须参加考试就可以根据自己的实际情况和发展目标免费前往就近的公立中学就读。

(一)英国:资格证书引导下的中职招生考试制度

英国的小学毕业生可以选择综合中学、现代中学、技术中学和城市技术学院。综合中学结合了普通教育、学术教育和职业教育的职能,通过课程设置向学生提供学术性、技术性和职业性结合的课程,学生可以根据自身情况选择相应课

① 李守可. 美国 CTE 中高职衔接的最新趋势、特点及社会功能 [J]. 现代教育管理,2015(12):67 - 72.

程，学生毕业后根据自身情况选择学术教育路径或职业教育路径。现代中学主要实施职业教育，大部分毕业生直接就业，少部分选择继续升学。技术中学，兼顾普通教育和职业教育，但更偏向职业教育，毕业生可直接就业或升至延续教育学院（或技术学院）学习，部分学生也可升入第六学级或第六级学院而转至学术教育路径。城市技术学院，招收 11～18 岁学生，为当地企业培养应用型人才，学生可参加国家普通中等教育证书高级水平（GCE A – level）证书考试，也可以参加各类专业证书考试。毕业生可直接就业，也可选择学术或职业教育路径继续升学①。

与美国"6－3－3"学制不同的是，英国的学生在 16 岁义务教育阶段的中等教育毕业后，还可以在 16～18 岁阶段到城市技术学院、延续教育学院或第三级学院接受职业技术教育，学习国家普通教育文凭/证书（NC/ND）课程、高级职业技术教育证书（Advanced Vocational Certificate of Education）课程等②。以上学校也都可以免试进入，但是需要收取一定的费用。

（二）美国：以综合中学为主体、学分互认与转换体系为纽带的中职招生考试制度

美国的中学招生实行就近入学，学生在初中毕业后就近到一所高中免试入学。受单轨制影响，美国独立设置的中等职业学校较少，中等职业教育由综合高中、全日制 CTE 高中和区域 CTE 学校或中心提供，主要以课程或项目的形式呈现。

综合高中是美国开展中等教育的主要渠道，尽管以学术为主，但也会开设一部分职业课程。一年级和二年级会开设课程对学生进行职业指导，学生通过选修职业教育课程获得学分，完成中等教育阶段职业课程的学习。如果学生想上职校，可向学校提出申请，只要前一阶段的必修课程合格并修满一定学分，就可以在高中二年级转到职业学校或职业科学习。校外的区域 CTE 学校或中心也开展一定的 CTE 课程，所学的学分可以转移到综合中学。除了综合高中外，美国也有一小部分专门的职业学校，尽管以职业教育为主，但是也提供高中阶段必须完成的学术课程。整体而言，美国的中等职业教育不仅可以在综合高中和区域 CTE 学校或中心、私立综合高中与公立综合高中之间实现学分互认，还可以与中等后

---

① 王义智，李大卫，董刚，张兴会. 中外职业技术教育 [M]. 天津：天津大学出版社，2011：528.
② 李守可. 美国 CTE 中高职衔接的最新趋势、特点及社会功能 [J]. 现代教育管理，2015 (12)：67 – 72.

教育机构进行学分互认，如高中–大学双学分（dual–credit）课程，这样可以避免重复学习，也有利于学生实现向中等后教育的过渡①。

二、英美高等职业教育招生考试制度比较

英国在学生 18 岁以后进入高等教育阶段，包括基础教育、本科教育和研究生教育（硕士和博士），学校机构主要包括延续教育学院/机构和大学，高等职业教育主要在一些继续教育学院/机构内进行。英国高等教育学历学位分为 8 个等级，高职毕业生主要能获得的学位属于处于第 4 级和第 5 级的短期层次学历学位教育，颁发证书包括高等教育证书（CertHE）、高级国家证书（HNC）、高级国家文凭（HND）、高等教育文凭（DipHE）和准学位/基础学位②。

美国在义务教育后进入高等教育阶段（18 岁以后），高等教育机构包括初级学院、社区学院、技术学院、专业学院和各大学。美国的高等职业技术教育主要在社区学院和初级学院内进行，社区学院是综合性的公共机构，提供各种各样的教育服务，从成人和社区教育服务，到高等职业和技术教育，再到本科级别的学术和专业学习，且允许作为预科课程转到更高一级的学校和专业就读。一些社区学院已经开始提供认证的学士学位课程。几乎所有的社区学院都与当地公立和私立学院和大学签订了衔接协议③。社区学院达到毕业学分要求即可获得副学士学位，也可以转学到协议高校三年级继续攻读大学本科学位。

（一）考试机构、类型与内容

由于英美招生都涉及考试科目与成绩等，因此这里先对英美考试机构与类型进行概述与比较。英国以其体系完备、学历与资历互通的国家资格框架支撑高职招生考试制度，美国的高职招考制度则具备宽松开放的特点。与我国全国统一且单独设立的考试机构和部门不同，英国有许多国家认证的考试机构，这些机构大多由各大学负责或归属大学的一部分，分别负责不同类型的学科和资格证书考试。美国虽然在普通教育赛道上实行国家统一招生考试，但在社区学院招生上基

---

① 关晶. 美国中等职业教育的现状、特点与改革趋势［J］. 教育发展研究，2009，29（Z1）：98 – 102.

② 肖涵，戴静雅. 英国学位制度发展的特色及其对中国学位制度建设的启示［J］. 武汉理工大学学报（社会科学版），2022，35（01）：130 – 136.

③ Organization of U. S. Education［EB/OL］.［2022 – 12 – 23］. https：//www2. ed. gov/about/offices/list/ous/international/usnei/us/edlite – org – us. html.

本都不需要通过全国统一的选拔性考试。

1. 英国的考试机构、类型与内容

英国现有八个经过政府批准成立的与大学招生有关的考试委员会，最主要的招生机构有：评估及学历资格联盟（AQA），英国爱德思国家职业学历与学术考试机构（Edexcel），牛津、剑桥和皇家艺术协会考试委员会（OCR）和威尔士联合教育委员会（WJEC）。中央教育行政机构在考试机构内派驻代表，可对考试委员会的工作进行指导。

英国的许多考试都和资格证书挂钩，不论是就业还是升学，学生都需要努力获得各种资格证书。16 岁以后，学生可获取的资格证书主要有四类[①]：（1）学术型资格证书：通过不同学科考试获得，如 A – levels、Advanced Highers、GCSEs、National 5s 等。（2）应用型学习证书：学习内容面向某一职业群的资格证书，如 BTEC 证书、Certificate、Cambridge Technicals 等。（3）技术资格证书：学习内容与某一工作相关，如 NVQs、T – levels 等。（4）其他实用/基础/核心技能资格证书。上述四类证书的名称在英格兰、苏格兰、威尔士和北爱尔兰地区略有不同，学生可以同时学习和考取多门资格证书，也可以将获得的资格证书作为学徒、培训或学习课程项目的一部分。

与英国高等职业教育招生录取相关的考试与证书主要包括：国家普通中等教育证书（General Certificate of Secondary Education，GCSE）、国家普通中等教育证书高级水平（General Certificate of Education Advanced Leve，GCE A – level）及其相关成绩。义务教育阶段结束的标志是 GCSE 考试，考试内容一般由考生任选 5 个不同科目，成绩分别为 A ~ G 共 7 个等级，考试时间在每年 5 ~ 6 月，8 月公布成绩。标志着高中结束的是 GCE A – level 考试，A – level 课程偏向学生兴趣，设置 40 余种科目，包括学术性和技术性科目，学生可自行选择科目（一般为 3 门及以上），分阶段测试或一次性报考，每个科目都有多次考试机会，考试时间为每年 5 ~ 6 月和 10 ~ 11 月，成绩分别于当年 8 月和次年 2 月公布，考试通过后颁发各科证书。另外还有 BTEC（Business and Technology Education Council）课程与证书，主要结合社会需求培养各行业专门技能人才，学生取得职业文凭后可以就业，也可以转换到对应学术路线继续升学。这些课程及相关考试成绩与后续升学录取条件密切相关。

---

① Post – 16 Qualifications You Can Take ［EB/OL］. ［2022 – 12 – 23］. https：//www. ucas. com/further – education/post – 16 – qualifications/post – 16 – qualifications – you – can – take.

2. 美国社区学院的考试、类型与内容

美国各州高职院校招考方式基本相同，招考政策开放宽松，不需要进行选拔性考试。一般情况下，极少有社区学院对申请者有高中成绩要求，部分社区学院会要求学生参加入学基础测试。申请参加入学测试的学生只要完成高中阶段学业即可，入学测试的主要目的是对学生知识掌握情况摸底，指导学生选择专业及安排补习课程。

（二）招生机构

从招生机构看，英美两国最大的区别在于是否有全国统一的招生管理机构。

英国设有全国统一的"大学和学院招生服务中心"（Universities and Colleges Admission Service，UCAS），是英国高等教育的共享招生服务机构，具体负责入学申请基本资格审查和申请注册。各级各类高等学校也设有自己的招生机构，招生标准和要求各不相同。

美国不实行全国集中统一的高校招生制度，各大学根据入学条件和标准录取学生，不同层次院校采取不同的入学制度。美国的高等职业技术教育主要在社区学院和初级学院内进行，实行完全开放招生。每所社区学院都有自己的招生事务处，负责收发入学申请资料、协助新生办理入学手续、发放奖助学金等。部分州设有更高一级的社区学院学生注册网站，以便更好地对学生进行管理。

（三）生源

英美两国的高职院校均面向全社会招生，学生年龄跨度大，以适龄青年为主体。

英国的高职院校面向全社会开放招生，各个招生院校会将每学年开设的课程及申请要求公布在 UCAS 网站上，只要学生具备申请条件，就可以通过 UCAS 进行申请。根据 2023 年 10 月最新统计数据，共有 7 万多人报名，其中英国本土生源约为 70%，国际生源约为 30%，所有生源中 18 岁及以下的比例约为 70%，占大多数[1]。

美国的社区学院实行完全开放招生，社区学院就读的主要有三类学生：第一

---

[1]　UCAS 课程申请情况与趋势图表（截至 10 月 15 日）[EB/OL].（2022 – 10 – 27）[2022 – 12 – 23]. https：//www.ucas.com/data – and – analysis/undergraduate – statistics – and – reports/ucas – undergraduate – releases/2023 – cycle – applicant – figures – 15 – october – deadline.

类是正常升学进入社区学院的学生；第二类是超过三年没在社区学院上课需重新申请入学的学生；第三类是从其他院校转学的学生。社区学院的学生年龄范围具备多样化特征，生源主体来自高中毕业生，年龄在 18～21 岁之间。同时，社区学院也通过"双学分运动"招收 16～18 岁的高中生提前修读大学预科知识或申请高中课程，此类学生只需提交未成年人申请书即可入学。超过 19 岁没有高中文凭的人可以在社区学院参加高中毕业课程。此外，社区学院也接受国际学生的申请①。

（四）录取要求

英美两国高等职业教育虽然都面向社会开放招生，但不是完全零门槛，相对而言，英国的录取条件更为复杂，要求申请者履历与课程有较高的匹配度。

英国的高职教育按课程为单位进行申请，根据学科、具体课程以及课程提供院校不同，录取条件要求相差大，以确保申请者拥有与课程匹配的知识与技能基础，从而能够顺利完成课程，获得文凭或资格证书。以英国约克学院（York College）② 和西泰晤士学院（West Tomas College）③ 2023～2024 年招生课程为例（见表 4 - 3、表 4 - 4），不同类别的课程对应多样的申请要求。

表 4 - 3 约克学院 2023～2024 学年课程录取要求

课程名称	录取要求
工商管理	1. UCAS 系统标准分 48 分或与等值的 A - Level、BTEC 三级证书、高等教育证书等； 2. 考虑未达到录取要求但有相关经验的申请者
教育证书	1. 与所教科目相关的 3 级资格证书或 T - Level； 2. 面试
儿童发展与学习	1. UCAS 系统标准分 32 分或等值的 A - Level 相关科目、T - Level 相关科目、BTEC 三级证书； 2. 个人陈述； 3. 考虑未达到录取要求但有相关经验的申请者

---

① Seattle Central Admissions ［EB/OL］. ［2022 - 12 - 23］https：//seattlecentral. edu/get - started/enroll - now/admissions - info.

② Courses of York College University Centre ［EB/OL］. ［2022 - 12 - 25］https：//www. ucas. com/explore/unis/6045fd2c/york - college - university - centre/courses？studyYear = current.

③ Courses of West Thames College ［EB/OL］. ［2022 - 12 - 25］https：//www. ucas. com/explore/unis/5566408b/west - thames - college/courses？studyYear = current.

续表

课程名称	录取要求
建筑与建筑环境	1. UCAS 系统标准分 32 分或等值的 A – Level 相关科目、T – Level 相关科目、BTEC 三级证书、高等教育证书等； 2. 考虑未达到录取要求但有相关经验的申请者
数字技术（网络安全）	1. UCAS 系统标准分：64 分或等值的 A – Level 相关科目、T – Level 相关科目、BTEC 三级证书等； 2. GCSE 考试中的数学成绩≥5/国家 4/5 级证书； 3. 考虑未达到录取要求但有相关经验的申请者（附个人陈述）
工程（全/非全）	1. UCAS 系统标准分 32 分（非全日制要求）； 2. 电气/电子工程领域的 BTEC 三级证书（全日制要求）
媒体妆造、特效与发型设计	1. UCAS 系统标准分：32 分或等值的 T – Level、A – Level 或相关科目； 2. BTEC 三级证书（艺术/发型/美容）； 3. 面试与作品集； 4. 考虑未达到录取要求但有相关经验的申请者

表 4 – 4　　　西泰晤士学院 2023～2024 学年课程录取要求

课程名称	录取要求
应用生物	1. A – Level 成绩范围：E – A； 2. BTEC 三级证书：PPP（合格）； 3. 面试与作品集
创意媒体制作（电视与电影）	1. A – Level 成绩≥E； 2. BTEC 三级证书：PPP 或其他等值资格证书； 3. GCE A – Level 考试包含课程所需的相关科目； 4. GCSE 成绩为 A – C 或数学和英语成绩为 4 – 9
舞蹈实践证书	1. UCAS 系统标准分 64 分； 2. BTEC 三级证书：MPP（良好）； 3. 舞蹈经验； 4. 面试
舞蹈研究文凭	1. A – Level 成绩≥E； 2. BTEC 三级证书：PPP； 3. GCSE 考试中数学和英语成绩为 A – C/9 – 5 4. 面试与作品集
早期护理与教育	1. A – Level 成绩大于等于 E； 2. BTEC 三级证书：PPP； 3. 至少 2 年的三级资格职位经验； 4. 考虑未达到录取要求但有相关经验的申请者

续表

课程名称	录取要求
软件与应用程序开发	1. A – Level 成绩≥E； 2. BTEC 三级证书：PPP； 3. GCSE 考试英语和数学成绩≥C/5； 4. 面试与作品集； 5. 考虑未达到录取要求但有相关经验的申请者
行为艺术	1. A – Level 成绩≥E； 2. BTEC 三级证书：PPP； 3. GCSE 考试英语和数学成绩≥C/5； 4. 面试； 5. 考虑未达到录取要求但有相关经验的申请者

总的来说，英国高职录取要求通常包含以下几个方面。

（1）资格、科目和考试成绩：通常包括 A – Level、Advanced Highers 或同等水平的资格，这些资格在有些课程内会转换为 UCAS 系统标准分（UCAS Tariff Point，指通过将资格证书转换为积分而获得的总分，使招生院校更容易对申请人进行比较）。大多数课程也会要求申请者有一些 16 岁以前获得的证书，如 GCES 的英语和数学，或等值的其他资格。

（2）匹配度：课程描述经常会提到技能、兴趣或经验，硬性要求包括申请者有与课程相关的考试科目、学习经历或工作经验，软性要求则鼓励学生按自己的兴趣申请，兴趣、经验这类申请要求通常会要求呈现在个人陈述里。

（3）入学考试：较为罕见，申请者可以查看课程要求是否需要参加考试，有些考试在课程开始前一年举行。

（4）面试：部分课程需要对申请者进行面试，申请者需要做进一步准备，部分专业（如艺术摄影类和软件工程类）的面试还需附带作品集。

（5）其他要求——部分课程可能会要求体检、财务状况检查、犯罪记录检查等。

为了让录取更为公平，英国部分院校还实施一种名为情境录取（contextual admission）① 的方法，在决定是否录取时，校方会考虑申请者可能面临的障碍，从而降低成绩要求或给予额外考虑，包括家庭财务状况、家庭成员情况、申请者所在地区、曾就读学校等。此外，英国对于未能达到录取最低要求但有丰富工作

---

① What is Contextual Admissions［EB/OL］.［2022 – 12 – 26］. https：//www. ucas. com/connect/blogs/what – contextual – admissions.

经验的申请者，给予 RPL（recognition of prior learning，对先前学习的认可）认定机制，用于确认在正式课程之外获得特定文凭的学习过程的总称。包括在工作场所或社区的经验学习，以及认证学习。共有 11 所认证机构（AVAs）对个人在各种学习环境中取得的先前学习进行认证[①]。

美国社区学院招生录取呈现低门槛、灵活性、选择性的特点。美国开放式注册入学制是其招生录取低门槛的体现，招考政策宽松，申请者只要已满十八岁，完成高中阶段学业即可。灵活性体现在社区学院全年招生上，社区学院共分为春、夏、秋、冬四个学期，学生可在任意学期入学。选择性则体现在对不同申请者分类和项目的多样性上。以华盛顿州的西雅图中央社区学院（Seattle Central Community College）为例[②]，在满足基础申请条件基础上，不同类型的学生可以申请不同的项目，如 16 ~ 18 岁的未成年人可以通过签署未成年人申请书（under-age petition）申请课程或项目，18 岁以下的高中生可以申请高中项目（High School Program），19 岁以上未获得高中文凭的学生可申请高中补习项目（High School Completion program），国际生可以申请国际项目，在三年内曾经入学但未完成课程的学生可以通过"回流学生"（Returning Student）页面进行重新注册。西雅图中央社区学院在项目选择上也非常多样，包含授予副学士学位的学术型（Academic）课程、授予学士学位的应用型课程项目（Baccalaureate）、不以获得学位和证书为目的（Non – Award Seeking）的继续教育或职业培训类课程、以获得证书或文凭为目的的职业技能类课程项目（Professional Technical）以及为大学或职业准备服务的过渡性研究项目（Transitional Studies）。

（五）录取程序

英美两国高等职业教育录取程序在总体流程上差别不大（见图 4 - 2），均通过网上申请（也支持线下纸质申请）。一般来说，学生先注册个人账号，选择参加的课程或项目，提交申请材料并支付申请费用，就可以等待录取。在细节方面，英国学生在一个年度内最多申请五个平行志愿，部分课程在提交申请材料后还可能会进行面试、试镜等环节，最终决定是否录取。美国则不限制学生的志愿

---

① Seattle Central New Student Enrollment Procedure ［EB/OL］. ［2022 – 12 – 26］ https：//seattlecentral. edu/get – started/enroll – now/new – student.

② John Brennan. Flexible Learning Pathways in British Higher Education：A decentralized and market – based sys- tem ［R］. Paris：International Institute for Education Planning, 2021：52. https：//www. qaa. ac. uk/docs/qaa/about – us/flexible – learning – pathways. pdf.

填报，名额先到先得，学生选择心仪的学校和专业，并等待录取。

英国的大部分学校于每年 1 月底开启当年 9 月的入学申请，申请程序通过网上进行，每名学生一年只能申请一次，每次最多只能选择五个志愿，通过 UCAS 或所在学校/学院递交材料，并于 6 月底截止申请，不同学校的申请起始日期不同，学生须根据所选学校的要求提交申请。需要准备的材料包括个人信息、资格证书和所选课程/项目，附个人陈述、推荐信，提交申请后支付申请费用①。

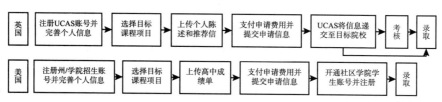

图 4 - 2　英美两国高职招生申请录取流程

美国社区学院全年面向全社会招生，每个学年分春、夏、秋、冬四个学期（quarter），每学期的课程都可提前在线申请。社区学院会根据不同的个人履历推荐不同的课程，不同情况的申请者也有不同的申请流程，学院之间的申请流程也不同。以美国加利福尼亚州的奥龙尼学院（Ohlone College）② 和华盛顿州的西雅图中央社区学院③为例。奥龙尼学院的申请者可通过在线/线下方式提交申请，步骤如下：（1）注册 OpenCCC 账户（Open California Community College Account），提供高中成绩单（毕业五年内）；（2）申请奖助学金；（3）创建奥龙尼学院账户；（4）新生培训与注册；（5）支付学费。西雅图中央社区学院则通过华盛顿州社区和技术学院委员会在线招生申请门户接受学生申请，学生提交申请后收到招生办电子邮件，上面有申请编号和后续申请步骤。符合条件的学生在申请后的 5 个工作日内就能收到来自招生处的欢迎邮件以及学生 ID，这意味着录取流程结束。

①　Filling Your UCAS Undergraduate Application［EB/OL］．［2022 - 12 - 26］. https：//www. ucas. com/under-graduate/applying - university/filling - your - ucas - undergraduate - application.

②　Ohlone New Student Admissions［EB/OL］．［2022 - 12 - 26］. https：//www. ohlone. edu/admissions/new-students.

③　Seattle Central New Student Enrollment Procedure［EB/OL］．［2022 - 12 - 26］. https：//seattlecentral. edu/get - started/enroll - now/new - student.

（六）学制与学费

英美高职教育均支持全日制和非全日制两种就读形式，根据所学课程/学历不同，学制也不同，英国的学制在 1~4 年，美国社区学院课程一般为 2 年。

为了吸引学生就读高职，英美政府部门对于高职学费都有补贴。英国法律规定每学年对英国籍学生收取的学费不得超过 9250 英镑，四个地区的学费则有一点差异（如表 4-5 所示[①]）。

表 4-5　　　　　　　　　英国各地区高职收费政策一览

学生籍贯	学在英格兰	学在苏格兰	学在威尔士	学在北爱尔兰
英格兰	≤9250 英镑	≤9250 英镑	≤9000 英镑	≤9250 英镑
苏格兰	≤9250 英镑	免费	≤9000 英镑	≤9250 英镑
威尔士	≤9250 英镑	≤9250 英镑	≤9000 英镑	≤9250 英镑
北爱尔兰	≤9250 英镑	≤9250 英镑	≤9000 英镑	≤4395 英镑
欧盟及其他地区	视情况而定	视情况而定	视情况而定	视情况而定

如表 4-6 和表 4-7 所示，这里仍然以约克学院和西泰晤士学院为例，实际上收取的费用在 3000~7000 英镑左右，国际生的费用要远高于英国本土学生，不同课程项目收取的学费也不同。

表 4-6　　　约克学院 2023~2024 学年课程学制、学习形式与学费一览

约克学院	工商管理	教育证书	儿童发展与学习	建筑与建筑环境	数字技术网络安全	工程（双渠道）	媒体妆造、特效与发型设计
学位	文学基础学位	5 级教育证书	文学基础学位	HNC	理学基础学位	HND/HNC	艺术基础学位
学制	4 年	1 年	1 年	2 年	2 年	1.5~2 年	2 年
学习形式	非全日制	全日制	全日制	非全（日间给假调训课程）	全日制	全/非全	全日制
学费	3600 英镑/年	7200 英镑/年	7200 英镑/年	2875 英镑/年	7200 英镑/年	3100~6200 英镑/年	7200 英镑/年

[①] Undergraduate Tuition Fees and Student Loans [EB/OL]. [2022-12-26]. https：//www.ucas.com/finance/undergraduate-tuition-fees-and-student-loans.

表 4-7　　西泰晤士学院 2023～2024 学年课程学制与学费一览（均为全日制）

西泰晤士学院	应用生物	创意媒体制作（电视与电影）	舞蹈实践证书	舞蹈研究文凭	早期护理和教育	软件与应用程序开发	行为艺术
学位	HND	HND	HNC	HND	基础学位	HNC	HNC
学制	2 年	1 年	1 年	2 年	2 年	1 年	1 年
学费	5000～8000 英镑/年	5000～8000 英镑/年	无	5000～8000 英镑/年	5300～14200 英镑/年	5000～8000 英镑/年	5000～8000 英镑/年

美国高职教育收费主要有两种方式，一种是与英国一致的学期制收费，以奥龙尼学院为例，该社区学院的学费统一，前两年社区学院课程费用为 2876 美元，若转学到协议高校（圣何塞州立大学和加州大学伯克利分校）的一、二年级预科课程，则前两年分别收取 14756 美元（相当于直接就读该校费用的 19.5%）和 27020 美元（相当于直接就读该校费用的 10.64%）。

另一种则是学分制，按学分计算，以西雅图中央社区学院为例，该校 2022～2023 学年收费标准为：低级别课程 119.13 美元/学分，高级别课程 232.26 美元/学分，按照社区居民/非社区居民/线上教学/国际生等类别收取的学分费有所不同，每一年的学分费根据该年度国家拨款和校方财务状况也会有所浮动。

三、英美职业教育招生考试制度的特点及形成原因

（一）共性

1. 开放式的招考制度

英美两国中等职业教育均可以做到免试免费接受职业教育，高等职业教育招生门槛低，面向全社会全年龄段学习者开放，均采用申请入学的方式。英美的区别在于具体的申请条件上：在美国，只需符合年龄要求并提供高中成绩单即可注册入学；英国的招生考试制度则以多种多样的证书为纽带，通过建立健全国家资格框架体系，使不同证书和学历之间形成等值关系，给了学习者更多选择和申请机会。但开放并不意味着降低教育质量，英美职业院校都采用"宽进严出"的办法，学生需要完成课程要求达到一定学分才能获得资格证书或者学位。这种开放式招考制度实际上体现了终身教育理念和西方的自由平等思想，将每个人置于平等的地位，并给予相同的受教育机会。

2. 分权制的招考管理体制

英美在政治制度上就提倡分权管理，英国中央和地方形成友好的合作伙伴关系，美国则有三权分立的传统，地方自主权力大，这一政治体制也影响到了教育领域。英美的政府、学校、考试认证机构、招生机构、监管机构之间形成有效协作，分工明确，各司其职。政府负责制定招生考试的法规、政策和标准，考试认证机构、招生机构和各学校具体实施，监管机构负责监督，在整个招生过程中，高校都具备很大的招生自主权。

3. 招生录取标准的灵活性和弹性

英美两国在招生录取时十分尊重学生个性差异，一般都按课程或项目进行招生。英国招生的灵活和弹性体现在申请要求上，不同的课程或项目根据其本身特点对申请者提出不同的要求，申请者可以将已获得的资格证书换算为 UCAS 标准分，具备先前学习和经验的学习者还可以通过 RPL 机制换算学分。美国招生的灵活和弹性则体现在它对申请者的分赛道管理上，对新生、老生、其他院校的转校生、国际生等不同类型的生源都有不同的招生办法。

4. 招考分离

在英国，16 岁以后的学习者可以根据个人兴趣选择多种科目的考试和不同类型的资格证书，每个学生都有多次考试机会，有效规避了"一考定终身"的偶然性对学生的影响。美国高等职业院校实行开放注册招生，即使学生需要参加入学基础测试，也与是否被录取没有关系，仅作为诊断性测试，服务于后续课程学习中。这种招考分离的方式使入学途径多元化，凸显出职业教育的职业属性，也关注到了非传统生源的利益。

5. 有效的立法保障

英美两国都通过立法规定财政资助和各类奖助学政策，支持职业教育开展，尽可能给予所有学生公平的受教育机会，满足民众接受职业教育与培训以及终身学习的要求。与普通大学院校相比，较为低廉的学费吸引了更多人接受职业教育，促进了整体国家公民技能水平和文化素质的提升。

（二）个性

1. 不同的学制体系

受历史和教育传统因素影响，英美两国分别在不同的学制体系下形成各自的高职招考制度。英国有浓厚的双轨制传统，普通教育和职业教育划界清晰，有多种类型的学校供学生选择，学生可根据自身情况选择接受职业教育还是普通教育，并可通过考取各种资格证书申请入学高等院校。美国教育自诞生以来就延续着单轨制传统，从小学到高中实施 K12 教育，综合中学占所有中学的主体地位，学生通过选修职业课程或项目接受中等职业教育，通过高中毕业考试或选拔考试成绩即可申请高等院校。

2. 不同的考核内容与考核方式

英美两国在高职招生考试方面拥有不同的考核内容与考核方式。英国以发达的国家资历框架体系和完善的职业资格证书制度形成了目前的证书型招生考试制度。学生在中等教育阶段可参加 GCSE、A-Level、BTEC 等多种类型的考试，并获得相应证书，这些证书是他们申请高等院校的通行证。美国在招考时重视学生的统一考试成绩，尽管大部分社区学院实行开放招生，对学业成绩没有很高的要求，但少数社区学院以及社区学院后续升学等情况依然要求学生的升学考试成绩或在校期间学习成绩。

3. 不同类型的招考机构

与美国按州或学校设置招生机构相比，英国在各院校招生机构基础上设置了全国统一的"大学和学院招生服务中心"（UCAS）。UCAS 在学生与院校之间搭建了桥梁，发挥了强大的信息汇总与输送功能。

（三）形成原因

1. 经济成因

英美都是自由市场经济国家，实施低技能战略，产业技能依赖性较弱、劳资关系协调性较低、企业用工自由度高[①]。在低技能战略下，职业教育的主要作用是进行社会兜底，提升整体国民受教育水平，开放型的高职招生考试制度同时也满足了普通民众接受高等教育的愿望。20 世纪 90 年代，经济全球化趋势加速形成，尤其是知识经济和信息时代的到来，对全球劳动力素质提出了越来越高的要求。与此同时，新自由主义浪潮给英国经济发展及劳动力市场带来极大冲击，迫切需要提高从业者受教育水平[②]。为提升职业教育发展质量，提高职业教育市场认可度，英国逐步建立适用于职业教育发展的资历框架体系，最终形成了当前的

① 郝天聪. 职业教育何以成为类型教育？——基于国家技能形成体制建设的观察 [J]. 苏州大学学报（教育科学版），2020，8（04）：63-72.
② 李翠翠，张皓月. 英国资历框架发展历程、特征与启示 [J]. 成人教育，2022，42（10）：78-85.

证书型职业教育招生考试制度。美国现行开放入学式高职招考制度是由于二战后国家经济和科技发展对大量熟练技术工人和服务行业工作人员的需要，也是为了解决由 20 世纪六七十年代婴儿潮、少数民族以及要求上大学的人数激增引发的大学普及问题[①]。

2. 政治成因

英美两国都是资本主义国家，英国实行君主立宪制，中央与地方形成友好合作关系；美国实行联邦制，立法、行政与司法三权分立，州自主权力大。可以说，英美两国都拥有较大的地方自治权，中央对教育不是完全指挥，而是起指导、支持作用。英国考试机构由中央批准、依托各个高校成立，考试内容由各考试机构决定，中央起指导作用。招生机构 UCAS 由中央批准设立，但涉及的招生宣传、审查、注册等服务均由机构自行负责，且 UCAS 仅作为招生院校与学生沟通的平台，无法决定是否录取。美国的州权力更大，除了全国统一考试之外，各个院校可以自主决定招生标准与录取方式。

3. 文化成因

英国从历史上奉行的是精英主义的绅士教育，双轨学制根深蒂固。工业革命后，随着经济发展以及长期劳资斗争，平民也有机会接受高等教育。同时，为了沟通普职教育，规范证出多门的劳动力市场，英国不断完善国家资历框架，力求实现高职教育与高等教育的等值，最终演化为现行的职业教育招考制度。美国是个移民国家，文化基调是自由、民主、平等、博爱，以此为基础，形成了美国极为开放的职业教育招生考试制度。美国给予学生较大的自主选择权，也给予高校很大的招生自主权。社区学院采用开放式招生，收取低廉的学费，给予不同类别的学生多样的选择权和平等的学习机会。

四、英美职业教育招生考试制度对我国职教高考制度构建的启示

（一）职业教育考试招生制度应匹配各国的职业教育发展模式和学制体系

英美职业教育考试招生制度均是基于其特殊的经济、政治、文化和教育背

---

① 唐滢著. 美国高校招生考试制度研究［M］. 武汉：华中师范大学出版社，2007.

景，与其职业教育发展模式和不同的学制体系构建而成，也是在不断的改革与完善过程中演变而成，是选择开放招生注册入学或选拔招生、考试升学或多类型多途径升学渠道、资格证书导向还是成绩导向都取决于国家自身发展背景和实际需要。当前我国处于经济变革发展时期，也面临着大量的技能型劳动力需求，从一定程度上需要扩大高职招生人数、放宽高职招考要求。但在设计我国职业教育招考制度时，应多方面考虑到我国社会主义制度属性、产业结构特点、人才需求缺口、社会文化背景、已有学制体系等，在改革前应做好充分的可行性分析，并从试点开始逐步改革。

（二）加快构建完善的国家资历框架和资格证书制度

英国职业教育体系的一大特色是其完善互通的国家资历框架体系，其目的是沟通普职教育，尽可能实现高职教育与高等教育的等值，规范劳动力市场秩序。资历框架突破了学历限制，承认其他非学历成果，支持非学历教育经验，如工作场所学习等多种学习形式所取得的学习成果，极大地拓展了学习成果来源，有利于实现终身教育理念①。对我国而言，构建完善的国家资历框架和职业资格证书制度，实现学历与技能证书的等值互通，在招生考试方面有利于中高职衔接和普职融通，同时也能促进社会重知识轻技能现状的改变，这是改变当前劳动力市场"证出多门"等问题的迫切需要。

（三）招考分离应注意平衡学校自主性和国家统筹之间的关系

招考分离是破解考试招生制度难题，完善考试制度改革的关键环节。招考分离使入学途径多元化，帮助学生摆脱分数枷锁，同时也发挥了地方院校的办学自主权。纵观各国教育发展史，中央和地方权力的博弈无时无刻不在进行着，平衡学校自主性和国家统筹之间的关系是做好招考分离的重要抓手。国家要发挥统筹优势，从立法、财政支持、基础招生要求与标准设立等方面保障各地各校招生公平性；各校也应获取一定招生自主权，根据自身院校专业优势与特点以及不同考生类型设置多样化的、弹性的录取标准与要求。

---

① 吴南中，夏海鹰. 以资历框架推进职业教育 1 + X 证书制度的系统构建 [J]. 中国职业技术教育，2019（16）：12 - 18.

（四）因材施教，分类招考，丰富招生考试内容与形式

职业教育的一大重要功能是为社会实现教育兜底作用，"使无业者有业"。鉴于职业教育所面临的多元化、差异性生源，应借鉴英美实施"因材施教，分类招考"的方法，对于不同年龄、不同履历的生源进行个性化处理。考试内容与形式上，我国长期以来的招生均采用统一考试、志愿填报的方式进行，考生在招考时处于较为被动的局面，对于普通教育考试和职业教育考试的类型划分不够明确，现有的考试内容与难度也不适合职业教育赛道的学生。未来应着力推进高职院校分类考试改革，根据不同专业特色与要求设计多样化的招生考试内容与形式，并赋予学生更多入学选择权。

第四节　我国台湾地区职业教育考试升学制度研究

我国台湾地区的职业教育体系被认为是台湾地区经济增长的主要因素之一①。我国台湾地区和大陆地区在人才观、选拔观、教育制度的设计方面均存在诸多相似之处，而且台湾的职教高考制度体系已经发展得比较成熟，在多年的实践中也表现出相当强的稳定性和生命力。它的优势具体体现在哪些方面？我国大陆地区的职教高考制度可以从中借鉴多少？本节将重点讨论我国台湾地区职业教育考试升学的制度样态及其设计逻辑。

一、台湾地区职教高考制度的基本架构

（一）台湾职教高考发展的制度背景

在了解台湾职教高考制度之前，必须对其职业教育体系有基本的了解。台湾的教育体系从高级中等教育（即初中）后开始分为两大体系，其中职业教育体系涵盖"三个层次、四类学校"，三个层次指中等职业教育、高等专科教育和职业本科及研究生教育；四类学校指高级职业学校、专科学校、技术学院及科技

---

① 王克诚. 台湾地区职业技术教育调研报告［D］. 长春：长春师范大学，2018.

大学。

台湾地区国中生毕业后，可以选择的路径有普通高中、综合高中、高级职业学校（相当于我国中等职业学校）和五年制专科学校（以下简称五专），除五专外学制皆为 3 年。高等教育阶段的职业教育实体包括四年制技术学院和二年制专科学校，一般统称为"四技二专"。中等教育阶段的应届毕业生可以报名参加两次全省统考，第一次统考是大考中心统一入学测验（即高考），而所谓台湾地区"职教高考"实际上指的就是其第二次全省联考，即"四技二专统一入学测验"。无论是普通高中、综合高中还是高级职业学校的毕业生，都可以参加两次考试，并凭借成绩进入普通高等院校或职业高等院校学习。也就是说，台湾的职业教育和普通教育体系具有完全畅通的升学渠道，是一种可以随时"换轨"的双轨制①。

（二）台湾地区职教高考的考试制度

台湾地区职教高考制度的核心在于其宏观的考试科目规划。2005 年，台湾地区发布职业学校 15 个群科②课程纲要及标准，划分了 15 个专业群科，包括海事群、电机与电子群、土木与建筑群、水产群、设计群、动力机械群、艺术群、外语群、农业群、商业与管理群、食品群、家政群、机械群、餐旅群、化工群。本节主要基于这一规划的 2015 年版进行分析。

1. 考试制度的设计理念

台湾地区职教高考的考试制度，其核心在于宏观的考试科目规划。其设计的理念包括：（1）符合职业特色，兼顾理论实务。这一理念的实质与大陆发布的《国家职业教育改革实施方案》中提到的"确立职业教育的类型属性"相同，都是为了使职教高考制度符合职业教育的规律和特色，强调职业教育的实践性，强化职教高考对于实践知识的考查。（2）着重基本能力，强调专业核心。这一理念明确揭示了台湾职教高考内容的整体设计思路，即强调对学生"基本的专业核心能力"的考查，同时也是在为职教高考的招生录取制度做铺垫。（3）维持考试公平，引导正常教学。这一理念指出了职教高考制度对于中等职业教育课程与教学改革的辐射效应。（4）符合考招分离，实现多元入学。

---

① 李羊林. 台湾高职教育教学的特色与创新——以云林科技大学为例 [J]. 当代教育实践与教学研究，2019（21）：228 - 229.

② 汪自兰. 台湾地区本科层次职业教育课程设置研究 [D]. 重庆：西南大学，2018.

"考招分离、多元入学"这一理念是台湾职教高考制度最具特色的一点，也是促使其高等职业教育持续发展的重要保障。所谓考招分离，即考试成绩与高校招生不直接挂钩，考试不是进入高等教育体系的唯一渠道，考试成绩也不是入学的唯一凭证。台湾的"高级职业学校毕业生（即中职生）和修满相应学分的综合高中毕业生"可以通过分发入学、甄选入学、甄审入学等方法进入高校接受高等教育。

2. 考试制度设计的原则

台湾职教高考制度的考试科目规划有其必须要遵循的原则，内容有：（1）考试科目应衔接职校与技专校院之基础能力。（2）考试科目应依据新课改十五大专业群的架构。（3）考试科目应着重各专业类群一般与专业核心能力。（4）考试科目应让学生跨考或学校选材更具多元性。（5）考试科目规划以微调现行科目为原则。前两条原则强调考试科目规划与全省的宏观课程建设之间的互动，第三条和第四条原则明确了考试内容和招生制度的要求，最后一条原则确保了考试科目规划的稳定性。可以说，这几条原则奠定了台湾职教高考制度科学性、实用性和灵活性的基础。

3. 考试制度的内容

如表4-8所示是部分台湾职教高考科目规划的内容（2015年），我们可以从表中看到两个比较重要的规划内容。一是考试科目规划将部分相近专业类别合并到群科下的大类中，如护理类和卫生类合并至家政群卫生与护理类；美容类和家政类合并至家政群生活应用类。二是考试科目内容偏重考查基础性的核心专业知识，如外语群日语类的科目规划将原本的计算机概论和商业概论删去，只留下日文阅读和日文习作。规划后的科目包含的知识普遍为这一专业群中较为基础的、迁移性较强的知识，目的是增强职教高考制度的可行性，为以专业群和专业大类为单位的招生制度奠定基础。

还有一点值得注意的是，所有学生都必须学习共同科，包括国文、英语、数学，其中数学科目依据15个专业群科对其的掌握程度要求分为A、B、C三个等级。如家政群的幼保类和卫生与护理类需要考数学A，但家政群的其他专业类却不需要考数学科目；又如艺术群的学生一律没有被纳入数学科目的考试范围里。

表 4-8 台湾职教高考科目规划内容（2015 年版）

类别	现行科目	规划类别	规划科目
护理类	解剖学、生理学、药物学、基本护理学、内外科护理学	家政群卫生与护理类	基础化学、基础生物、健康与护理
卫生类	化学、生物、计算机概论		
美容类	家政概论、美容技艺	家政群生活应用类	家政概论、家庭教育、色彩学、安全与卫生
家政类	家政概论、家事技术		
语文类日语组	计算机概论及商业概论、日文阅读与写作	外语群日语类	日文阅读、日文习作
共同科	国文、英文 数学 A（工商类） 数学 B（商业类） 数学 C（护理类）	共同科	国文、英文 数学 A——家政群幼保类、卫生与护理类 数学 B——设计群、商管群、食品群、农业群、外语群、餐旅群、海事群、水产群 数学 C——机械群、动力机械群、电机与电子群、化工群、土木与建筑群工程与管理类

（三）台湾地区职教高考的多元招生制度

台湾参加职教高考的学生可以通过分发入学、甄选入学、甄审入学等多元入学的方案进入职业高校。如表 4-9 分别列举了"五专"和"四技二专"的多元入学方案。以四技二专的方案为例，分发入学即我们熟知的高考体系入学方案。学生参加职教高考后取得成绩，首先要通过报名资格和身份审查才能进行第一阶段报名并缴费。第一阶段筛选是依据职教高考成绩进行排名，只有一定比例的学生能进入第二阶段报名流程。此时学生的报名表才会分发至各四技二专院校，部分学校会针对特定科目进行加试，加试总成绩会以公告的形式发布出来，同时发布的还有预录取名单。其次学校会根据学生填报的志愿顺序进行统一分发。甄选入学的方式同样要求学生必须有职教高考成绩，但不需要走一般的分发入学流程，而是需要具备行业推荐资格或有技能优良的证明，在此基础上通过和具备同样资格的学生竞争名额的方式入学。最后是甄审入学，其特点是学生如果具有参加各类大赛的获奖经历或拥有职业资格证书，则不需要参加职教高考，直接向学校提出申请并接受审查即可，形式上类似于大陆地区高水平本科院校针对各省市学科奥林匹克竞赛获奖学生的"保送"制度。

表 4 – 9　　　　　　　　　　　台湾职教高考制度多元入学方案

高等职业教育类型	入学方式	针对的学生群体	要求	特点
五专	分发入学	国中（初中）生	国中生 基本学力测验	志愿填报与录取
	申请入学			学生申请 学校选拔
	甄选入学			学校特色专业自主选拔
四技二专	分发入学	高职（相当于大陆的中职）生、高中生	四技二专 统一入学测验	志愿填报和录取
	甄选入学			保留名额给行业推荐或 技能优良者
	甄审和 保送入学		参加各类大赛获奖或 拥有职业证书	不需要参加统一入学测验

二、台湾地区职教高考制度的特点与优势

（一）职教高考制度以全省新课程改革的专业群规划为依据

台湾的职教高考制度之所以能够如此有效地促进其职业教育体系的发展，最重要的一个优势就在于它不仅在形式上联结了中等职业教育与职业本科，而是在课程层面为职业教育的中高衔接架设了一道桥梁。尽管大陆地区很早就有学者提出中高衔接的关键在于课程衔接[①]，但却至今未能找到一个合适的"中介组织"，既能满足高等职业教育高质量发展的需求，又能满足中等职业教育就业、升学的双重导向。

在这一点上，我国台湾地区就做出了很好的榜样，其考试科目规划的第一步就是先建设全省层面的课程，首先确定"我们有什么样的专业"，然后再考虑"我们要考什么样的科目"。新课程体系将所有类型的专业划分为十五个专业群，并在十五个专业群中划分专业大类。以此为前提，职教高考制度才能明确到底该如何规划考试科目。一旦职教高考制度的框架确立下来，中等职业教育才能找准课程改革的方向，在保留特色的同时建立如普通教育那样标准化的课程与教学体系。台湾职教高考制度与其群科课程规划之间完美互动，二者相辅相成，共同成为台湾职业教育体系的两大"中流砥柱"。

---

① 徐国庆，石伟平.中高职衔接的课程论研究［J］.教育研究，2012（05）：69 – 73.

（二）考试内容逐渐偏向基础性和迁移性强的理论知识

职业教育的专业多而复杂，有时一些明明性质很相近的专业，需要掌握的职业能力却有很大差别。在这种情况下，职教高考的考试科目如何设置就是一个必须要解决的问题。因为如果解决不好，那考试公平就无法保证，职教高考的根基就会受到动摇。台湾职教高考制度的解决方法是将考试的内容逐渐侧重于考查基础性和迁移性强的理论知识。这样做的好处是能够极大地降低职教高考的实施难度，并使得不同考试科目之间的分数互相转化成为可能。例如，车工和铣工是两种对工作精度要求不同的工种，如果分别设置车工和铣工两个科目来实施职教高考，那么如何保证两者的分数能够具有同等效力？无论是通过降低铣工科目的难度还是通过后期调分恐怕都不能保证考试的公平。但如果提取两个科目中的共同内容，并设置同一个考试科目，那么一方面考试公平可以保证；另一方面，考试内容将会直接指向这个专业中最核心、基础的内容，这些内容又往往具有迁移性。为了将这一理论构想转化为现实，台湾职教高考制度的做法是：第一，将一些性质相近，包含相同基础与核心知识的专业归入专业大类中；第二，以专业大类为单位重新规划考试科目，着重考查专业核心能力。这一制度的确立同时也使得"招考分离"变为可能。

（三）招考分离赋予学生和高校充分的双向自主权

为了满足"考试科目应让学生跨考或学校选材更具多元性"这一规划原则，台湾职教高考制度实行"招考分离"。得益于职教高考着重考查学生的专业核心能力，台湾职教高考的招生制度具备了极大的灵活性。因为学生的职教高考成绩仅代表他掌握这一专业大类的核心能力达到什么水平，却并不能说明他是否掌握某一特定方向的能力，这使得学生报考高校时可以在这一专业大类的任意方向进行选择，不必在乎自己之前选择的是什么专业。例如，某化学工程专业大类的学生可以选择报名动力机械群下某专业大类的职教高考，但他需要自学相应的专业知识。

同时，"招考分离"也使得高校在录取学生时具有更大的自主权。因为职教高考的成绩仅代表学生的专业核心能力水平，高校的招生无法完全按照成绩来决定。因此更看重专业核心能力的高校会选择职教高考成绩较高的学生，而较为看重学生在某专业方向上能力的高校则具有对学生自主甄试的权利，只有通过甄试的学生才会被录取。举例来说，某高校的"王牌专业"是临床护理，但是报考学生的职教高考成绩仅有基础化学、基础生物、健康与护理三科，那么此高校可能会选择对学生加试"临床护理"，以此来确定招生人选。

（四）台湾高等教育的专业设置把技术学科纳入职业教育范畴

台湾职教高考制度的成功很大程度上要归功于其高等教育体系将技术学科也纳入了职业教育范畴。以台湾科技大学为例，台科大目前设有工程、电资、管理、设计、人文社会、应用科技等六个学院①，其中人文社会学院不招生，仅负责通识课程和国文课程的开设和教授。其他学院既按照多元入学方案招收职业学校毕业生，也招收普通高中生，在对普通高中生的高考成绩加权处理后再进行第二轮资料审查。不同专业在招收普通高中生时加权的比重不同，如建筑系的加权方式是国文、英文、数学和自然各占一份权重；而化学工程系则要求自然学科的成绩占两份权重。可见，台湾的职业教育实际上形成了内部的纵向通路，包括一些对数学、物理和化学等学科知识要求比较高的技术学科，也属于职业教育的范畴。在这样的背景之下，台湾中等职业教育的升学导向成为主流，考试科目也必然要承接中等和高等职业教育的内容。

三、台湾地区职教高考制度对大陆建立职教高考制度的政策启示

（一）职教高考制度必须以普通高考的模式和规格为标杆

自 1977 年恢复高考以来，高考作为我国最重要的全国性考试制度，历经四十多年的实施与改革，已经逐渐成为一套成熟的选拔性考试体系。它的规模之大，系统之复杂，相关的利益主体之繁多，是世界上任何一个国家或地区都无法比拟的。尽管普通高考制度的科学性一直以来饱受质疑，但我们都不得不承认，普通高考已经最大程度地保障了所有学生平等升学的权益。普通高考的合法地位也已在全国范围内深入人心。台湾地区的职教高考就是地区的统一考试，其重要程度与普通高考相同，都能在保障学生公平升学的情况下达到选拔的目标。

职教高考制度要发展成一套成熟的考试体系——无论以后是走"单轨"还是

---

① 台湾科技大学学校简介［EB/OL］［2021 - 01 - 05］. https：//www. ntust. edu. tw/files/11 - 1126 - 83. php.

"双轨"的路线，都必须在设立之初就对标普通高考的模式和规格。职教高考必须由教育部统一调度命题工作，除部分特殊情况的省份可以由省级考试院命制试题外，其余省份都应当与普通高考一样，由教育部考试中心统一命题。值得注意的是，目前各省份的省级考试院并未设立专门针对职教高考的部门和岗位，因此要建立职教高考制度，首先要从行政上确保有相应的部门和足够的工作人员。其次，考试时间必须全国统一，最好与普通高考相同，在形式上肯定职教高考与普通高考的同等地位。最后，整体的考试规划流程应当严谨透明，在这一过程中从事职业教育研究的专家学者要发挥重要作用，一方面要评估考试方案的科学性并给出建议，另一方面要结合职业教育的特点对职教高考的制度体系做出整体设计。

（二）职教高考内容应当侧重对专业基础核心知识的考查

这些年来普通高考内容的科学性一直饱受诟病，如关于语文阅读题对于阅读材料的过度解读、数学题难度过大甚至超纲等。尽管学科考试内容的设计有其内在的学科逻辑，但这些问题形成的根源在于我国高等教育始终没有走出"精英教育"这一传统思想的桎梏[1]，似乎只有将题目"出得难""出得偏"才能选拔出更优秀的人才，才能提高高等教育的生源质量，才能提高高校的各类排名。职教高考不能重蹈普通高考的覆辙，这一点必须从国家层面的制度设计上就做好要求。

职业教育的初衷是"使无业者有业，使有业者乐业"，职教高考亦然，这就注定了职教高考虽然是选拔性考试，但其最终目的是要检验学生是否具备了接受下一阶段技术技能型人才培养的能力，以及具备的能力究竟达到了什么程度。与此同时，职教高考必须要保障学生相对自由的专业选择权利，其考试科目和内容必然不能过于细化。综合以上两点，再结合台湾职教高考制度的设计，我们很容易得出一个结论：职教高考的内容应当侧重对本专业基础的、核心的知识进行考查。但要注意的是，台湾职教高考的考试内容逐渐有学科化的趋势（如考试内容包含化学、生物等），这与台湾的高等教育体系的特色有关。针对我国的现实情况，职教高考的内容需要极力避免学科化趋势，而应当由各专业大类的权威学者共同研究决定考试内容。

（三）职教高考制度必须以国家层面的宏观课程建设为前提

职教高考不只是为中等职业教育设置的质量监控，也不只是为高等职业教育

① 徐国庆. 作为现代职业教育体系关键制度的职业教育高考 [J]. 教育研究，2020，41（04）：95 – 106.

设置的门槛，我们应该要把职教高考制度放在现代职业教育体系建设的视野下去审视，即职教高考是为了促进我国中高、中本衔接，促进现代职业教育体系日趋完善，促进职业教育真正成为一种类型教育而设置的关键性制度。职教高考制度能否有效联动中等职业教育和高等教育，其关键就在于能否促进二者在课程意义上的统一。

台湾地区职教高考制度中最值得我们借鉴的，恰恰不是职教高考本身，而是其为了职教高考制度建设而做的基础性工作，即在全地区层面做好课程建设。近年来，随着国家专业教学标准建设的推进，我们逐渐意识到职业教育国家层面课程建设的重要性，其中最关键的一点就是要统一中等职业教育与高等职业教育的专业门类——正如台湾职教高考制度做的那样，这是大陆职教高考制度建立的前提。

（四）职教高考制度必须给予学生充分的自主选择权

大陆职教高考制度的设立必须解决当前职业教育体系纵向贯通的首要难题，即中职生升学通路不畅、缺乏选择性的问题。目前大陆地区中等职业教育与高等职业教育的贯通路径包括三校生高考、对口招生、中高中本贯通等。与普通高中升入普通本科院校相比，这些通路最大的弊端就在于没有赋予学生足够的选择权。普通高考给高中生带来的，是无论选择什么选考科目，都可以换算成总分或等第，都能使他在极大的范围内自由选择专业。台湾地区职教高考的招考分离制度使得学生可以凭借分数自主填报志愿，自由选择专业，这与普通高考政策相同。大陆地区职教高考制度的建立也应遵循招考分离的原则，不能因为学生中等职业教育选择了某个专业而限制他在报考时的选择。普通高考之所以存在一些专业对选考科目有限制，是因为一些基础学科对学生的基本知识掌握提出了高要求，职业教育就不存在这个问题。因此，职教高考制度的建立必须实行招考分离，赋予学生充分的自主选择权，这是对目前大陆地区职业教育体系纵向贯通的最大突破。

（五）职教高考制度的高效运转需要重构教育体系

1. 重新认识高等教育技术学科与职业教育的互动关系

在我国大陆地区，高等教育和高等职业教育是两种不同的教育类型。但是在我国台湾地区，高等职业教育和高等教育是几乎并轨的。这是因为台湾地区将一些技术学科归入了职业教育的范畴，如电气工程、土木工程等。但在大陆地区，这些技术学科统一都归类在普通教育的"工科"范畴中，一般由综合型、研究型大学开设此类专业，招收的也是普通高中毕业生。这种做法源于近代以来技术独立性的丧失，即认为"基础科学研究是技术进步的先驱""技术进步是科学应用的结果"。然而，把技术等同于应用科学并不正确。科学是思想体系，而技术是一种活动和过程①。技术技能型人才的培养要具有连续性，就必须在高中阶段渗透技术知识的教授。但普通高中是以学科为逻辑展开教学的，职业教育才是以技术活动和职业能力为课程逻辑的。职业院校的毕业生在学习技术学科时难道不比普通高中生更具有优势，也更符合技术人才培养的规律吗？当然，前提是职业院校的毕业生能够达到学习技术学科的一般文化水平，而职教高考制度就能够检验他们是否能够达到这一水平，也能帮助高水平大学的技术学科选拔到更优秀的学生。因此，职教高考制度的设立不能只靠职业教育自身，普通教育中的部分资源也应当向职业教育倾斜，例如，高水平大学的技术学科可以为职教高考的考生单独设立招生名额。如果普通高考能破除"唯基础论"的逻辑，增设职教考试科目，那么未来职教高考与普通高考甚至可以实现"并轨"，职业教育也将不再"低人一等"。

2. 重新审视中等职业教育的基础性定位

大陆于 2002 年提出中等职业教育"以服务为宗旨，以就业为导向"的办学方向，其初衷是为满足经济快速发展、企业用工需求不断增多的现实情况②。随着技术发展和企业生产水平的提高，社会对技术技能人才的要求不断提高，在高等职业教育不断发展的背景下，中等职业教育不断强化自己的"基础性定位"。但是，如何理解"基础性"？以往我们的理解是社会功能视角：中等职业教育在社会经济建设中发挥基础性作用，中等职业教育的毕业生进入工作岗位后，以自己的角色为社会发挥基础性作用。但当国家提出要建立职教高考制度和发展职业本科的今天，我们必须要站在现代职业教育体系建设的高度重新审视什么是中等职业教育的"基础性"定位。台湾地区的经验告诉我们，中等职业教育与普通高中具有同等学力，两者是不同的教育类型，同时各自都有各自的上升通道，职业教育同样具有培养本科层次，甚至是硕士、博士层次技术技能型人才的资格。在这一过程中，中等职业教育的基础性主要体现在两个方面：（1）中等职业教育的课程以基础学科课程和专业基础课程为主；（2）中等职业教育是高等职业教育的

---

① 徐国庆. 实践导向职业教育课程研究：技术学范式［M］. 上海：上海教育出版社，2005：55.
② 曹晔. 我国中等职业教育发展面临的十大变革［J］. 教育与职业，2017（23）：23－29.

铺垫和准备。前者是课程建设之"基础"，后者则是人才培养之"基础"。中等职业教育应当在现代职业教育体系中发挥基础性作用，负责把优秀的技术技能人才通过职教高考这一通道，输送到高等教育体系中，这才是当今时代对中等职业教育基础性最恰当的理解。

　　我国台湾地区职业教育体系及其职教高考制度还有许多值得发掘的特点，这些特点对于我国大陆地区现代职业教育体系建设有相当大的借鉴意义。但是，对这些经验不能奉行"拿来主义"，直接照搬，而应当看到其背后的运行逻辑。台湾职教高考制度的成功背后，是举全地区之力的共同建设在发挥作用，职教高考制度的建设不是光凭职业教育本身就能完成的，而是需要全社会对职教高考的认同，基于对职业教育的认同，从而愿意为职教高考制度改革和职业教育改革做出努力。随着《国家职业教育改革实施方案》的发布，大陆职业教育的发展正在经历"黄金期"，如果能够好好把握这次机会，职业教育一定能够扭转社会的刻板印象，重塑其"类型教育"的地位。

第五章
职教高考的考试内容
与考试方法研究

无论是作为职业高等教育资源的分配机制，还是技术技能人才评价模式，职教高考改革的重点始终是考什么和怎么考的问题。十多年的职业教育分类考试招生制度改革，各地已经积累了丰富的职教高考改革经验，其中就包括考试内容和方法的设计思路与实施路径。本章将首先通过质性研究，对当前我国部分省市职业教育分类考试的内容和方法设计与实施现状做出分析，然后分别介绍职教高考在考试内容和方法上未来可能的改革思路。

第一节　我国职业教育升学考试内容和方法的实施现状

维护职教高考的公平性和质量，根本上必须要靠内容和方法的科学设计，但考试内容和方法的设计又不仅仅是一个科学问题，在面向大规模群体开发考试内容和方法时，可操作性又是一个必须要考虑的因素。不可否认的是，大规模的职业能力测评在操作层面十分复杂，温特（Winther，2009）就指出了职业教育大规模测评的难点：一是职业教育与培训领域的测量总是与行动和活动相关的；二是职业教育与培训领域的行动和活动非常具体，不仅涉及国家的职业教育范围，而且涉及不同国家和职业本身之间的差异①。此外，当职教高考关涉考生切身利益时，考试的内容和方法就成为筛选群体和分配资源的机制，其敏感性很强。本节将首先对我国部分省份职业教育升学考试内容和方法的设计与实施现状做分析，了解当前考试内容和方法背后的评价思路和价值理念，为后续构建职教高考的内容选择模式和方法设计提供借鉴。

一、我国职业教育升学考试内容和方法设计的政策指向

关于升学考试内容的安排，2021 年 11 月发布的《教育部办公厅关于进一步完善高职院校分类考试工作的通知》在政策层面做了相应规定，规定的内容如表5-1 所示。从标准能够可以看出：（1）高职分类考试主要分为文化素质考试和

---

① Winther, Esther. Achtenhagen, Frank Measurement of vocational competencies. A contribution to an international large-scale assessment on vocational education and training [J]. Empirical research in vocational education and training, 2009, 1 (S): 85 – 102.

职业技能考试，文化素质考试优先使用统一文化基础考试成绩。（2）职业技能考试包括专业能力测试和技术技能测试，其中专业能力测试主要通过笔试的方式考察综合专业能力，技术技能测试则主要通过操作考试的方式考察学生对岗位技能、通用技术的掌握情况。（3）职业技能考评方案应全省统一，鼓励建立技能考试试题库。

表 5 – 1　　　　　　　　　教育部关于高职分类考试内容与方式的规定

分类考试	考试内容与方式
文化素质考试	普通高中毕业生使用高中学业水平考试成绩； 中职学校毕业生使用省级高校招生委员会统一组织或经省级招委会批准的少数优质高职院校组织的文化基础考试成绩，有条件的省份可使用中职学校学业水平考试成绩； 各省应根据《中职学校公共基础课课程标准》，统一制定文化基础考试的内容和标准
职业技能考试	考试方式：省级统考、多校联考、高校校考； 普通高中毕业生需参加职业适应性测试； 中职学校毕业生： ●专业能力测试以教育部发布的中职专业教学标准中核心专业知识为基本依据，采用笔试考试，重点考察综合专业能力； ●技术技能测试以教育部发布的中职专业教学标准中核心技术技能为基本依据，以操作考试为主，充分体现岗位技能、通用技术等内容； ●各省级教育行政部门要按照高职专业大类，针对不同生源群体，统一制定职业技能考评方案，明确考试方式、考试规范和评价标准，探索建立职业技能考试省级统考题库

这些政策显示出中央和地方在考试内容设计中的权责关系：（1）中央通过专业教学标准影响各地考试内容的设计。（2）公平高于效率。省级教育行政部门直接负责地方统一考试，且统一考试是中央对高职院校考试招生的最佳建议。即使由学校命题，也必须由优秀高职院校承担。所有的考试内容应参照中央颁布的统一标准，并建议建立统考题库，提升考试内容设计的公平性。（3）突出考试的职业教育类型特征，操作考试是职业教育考试的特色内容，理论知识的考察也应注重在综合专业能力中的应用。

那么，中央关于职业教育分类考试内容和方法的要求在各地是否得到落实？《教育部办公厅关于进一步完善高职院校分类考试工作的通知》颁布前后，地方层面分类考试设计和实施有何异同？地方层面在分类考试的设计上又有何创新举措和实践难题？以下将通过对各省颁布的考试纲要和真题进行分析。

二、数据收集范围与方法

基于研究需要,研究团队从各省教育厅官方网站和部分职业院校招生网站中下载考试纲要和真题,作为文本分析的基本资料。经过分析和筛选,从 2007 年到 2022 年官方公布的各类资料共 800 份进入研究阶段(见表 5 - 2)。其中,考试纲要主要是各省公布的普通高校对口招收中等职业学校毕业生考试(即"三校生"高考、对口单招统一考试)纲要,含理论考试纲要 74 份,技能考试纲要 219 份,部分省份没有省级层面的统考;真题包括"三校生"高考、"高职单招"全省统一考试、职业院校自主招生考试三类真题,其中省级层面统一命题试卷 391 套,学校单独命题 87 套。本研究不涉及文化素质类考试。

表 5 - 2   数据收集范围

省份	考试纲要		考试真题	
	理论考试纲要	技能考试纲要	省统考真题	学校真题/样卷/考纲
安徽	14	12	8	
福建		10	24	
甘肃			39	
广东				39
广西		6		
贵州		3		
海南				21
河北			34	
河南	19	19	52	
黑龙江		42	1	
湖北	10	10		
湖南			27	
吉林	9	9	1	
江苏		9	23	
江西			5	

续表

省份	考试纲要		考试真题	
	理论考试纲要	技能考试纲要	省统考真题	学校真题/样卷/考纲
辽宁		2		
内蒙古			11	
宁夏		17		
山东		38	32	
山西	12	12	4	
陕西	8	8		
上海				27
四川		14	20	
天津	1	1	6	
西藏			50	
云南		6	7	
浙江	1	1	31	
重庆			16	
总计	74	219	391	87

三、我国职业教育升学考试内容和方法的实施分析

综合各省统考真题和考试纲要，目前各省职业教育升学考试主要是"理论考试＋技能测试"，但各省对这两种考试的命名和内容设计有所区别：一是理论考试和技能考试分别考察学生对技术理论知识和操作技能的掌握情况，省考试部门分别研制理论考试纲要和技能测试纲要，如江苏、安徽、山西等省。二是统一设置技能考试纲要，将理论知识和操作技能测试统归其中，如湖北省。这种设计方式与第一种无本质区别。三是以综合能力科目作为技能测试的替代，如天津市。该科目旨在测试学生的综合能力及解决实际问题的技能，分综合能力（管理服务类）和综合能力（工程技术类）。四是对口考试只设计理论考试，如吉林省、陕西省。下面将分别介绍理论考试和技能测试。

（一）理论考试

1. 试题类型和考试方式

目前各省理论考试的试题类型主要是选择题（包括单项选择和多项选择）、判断题、填空题、名词解释、简答题、材料分析题和论述题。此外，部分专业会基于自身特点设计特殊题型，如活动设计题（四川 - 教育）、情境问答题（天津 - 综合能力）、计算题（江苏 - 机械）等。在各类题型中，以选择题、判断题、填空题为代表的客观题是很多省份首选且占比最高的题型。

绝大部分理论考试均以笔试的方式实施，个别省份的特殊专业（如计算机）选用计算机考试的方式进行。

2. 考核要求

对于理论考试，各省的思路大致相同，即对要求做分层处理，包括识记、理解、掌握和综合应用四个层次，一些省份则是按照"识记、理解、运用、综合运用"的方式分层。

（1）识记：指考查学生对基础知识的识别和记忆能力。要求考生能够识别并记住相关基础知识和基本操作中的概念、专用名词及其解释。常见题型为选择题、判断题、填空题、名词解释。

橡胶树、苜蓿的复叶属于（　　　）复叶。

A. 三出　　　　B. 单身　　　　C. 掌状　　　　D. 羽状

——选自《2021 年四川省高等职业技术教育招生考试农林牧渔类专业联合考试》

（2）理解：指考查学生对所学知识的理解程度。要求考生在"识别和记忆"的基础上，理解所学知识和基本操作的具体含义及特点。常见题型为选择题、判断题、简答题。

题 15 图所示电路中，当开关 S 由 a 点转换到 b 点时

A. 电压表读数增大，电流表读数增大

B. 电压表读数减小，电流表读数增大

C. 电压表读数增大，电流表读数减小

D. 电压表读数减小，电流表读数减小

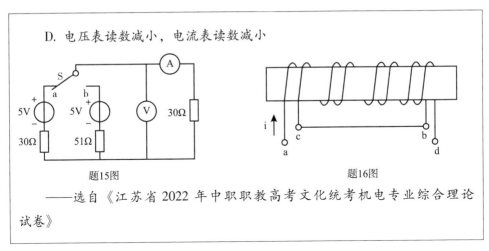

题15图   题16图

——选自《江苏省 2022 年中职职教高考文化统考机电专业综合理论试卷》

（3）掌握：指考查学生对所学知识的初步应用能力。要求考生能够灵活地应用所理解的基础知识，正确地完成有关的应用操作，并能解释操作所产生的结果。常见题型为材料分析题、应用题、计算题。

　　一天，菲菲找到王老师说："老师，今天我想教小朋友折小兔子，好吗？"王老师欣然同意。菲菲马上在手工区兴奋地教了起来，但由于她在教的过程中自己的示范动作太快，叙述时语言表达也不具体，参与学习的小朋友们一脸迷茫。当时老师并没有打断她，而是想引导她根据别人的反应进行自我调整。果然，一会儿功夫，菲菲就被小朋友们围起来，问这儿问那儿，菲菲有些应接不暇了。菲菲急忙找老师商量："老师，我再讲一遍吧！他们怎么都不会？"老师笑着说："好吧！别着急，想想他们是没看清，还是没听明白？"菲菲想了想说："要不我讲慢些？"老师说："好！那你就试试吧！"这次，菲菲放慢了速度，"你们看，折的时候要先这样、再这样"地讲着，有时还高高举起范例让大家看，最后，当小朋友都高兴地举着小兔子相互炫耀时，菲菲也感受到成功的喜悦。

　　请分析案例中教师与幼儿的行为，并结合案例谈谈你对师幼互动的看法。

　　——选自《四川省普通高校对口招生统一考试教育类专业题型示例（2021 年版）》

（4）综合应用：指考查学生对所学知识的综合应用能力。要求考生能够灵活地应用所学知识分析、判断、综合解决实际问题，是对学生理论和实践能力的综合考查。常见题型为材料分析题、综合应用题、情境分析题等。

张先生，52 岁。晚餐饱食后突发上腹部疼痛，伴恶心、呕吐 2 次，以胃内容物为主，急来诊。体格检查：T 39.5℃，P 104 次/分，R 27 次/份，Bp 90/60mmHg。蜷曲姿态，表情痛苦，腹肌板样强直，全腹压痛，移动性浊音（＋），肠鸣音消失。初步诊断：继发性腹膜炎。入院后为明确病因，拟行腹腔穿刺检查。

请写出：（1）该患者腹腔穿刺抽出液有哪些可能的性质，及其对应的常见病因；（2）该患者主要的护理诊断；（3）引起继发性腹膜炎的主要致病菌及其致病物质；（4）腹膜形成的主要系膜。

——选自《山东省 2020 年普通高校招生（春季）考试〈护理类〉专业知识试题》

3. 试题内容

（1）组织单元。组织单元指的是考试内容的组织形式，即按照何种逻辑设计、选择和组织考试的内容。表 5－3 显示了四川、山东、安徽、山西、湖北、辽宁、浙江七个省份农林牧渔类考试科目及考试内容。可以看出，考试内容主要存在三种组织形式：一是在专业大类中挑选若干门典型课程作为考试科目，例如，四川省就在农林牧渔类专业中挑选了《畜禽营养与饲料》《植物生产与环境》《农业经营与管理》三门课程作为整个专业大类的考试内容。二是按照课程类型选择不同课程作为考试科目，例如，安徽省根据农林牧渔类专业基础课的设置情况，选择了《化学》《种植专业基础课程》《养殖专业基础课程》作为考试科目。三是按照整个专业大类的知识体系，根据当年相关专业报考情况，重新组织若干知识模块作为考试内容。例如，山东省将农林牧渔类考试分为四个类别：现代农艺类、食品加工类、畜牧养殖类、水产养殖类，报考相应类别的专业则考相应的科目。

这三种组织方式，显示了不同省份专业理论考试的精细化水平。理想情况下，我们总希望每个专业都能拥有对应的考试内容。但由于职业教育专业众多，很难做到按照专业设计考试内容。因此，各省的做法是提升命题的层级，从专业大类入手，选择专业大类中若干门典型课程，或精选若干知识模块作为考试内容。这种做法是在专业性和可行性中的一种权衡，但很显然，只挑选若干门课程就会导致考试内容围绕某个专业的针对性不强，甚至一些小众专业会出现"无试可考""所考非所学"的情况。因此，部分省份开始进一步提升考试内容的针对

性和精细化，例如，山东省就将农林牧渔大类考试进一步划分为四个小类别，每
个小类别对应若干专业，各招生院校会按专业类别编制对应专业的招生计划。浙
江省则是在农林牧渔类专业考试中兼顾种植类和养殖类考生的应考需要，将考试
内容分为公共模块与选考模块：公共模块为"植物识别与应用"和"植物繁育
与销售"。选考模块分为"植物保护"（种植类）、"畜禽疫病防治"（养殖类）。
因此，强化职教高考成绩的有效性，提升考试内容的针对性和精细化水平是重要
的举措。

表 5 - 3　　　　　　　　部分省份农林牧渔类考试科目及考试内容

省份	一级考试科目	二级考试内容
四川	畜禽营养与饲料	畜禽营养基础 饲料及其加工利用 营养需要与饲料配合
	植物生产与环境	植物生产与环境概述 植物的生长发育 植物生产与土壤培肥 植物生产与科学用水 植物生产与光能利用 植物生产与温度调控 植物生产与农业气象
	农业经营与管理	农业概述 我国农业和农村经济发展（不作考试内容） 社会主义新农村建设（不作考试内容） 现代农业经营方式 现代农业生产模式 农业宏观管理 农业生产资源的合理配置 农业经济合同 农产品质量管理 农业经营效益管理 农产品市场分析 农产品开发 农产品营销 2021 年中央 1 号文件
山东	现代农艺类	植物 植物生理 土壤与植物营养 植物病虫害防治 植物栽培管理 植物产品采后生理与储运

省份	一级考试科目	二级考试内容
山东	食品加工类	化学 生物化学 （食品）微生物 农产品贮藏与保鲜 食品营养与卫生 粮油基础知识 食品加工理论 食品发酵工艺 食品包装与食品添加剂
	畜牧养殖类	畜禽解剖生理 畜禽营养与饲料 兽医基础 宠物诊疗基础 畜禽生产 畜禽疾病防治
	水产养殖类	鱼类增养殖 对虾增养殖 贝类养殖 饵料基础
安徽	化学	化学基本概念和理论 溶液 滴定分析法 常见单质及其化合物 烃和烃的衍生物 生活中的重要有机化合物
	种植专业基础课程	植物生产与环境 　植物生产与环境概述 　植物的生长发育 　植物生产与土壤培肥 　植物生产与科学用水 　植物生产与光能利用 　植物生产与温度调控 　植物生产与农业气象 植物保护技术 　农业昆虫的基本知识 　植物病害的基本知识 　植物病虫害调查统计及综合防治技术 　农药应用技术 　农田杂草的防除技术 农业生物技术 　植物遗传的基础理论 　植物育种技术 　植物组织培养技术概述 　农业微生物技术

省份	一级考试科目	二级考试内容
安徽	养殖专业基础课程	畜禽解剖生理 　　畜禽体的基本结构 　　运动系统 　　被皮系统及内脏概述 　　消化系统 　　呼吸系统 　　泌尿系统、生殖系统 　　循环系统 　　淋巴系统 　　神经系统 　　内分泌系统、感觉器官和体温 　　禽类的解剖生理特征 畜禽营养与饲料 　　畜禽的营养基础 　　饲料及其加工利用 　　营养需要与饲料配合 畜禽的繁殖与改良 　　畜禽遗传基础 　　畜禽杂交改良技术 　　生殖激素 　　家畜繁殖技术 　　家畜的受精、妊娠和分娩 　　家畜繁殖力
山西	种植园艺类	化学 植物保护技术 植物生产与环境
	养殖类	动物营养与饲料 动物微生物及检验
湖北	种植类	植物基础知识 植物生长与环境 植物的生长发育 植物生长与土壤 　　植物生长与水分代谢 　　植物生长与温度调控 　　植物生长与光能利用 　　植物生长与合理施肥 　　植物生长与农业气象 大田作物栽培 　　大田作物栽培基础 　　小麦生产技术 　　水稻生产技术 　　玉米生产技术 　　棉花生产技术 　　油菜生产技术 　　马铃薯生产技术 植物保护 现代农业技术

续表

省份	一级考试科目	二级考试内容
湖北	养殖类	畜禽解剖生理 畜禽营养与饲料 动物微生物及检验 畜禽生产 兽医基础
辽宁	畜牧兽医	动物微生物与检测 临床兽医基础 禽病防治
	种植	农作物生产技术 蔬菜生产技术 植物生产与环境
	园艺	植物生产与环境 蔬菜生产技术 植物保护技术
	畜禽生产与疾病防治	养猪技术 畜禽繁育技术 养鸡技术
	园林技术	园林植物 园林工程 园林植物栽培养护
浙江	植物识别与应用	基本概念与分类 植物识别基础 植物应用基础
	植物繁育与销售	种子质量检测 种子催芽处理 育苗基质配置 植物播种繁育 植物扦插繁育 植物嫁接繁育 苗木销售 植物生长与土壤 植物生长发育与水 植物生长发育与温度
	植物保护（种植类）	农业昆虫基本知识 植物病害的基本知识 植物病虫害调查统计及综合防治技术 农药应用技术 主要植物病虫害防治技术

续表

省份	一级考试科目	二级考试内容
浙江	畜禽疫病防治	概要 疫病的病原 免疫 畜禽疫病防治常用药物 疫病的发生与流行过程 疫病的预防与扑灭措施

（2）知识覆盖面。知识覆盖面指的是所考内容覆盖专业情况。不同省份会根据本省的专业分布、在校生和报考生源情况等设计本年度各类考试的内容。以教育学大类为例（见表 5-4），《四川省对口招生职业技能考试大纲（教育类 2021年版)》规定的考试科目包括学前儿童卫生保健（25%）、学前儿童发展心理（25%）、学前教育基础知识（25%）、幼儿园教育活动设计与指导（25%）；而《2021 年福建省中职学校学业水平专业基础知识考试课程与报考科类对应表》中显示，教育类专业基础知识考试仅包括《学前儿童卫生保健》一门课程；山西省《2022 年中等职业学校毕业生对口升学教育类专业考试范围》中的教育类考试则包括幼儿教育学、幼儿心理学、特殊教育概论；山东省则包括幼儿卫生学、幼儿心理学、幼儿教育学、幼儿园教育活动设计与指导、幼儿园教育法律法规五个模块。

需要指出的是，每年考纲中规定的知识覆盖面是变化的，这取决于本省已有专业的开设情况（开设种类、学生数量），当年专业报考情况（招生专业、报考人数等）。以辽宁省为例，该省 2020 年中等职业教育对口升学农林牧渔类专业考试涵盖种植专业、园艺专业、畜禽生产与疾病防治专业（群）、畜牧兽医专业（群），考试科目包括农作物生产技术、蔬菜生产技术、植物生产与环境、植物保护技术、养猪技术、畜禽繁育技术、养鸡技术、动物微生物与检测、临床兽医基础、禽病防治、园林植物、园林工程、园林植物栽培养护。而 2021 年则只覆盖畜牧兽医、动物医学和园艺技术专业群，考试科目仅有动物营养与饲料、畜禽繁育、猪生产、动物微生物与免疫、动物病理、禽病防治技术、植物与植物生理、土壤肥料、园艺设施。相较于 2020 年的考试科目，2021 年不仅在数量上有所减少，在科目名称上也做了调整，名称及其对应内容更聚焦。

表5-4　　　　　　部分省份对口招生考试教育学考试科目/知识模块

省份	考试科目/知识模块	年份
山西	幼儿教育学、幼儿心理学、特殊教育概论	2022
四川	学前儿童卫生保健、学前儿童发展心理、学前教育基础知识、幼儿园教育活动设计与指导	2021
福建	学前儿童卫生保健	2021
山东	幼儿卫生学、幼儿心理学、幼儿教育学、幼儿园教育活动设计与指导、幼儿园教育法律法规	2022

（3）试题难易度。试题难易度往往体现了试卷区分不同水平考生的能力，一般用"难度系数"反映。难度系数越大，题目得分率越高，难度也就越小。难度系数越小，得分率越低，难度也就越大。难度系数的计算，主要是看考生在一个试题或一份试卷中的得分程度。由于各省考生考试成绩难以获取，本研究将以各省份考纲中规定的考试难度作为分析对象。

通过对公布考核、考试难易比例的云南、四川、安徽、江苏、河北、天津等省市的考试大纲的分析，各省统一考试中容易题目的比例在40%～70%之间，其中50%和60%是较多的选择；中等题目的比例在20%～50%之间，其中30%是较多的选择；较难题目的比例在10%～30%之间，其中10%占比较多（见表5-5）。部分省份对试卷难易度的设计，参照了"识记、理解、运用、综合运用"等考核要求。

表5-5　　　　　　部分省份职业教育全省统一考试命题难度分布　　　　　　单位：%

难度	云南	四川	安徽	江苏	河北	天津
容易	50	60	60	50	70	40
中等	30	30	30	30	20	50
较难	20	10	10	20	10	10

（二）技能测试

1. 技能测试的组织

（1）技能测试的命题。与理论考试纲要发布时间不同，技能测试的试题或考试范围一般在考前一个月至一周，由主考院校发布。省级教育行政部门通过行政监督、社会监督等形式，加强主考院校的命题管理，尤其是重点监督管理权限层层下放、简单委托院系承担命题工作、委托任何中介机构、公司或个人命题等行为。为确保命题工作的公平性，一些省份由省考试院统一组织并制定技能测试方案，或成立各专业大类联考委等，从相关高职院校、中职学校严格选聘政治素质好、业务水平高的命题专家。

（2）技能测试的实施。由于技能测试对考试的场地和设备有较高要求，因此技能测试往往由具备条件的学校承担。一些省份由单个院校承担全省考生的技能测试工作，例如，山东某学校在 2022 年度承担了 15556 人次的单项技能测试；也有一些省份将技能测试工作前置，由分布在全省不同地区的若干所职业院校共同承担。

2. 试题类型和测试方式

技能测试的试题类型主要是操作题，根据各专业岗位任务中的技能操作内容，选择若干项典型操作任务作为考核内容。例如，机械类专业的技能测试主要包括"按图样加工零件""计算机绘图"等，外贸类专业的技能测试包括"填制合同、填制信用证分析表以及制作国际贸易单证"等。

技能测试绝大多数为现场测试，由若干考官根据评分标准，为每位考生的现场操作给出相应分数。但受疫情影响，近年来个别省份的技能测试改为客观题考试，或者由考生居家采用线上考试的方式进行。

3. 评分标准

与理论考试不同，技能测试带有较强的主观性，部分专业技能测试的过程和结果难以用精确的标准衡量，且考试环境、氛围、人数等均会影响考官的观察、记录和给分，因此技能测试评分的客观性问题始终难以从根本上解决。总的来看，不少省份主要通过制定细化的评分标准、增加考官数量取平均分等方式，尽可能降低技能测试中主观成分的影响。

对于不同专业而言，评分标准的制定有着不同风格：以机械加工等为代表的专业，其技能测试的结果往往是一个可以测量和验证的成果（如产品、零件、测试结果），这类技能测试相对较为客观，因为可以根据事先确定的标准给出相应分数。例如，图 5 - 1 和表 5 - 6 分别是机械加工类技能测试的样题和钳工技能考试标准，这类测试只要根据图纸中的规格检测学生加工后零件是否达标即可。化工类、机电类、服装类等专业的技能测试均可通过制定细致的评分标准，以提升成绩的公平性。

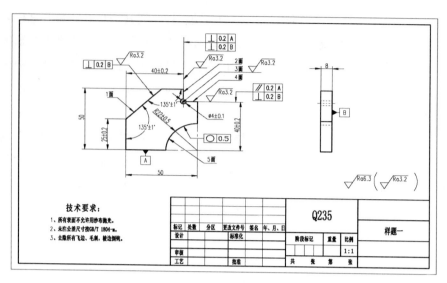

图5-1　四川省普通高校对口招生职业技能考试加工制造类（2021年版）技能测试样题

表5-6　　　江苏省普通高校对口单独招生机电类钳工技能考试标准

序号	考核项目	考核内容	考试要求	配分	评分标准	得分
1	主要项目	尺寸精度	50	2x8	每超差0.04扣4分，超差0.08以上不得分	
2		尺寸精度	12	8	超差不得分	
3		尺寸精度	25±0.10（2处）	2x3	超差不得分	
4		尺寸精度	15±0.10	4	超差不得分	
5		直径尺寸精度	φ10	3	超差不得分	
6		线轮廓度公差	0.06	6	每超差0.05扣4分，超差0.10以上不得分	
7		对称度公差	0.08	6	每超差0.04扣3分，超差0.08以上不得分	
8		垂直度公差	0.08（2处）	2x4	超差不得分	
9		平行度公差	0.08	6	超差不得分	
10	一般项目	尺寸精度	12±0.10	4	超差不得分	
11		斜面	5x45°（2处）	2x2	超差不得分	
12		表面粗糙度	Ra3.2μm（12处）	12x2	超差不得分	
13		螺纹孔	M10	5	不合格不得分	

　　然而，以旅游等为代表的服务类专业，其技能操作的过程和结果难以用标准给出十分客观的成绩。以旅游类专业技能考试中的"导游"项目为例，表5-7展示了部分省份针对导游技能给出的评分标准，可以看出，标准中的描述如"内容与时俱进、主题突出""表情、动作、姿态运用恰当"等十分依赖评委的主观判断。在赋分方式上，安徽、四川等省份是直接赋分，而湖北省则采取等级赋分。

表5-7　　　　　　　　　部分省份旅游类技能考试评分标准

省份	评分标准
安徽	●语音语调、语法正确，口齿清楚，肢体语言规范（40分） ●讲解内容健康、完整、准确，内容与时俱进、主题突出、通俗易懂（70分） ●讲解生动，角度新颖，有一定深度（30分） ●讲解结构清晰、层次分明、逻辑性强（40分） ●面对突发情况，能迅速找到解决办法，考虑周到细致，方法合理有效（20分） ●思维反应灵敏、积极，敏锐把握事件的潜在影响，有序应对突发情况（20分）
四川	●使用普通话讲解，口齿清晰，语调自然，音量和语速适中，节奏合理 ●语言准确、规范；表达流畅、条理清晰；具有生动性和趣味性 ●景点信息准确，要点明确，无知识性错误 ●结构合理，层次分明，详略得当，主题突出 ●内容健康，与时俱进，具有一定的文化内涵和创新性 ●会使用导游讲解方法，讲解通俗易懂，富有感染力、亲和力和良好的沟通能力 ●体态自然，表情、动作、姿态运用恰当 ●时间不超过4分钟
山东	●服从监考人员安排，保持考场秩序 ●仪表仪容符合行业要求 ●普通话标准，语调自然，音量和语速适中，节奏合理，肢体语言得体 ●英语口语发音清晰，语句通顺，无明显语法错误 ●符合导游服务规范，导游服务程序完整 ●讲解内容结构合理，层次分明，详略得当，逻辑性强 ●讲解角度新颖，通俗易懂，生动幽默，富有感染力和亲和力
浙江	●英语水平考查（30分） 1. 语音标准、语调自然 2. 语速恰当、声音洪亮、表达自然流畅 3. 内容完整、生动 ●景点讲解和应变（60分） 1. 讲解内容 （1）健康、完整、准确（10分） （2）与时俱进、主旨突出、通俗易懂（10分） 2. 讲解技巧 （1）生动（3分） （2）角度新颖（4分） （3）有一定深度（3分）

省份	评分标准			
浙江	3. 讲解结构 （1）层次分明（3分） （2）结构清晰（4分） （3）逻辑性强（3分） 4. 语言表达 （1）语音标准、语法正确（6分） （2）口齿清楚，肢体语言规范（4分） 5. 应变能力 （1）面对突发情况，能迅速找到解决办法，考虑周到细致，方法合理有效（6分） （2）思维反应灵敏、积极，敏锐把握事件的潜在影响，有序应对突发情况（4分）			

省份	类目	等次	分值范围	评分细则
湖北	讲解内容 （60分）	好	48~60分	结构合理，层次分明，详略得当，逻辑性强
		较好	36~48分	结构比较合理，层次比较分明，详略比较得当，逻辑性比较强
		一般	24~36分	结构基本合理，层次基本分明，详略基本得当，逻辑性一般
	语音语调 （60分）	好	48~60分	普通话标准，语调自然，音量和语速适中，节奏合理，肢体语言得体
		较好	36~48分	普通话比较标准，语调比较自然，音量和语速比较得当，节奏比较合理，肢体语言比较得体
		一般	24~36分	普通话一般，语调基本自然，音量和语速基本得当，节奏基本合理，肢体语言基本得体
	口语表达 （60分）	好	48~60分	口齿清楚，语法正确，表达自然流畅
		较好	36~48分	口齿比较清楚，语法正确，表达比较自然流畅
		一般	24~36分	口齿基本清楚，语法基本正确，表达基本流畅
	职业形象 （60分）	好	48~60分	举止优雅、妆容适宜，衣着得体，符合导游工作要求
		较好	36~48分	举止比较优雅、妆容、衣着比较符合导游工作要求
		一般	24~36分	举止一般，妆容、衣着基本符合导游工作要求
	职业意识 （60分）	好	48~60分	职业意识强烈，具有良好的亲和力，善于主动与人沟通
		较好	36~48分	职业意识较强，具有较好的亲和力，能主动与人沟通
		一般	24~36分	职业意识一般，具有基本的亲和力，基本能与人沟通

4. 测试内容

技能测试的内容包括两类：一是技能操作，二是职业素养。下面分别介绍这两类内容的具体特征。

（1）技能操作。技能操作的考题由省级考试机构协调主考院校拟定，一般要考虑当年报考专业情况、主考院校技能考核设施设备和工位情况、测试的可操作性、测试内容自身特点（如某项技能在某类专业中各个工种技能操作中起基础性支撑作用）等因素。

以表5-8所示的部分省份机械制造类专业技能测试内容为例，不同省份设计的考试内容在覆盖面、精细化水平、考试时间和考题搭配上存在一定差异：①在覆盖面上，福建省设计了零件图绘制、零件测绘和工艺分析三类考试内容，而安徽则设计了七项内容，允许考生在七项中任选一项完成。山东则是设计了八个技能考试模块，由主考机构从中选择若干模块进行组合。值得注意的是，钳工是所有省份均设置的考核内容，可见钳工在机械制造中的基础性地位，也说明了各省在技能测试题目设计中强调基础性、共性内容。②在精细度上，与理论考试不同的是，各省技能考试内容的精细度大致相当，这可能是因为技能考试设计的自由度较小，且大多专业涉及的基本技能相似。从表5-8中可以看出，各省机械制造类专业的技能测试主要可分为钳工、车工、数控车、数控铣、焊接、零件测绘和计算机绘图几类。个别省份会结合本省专业情况，增加如汽修、液压和气压传动等模块。③在考试时间上，各省设计的差异性很大，最短的是60分钟，最长的达到240~270分钟。时间分配有较大差异的原因，在于考试院校和工位的差异。例如，江苏省职教高考机械类专业技能钳工考试有6所学校作为考场，每所学校承担约300~500名考生，这样就较好地分担了每个考场的负担。而云南、山东等省则是由一所高职院校承担全省机械类的技能测试，因此考场负担较大，不允许长时间测试。④在考题搭配上，部分省份是固定考题；一些省份是自选考题，由考生根据报考专业选择一题完成，或自选任何项目完成；还有一些省份（如山东）则是通过建设题库的方式，每年根据报考情况等因素抽选考题。

表5-8　　　　　　　　部分省份机械制造类专业技能测试内容

省份	考试内容	考试时间
福建	● 手工绘制零件图（50%） ● 机械零件测绘（35%） ● 工艺分析（15%）	60分钟

续表

省份	考试内容	考试时间
安徽	• 钳工技能考核 • 车工技能考核 • 数控车技能考核 • 零部件测绘与 CAD 制图技术技能测试 • 数控铣工技能考核 • 汽车维修技能考核 • 汽车维修设备和仪器的使用考核	90 分钟 （七选一）
江苏	• 车工 • 钳工	240～270 分钟 （二选一）
浙江	• 钳工 • 车工 • 数控车工 • 数控铣工（加工中心）	150 分钟 （四选一）
云南	• 钳工（客观题）	300 分钟
山东	• 计算机绘图 • 机械零件测绘 • 典型零件钳工加工 • 轴套类零件普通车床车削加工 • 数控车仿真 • 手工电弧焊焊接 • 液压与气压传动系统的安装与调试 • 电动机控制及常用线路安装	60 分钟 （根据专业选择若干模块）
湖北	• 机械制造（根据零件图纸操作车床（CA6140A）完成零件加工） • 铣工（根据零件图纸操作铣床（X8126）完成零件加工） • 钳工（用手工及钻床（Z516）完成零件加工） • 焊接（正确使用焊工设备完成焊接件加工）	150 分钟 （四选一）

（2）职业素养。职业素养是不少省份技能测试中的内容，其考核的内容主要包括操作的规范性和安全性，通过对考生操作过程的观察，了解考生对职业规范的执行情况，以及安全操作的意识和行动。不同省份对职业素养考核的占比设计有一定差别，浙江省技能考试纲要中的职业素养占比 20%，云南占 10%，安徽占 22%，江苏占 33%，一些省份还设置了职业素养的否决项，如"严重违反安全与文明生产规程""违反设备操作规程""发生重大人身、设备责任事故"等，均视为考试结果不合格。表 5-9 和表 5-10 分别展示了浙江省和江苏省的技能操作职业素养评分细则。

表 5 – 9 　　　　浙江省高校招生职业技能考试机械类技能操作职业素养评分参考

项目	分值	评分标准	备注
工量具与设备使用	20	1. 工具量具混放扣 2 分 2. 量具掉地上每次扣 2 分 3. 工件装夹不规范扣 5 分 4. 刀具安装不规范扣 5 分 5. 量具测量方法不对扣 1 分 6. 主轴未完全停止就测量工件扣 2 分 7. 卡盘扳手不及时取下扣 3 分 8. 主轴变速不停车扣 10 分 9. 车床操作戴手套扣 5 分	本项目扣完为止，不倒扣
安全文明生产	10	1. 未穿工作服扣 10 分 2. 工作服穿戴不整齐规范扣 5 分 3. 工具量具摆放不整齐扣 2 分 4. 操作工位旁不整洁扣 2 分 5. 操作时发生安全小事故扣 2 分 6. 交卷后没清理工位扣 2 分 7. 交卷后没清扫卫生扣 2 分	本项目扣完为止，不倒扣
否决项		1. 不服从考试安排 2. 严重违反安全与文明生产规程 3. 违反设备操作规程 4. 发生重大事故	本项目出现任意一项，按零分处理

表 5 – 10 　　　　江苏省职教高考机械类技能操作职业素养评分参考

考核项目	考核内容	考核要求	分值	评分标准
安全文明生产	工具设备的使用维护	正确规范使用工、量具，合理保养及维护设备	20	主观评判： 各种工具、量具和各种相关及辅助设备的使用不符合有关规定，一处不符合要求扣 1~5 分； 操作姿势动作不正确不规范一处不符合要求扣 3~5 分； 不符合企业有关文明生产规定要求，一处扣 1~3 分
	操作规范	操作姿势规范，正确使用工具	20	
	文明生产	劳保用品穿戴整齐，工作场地保持清洁、整齐有序，不准乱放各种物品	10	
否定项目	发生重大人身、设备责任事故者取消考核成绩；违反考场纪律者取消考核成绩			

（三）职业适应性测试

职业适应性测试是针对普通高中生源和非传统生源（如退伍军人等）而设计的，旨在通过一系列科学的测评手段，对人的身心素质水平进行评价，使人与职业匹配合理、科学，一般在各省高职院校单独招生中使用。与常见的霍兰德职业测试、MBTI职业性格测试等结构化、普遍性强的职业类测试不同，高职招生考试中的职业适应性测试不从心理学的角度考察人职匹配问题，而是从考生是否具备某专业学习和工作的基本能力的角度设计。

1. 测试形式

职业适应性测试旨在由招考单位了解非专业出身学生进入本专业学习的基本条件，考试方式主要包括笔试和面试两类。其中笔试还包括纸笔测试、计算机考试、远程在线测试等，面试包括单独面试和集体面试两类。笔试重点考察学生的基本知识储备，面试则围绕招生主体关心的表达能力、沟通能力、计划能力等由考官和学生进行面对面交流，并允许考生在面试中展示个人特长。部分艺术类专业的测试形式为按图写生、舞蹈展示、书法创作、唱歌等，一些专业（如教育类）则安排考生围绕某一主题进行脱稿演讲。

2. 测试内容

由于职业适应性测试的对象主要是缺少专业训练的普高生和社会考生，因此该类测试的重点非专业基础，而是学生进入专业学习的潜力。省级教育行政部门会出台职业适应性测试命题和考核的原则性要求，并由各个学校根据专业特点拟定考试的方式和内容。表5-11展示了部分省份职业院校建筑类专业职业适应性测试内容、方式和样题，从表中可以看出，测试内容主要包括专业领域基础知识、职业素养与认知、生活工作常识、通用技能。但不同学校对于内容的组合和选择逻辑存在一定差异，其对学生职业适应性的考察效果在实际工作中也受到质疑。

表5-11　部分省份职业院校建筑类专业职业适应性测试内容、方式和样题

部分省份职业院校	考察内容	考察方式	样题
湖北A校	1. 职业意识。主要考察考生的诚信意识、团队合作意识、爱岗敬业、乐于学习和创新意识。 2. 职业潜质。主要考察考生在空间和平面形状方面的敏感性，以及持久性、创造性、挑战性方面的表现，以判断考生适合的工作为管理型、业务型或技术型	面试口试	你觉得建筑工程技术专业人员应具备什么素质？ 你对今后三年有什么样的规划和展望

部分省份职业院校	考察内容	考察方式	样题
安徽B校	1. 职业认知：考察考生对报考专业（职业）的认识和理解。 2. 思想道德：考察考生对思想道德的认识和日常行为中的思想道德意识。 3. 法律常识：考察考生对法律的了解和法律意识。 4. 信息技术应用能力：考察考生信息技术应用能力。 5. 语言表达与沟通能力：考察考生语言表达与沟通能力	笔试	你对报考专业就业情况有哪些了解？你希望通过专业学习，获得哪些技能？ 李白是哪个朝代的伟大诗人？ Thank you very much! 的中文意思是（　　）
云南C校	1. 职业道德 2. 心理素质 3. 仪表仪态 4. 言语表达 5. 思维品质 6. 专业素养	回答问题/展示	请进行 3 分钟简单的自我介绍，含兴趣爱好、学习情况等
山东D校	1. 通识知识：主要考核考生的文化修养、心理状况、安全意识等情况，包括文化常识、安全常识、历史地理知识、逻辑推理、时事政治、心理健康测试等内容。 2. 专业知识：建筑常识、建筑基础知识、建筑识图、安全常识等	计算机考试	谈谈你认为的建筑室内设计专业应该掌握的技能有哪些？
广东E校	1. 通识知识：要求考生具备一定的文化知识积累。通识基础试题涉及政治、经济、法律、哲学、时事等多方面内容。 2. 专业认知：考察考生对专业的认知程度。要求考生对专业有一定的认识，对学习建筑装饰材料技术有较浓厚的兴趣，具备学习专业的基础知识。 3. 职业素养：考察考生的道德修养、礼仪风范、团队精神、身体素质、心理素质、安全意识等内容。 4. 其他能力： （1）语言理解和表达能力：要求考生具备一定的语言文字基础，思维灵活，条理清晰，能积极回答问题，较准确地表达自己的观点。 （2）综合分析能力：考察考生对各种信息的理解、分析、判断、推理等能力。要求考生具有基本的逻辑推理能力、综合归纳能力和分析论证能力。 （3）反应能力和应变能力：考察考生对突发事件的反应及处理能力。要求考生能迅速做出可操作性强的应对措施	集体面试	

续表

部分省份职业院校	考察内容	考察方式	样题
湖南F校	1. 建筑专业常识：建筑材料、一般建筑常识、地质灾害、施工安全事项（用电、防火、高空作业等）。 2. 军事素养与素质：国防观念和意识、军事知识和理论素养、基本的军事技能。 3. 信息技术能力：了解计算机常识、常用办公软件的操作能力。 4. 职业素养与道德：时事政治、法律法规知识、社会适应性。 5. 环保意识：垃圾分类、绿色发展、低碳出行、新能源。 6. 常识判断：火灾及自然灾害的认识和防范、自然学科知识应用、人文学科知识应用、生活常识	笔试	根据实地调查，属于常见地质灾害的类型有哪些？ A. 崩塌 B. 滑坡 C. 泥石流 D. 地面塌陷 《福尔摩斯探案》是世界上最著名的侦探小说，其作者是著名的侦探小说家阿加莎。（　　）
陕西G校	考核重点为社会适应能力、表达沟通能力、性格人格成长情况等方面，以评估面试者的职业素养水平，衡量满足行业岗位标准和发展趋势的面试者岗位操作成长潜力。考核内容包括专业及职业认知、专业及职业动手能力	自我介绍、自我讲述和回答问题	谈谈你如何理解建设工程管理或工程造价的专业定义？ 谈谈你在大学期间的学业规划

第二节　职教高考内容设计的思路和方法

考试是人类有意识、有目的的反身评价活动。它以试题作为测评媒介，通过被试对试题的反应，来评判被试群体的个体素质差异[1]。因此，高考内容的质量直接关乎人才选拔的质量，也事关高考作为高等教育资源分配主体的公平性问题。然而考试内容的改革并不仅仅是一个内容选择的问题，更是嵌入于社会制度下的需求平衡问题[2]。尽管我国职业教育高考逐渐确立了其观念和建制层面的合法性，但是职教高考"考什么、怎么考"仍是未解决的现实性问题。这背后暗含着影响职教高考内容设计的复杂因素，以及考试内容设计的独特机制等诸多学理性问题。揭示职教高考内容设计的基本规律，对于未来提升职教高考在选拔人才、引导育人等方面的价值具有重要意义。

---

[1]　李木洲. 高考改革的历史反思［M］. 武汉：华中师范大学出版社，2016：137.
[2]　李木洲. 高考内容与形式改革：规律、困境与趋向［J］. 华南师范大学学报（社会科学版），2017（05）：59–61.

一、高考的"旋转门"机制及其对考试内容设计的影响

(一) 作为沟通高等教育与高中教育的高考"旋转门"机制

为高等教育选拔人才是高考最基本、最典型的功能①。尽管这一功能所衍生出的"指挥棒"效应为不少人所诟病②，但是选拔功能始终是高考存在的核心价值③。正是这一核心价值的存在，高考自然扮演着一个十分重要的传导机制，也就是将高等教育对人才培养的需求以某种方式体现在高考的内容和选拔方式之中，以此来检验学生进入高等教育学习的潜力。一些学者曾借助模型描述过此类传导机制④，但是该模型重点是以制度变迁的视角审视高等教育借助高考实现对高中阶段教育的传导功能，并未深度考察高等教育借助高考影响高中阶段教育的内在机制和本质特征。此外，一些对这种传导机制的描述忽视了高考在高等教育和高中教育之间承担着的缓冲、融合、平衡的作用。因此，对高考沟通高等教育和高中阶段教育的功能特征，还应做更深入细致的探索。

实际上，高考所扮演的是一个"旋转门"机制，而高等教育中独特的知识体系是这一旋转门运行的动力或载体 (见图 5-2)：在我国已经较为成熟的普通高校考试招生体系中，为了选拔体现国家发展需求和个体发展需求、适合接受高等教育的人才，高等教育会将自身的知识生产、储存和使用体系体现在高考的科目、试题内容与选拔方式之中，构成考察学生知识结构特征的系统方案。而高考内容及选拔方式的变化，会深入影响高中乃至基础教育阶段的课程设计和教学计划。但是，高中阶段教育具有其独特性和自主发展性的特点，且随着高等教育大众化水平的不断提升，以及社会人才观的不断变革，高中阶段教育开始寻求多元化发展路径。因此，高中阶段教育也会以自身的方式参与高中生知识结构的形成，以独特的方式回应高等教育的需求。

① 刘海峰. 高考改革的理论与历史 [M]. 武汉：华中师范大学出版社，2016：12.
② 郑若玲. 试析高考的指挥棒作用 [J]. 厦门大学学报 (哲学社会科学版)，2002 (02)：7-10.
③ 姜钢. 论高考"立德树人、服务选才、引导教学"的核心功能 [J]. 中国高等教育，2018 (11)：31-35.
④ 李木洲. 高考改革的历史反思 [M]. 武汉：华中师范大学出版社，2016：48.

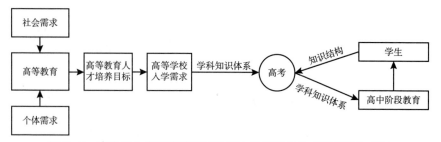

图 5-2　高考作为沟通高等教育和高中阶段教育的"旋转门"机制

因此，基于学科分类的、以科学知识为主体的普通高等教育知识体系，通过高考渗入了高中阶段乃至整个基础教育阶段之中，潜移默化地影响科目的设置和科目内容的选择，进而影响着学生的知识结构以及知识观。而高中阶段教育既需要充分回应高等教育人才培养的基本需求，同时也会结合高中教育的需求，形成一种综合性的人才培养方案，并通过高考反馈到高等教育之中。普通教育内部已经围绕高考这一"旋转门"，以体系化的科学理论知识为载体，形成了人才培养的内循环体系。这一系统维系着整个普通教育体系内部的人才供需平衡，并受到国家、社会和个人发展需求的调节。

（二）高考作为"旋转门"机制对考试内容的影响

"旋转门"机制勾勒出影响高考内容设计的三个维度：高等教育对人才培养的需求、类型化的知识体系，以及高中阶段的教育特征。

1. 高等教育的育人诉求

高等教育对人才培养的需求是最为宏观和基础的维度。高考是高校招生制度，因此考试内容的设计必然首先要满足高校招生的基本需求。然而这种需求并不仅仅是普遍主义、人文主义等大学自身的价值追求，而更多地糅合了社会和个人需求的综合表征。美国以 ACT、SAT 为代表的大规模标准化测试，正是杂糅了美国进步主义思潮、高等教育民主化发展、构建以精英阶层为核心的"贤能政治"体系、美国经济现代化发展需求等各类因素后产生的结果①。中国自恢复高考以来的每一次高考改革，也都是高等教育在贯彻党的教育理念、回应社会对人才的期待、考量大学自身的存在价值、促进人的多元发展等因素的基础上所推进

---

① 尼古拉斯·莱曼."美国式高考"：标准化考试与美国社会的贤能政治［M］. 戴一飞，李立丰，译. 北京：北京大学出版社，2018：147.

的，充分体现在从知识立意到能力、素质立意的改革进程之中①。

2. 类型化知识体系的规训

类型化的知识体系是影响高考内容最直接的维度，也是高等教育人才培养需求发挥影响的载体。它以正统知识生产者的身份，基于福柯笔下的"生产论述的操控体系"②，"规训"高考的内容与形式。知识体系影响高考内容的路径主要有三条：一是知识的组织逻辑影响高考内容的组织。普通教育中以学科为基本单元的知识组织方式，造就了高考的分科考试设计，以及每科考试内部知识从基础到复杂、从单一到综合的编排逻辑。而职业教育中以岗位工作任务与职业能力为基本单元的知识组织方式，则形成了以岗位或岗位群为单元的职教高考组织模式。二是知识的层次性决定了高考内容的位阶关系。对语言表达、数理逻辑、科学思维等核心素养的强调，使语文、数学、英语这种通识性、基础性更强的学科成为普通高考和职教高考共同的基础考试科目。而普通高考中物理、化学、历史、地理等更专业化的科目，以及职教高考中各专业大类的专业基础理论与实践操作考试，则重点考察具有学科和专业特色的核心素养或关键能力。三是知识的生产模式决定了考试内容的呈现形式。近年来对跨学科、跨领域知识生产的强调，使高考内容的综合性、复合性、应用性程度有所提升。

3. 高中阶段教育的独特价值

高中阶段的教育特征是高考内容选择的参照基准，高考内容需要充分考量高中学段学生的思维发展特点以及全国各地生源的基本特征，在内容的选择和表达上体现形式公平的基本原则。此外，高中教育也有特色化发展的内在需求，在充分整合高考改革传递出的育人理念的同时，高中教育还要反求于自身的教育价值，培养高中生健全的人格和公民基本素养③，很多高中学校也在探索对接本土、对接专业、对接国际的高中教育多元化发展路径，为学生多元成才提供机会。因此，高中阶段教育也会以课程、活动等载体参与学生知识结构和价值观的形塑，并潜移默化地影响高考内容的选择。

---

① 钟秉林，王新凤. 我国高考改革的价值取向变迁与理性选择——基于40年高考招生政策文本分析的视角 [J]. 教育研究，2017，38（10）：12-20.
② 华勒斯坦，等. 学科·知识·权力 [M]. 刘健芝，等编译. 北京：生活·读书·新知三联书店，1999，13.
③ 冯建军，汤林春，徐宏亮. "新高考改革与普通高中教育发展"笔谈 [J]. 基础教育，2019，16（01）：39-46.

（三）我国职教高考作为"旋转门"机制的缺失及考试内容设计的偏差

职教高考是高职分类考试招生由"制度类型化"向"类型制度化"改革的结果，体现了职业教育作为一种教育类型的评价体系的独特性。它着眼于职业教育作为一种教育类型的基本定位，试图在构建具有职业教育特色的技术技能人才培养体系中扮演类似于普通高考的"旋转门"角色，为职业高等教育选拔人才，促进中等职业教育与职业高等教育协调发展。然而，长期以来职教高考的"旋转门"机制并未在制度设计和实施过程中加以体现。

我国职业教育分类考试招生制度改革始于 2010 年的《国家中长期教育改革和发展规划纲要（2010－2020年)》[①]，该政策首次明确提出了"分类考试招生"的改革方向，然而这一改革思路早在 1985 年的《中共中央关于教育体制改革的决议》中就已经有所体现。在彼时尚无职业本科教育的现实背景下，三十年的分类考试招生探索、试点与推广，更多的目的是促进中职学生向职业专科教育升学，促进职业教育的分类评价改革，保障高职院校的生源。因此分类考试较少顾及高等性的特征，而更强调职业性的特征，强调中等职业教育向专科教育的贯通培养。在这种情况下，高考内容的选择更多地偏向于对中等职业教育期间技术知识学习程度的考察，和对学生已有操作能力的考察，而忽视了对学生发展潜力、跨职业的核心能力、职业素养的考察。在职业教育仅仅维持专科层次教育的前提下，分类考试招生的选拔性功能和高等性特征得不到应有的强化，加之部分高职院校面临的"生源危机"，考试往往成为学生升学的形式化设计，从而衍生出分类考试在设计和实施过程中的诸多问题[②]。

然而，自 2014 年的《现代职业教育体系建设规划（2014－2020)》以及 2019 年的《国家职业教育改革实施方案》先后提出"引导一批本科高等学校转型发展"和"开展本科层次职业教育试点"以来，职业本科教育逐渐在学制层面予以确立。在这种情况下，脱胎于"高职分类考试招生制度"的职教高考制度不得不考虑一个现实问题，即如何发挥职教高考为职业高等教育选拔人才的功能。尽管职业教育类型地位的确立，使得职业本科教育在观念和建制层面开始独立于普通本科教育之外，然而两者在本科教育上应具有共同的理念和基础。如果

---

① 袁潇，高松.高职院校分类考试招生制度研究［J］.高教探索，2018（10）：72－78.
② 董照星，袁潇.高职院校分类考试招生的途径、问题和对策研究［J］.中国职业技术教育，2018（02）：5－9.

过度凸显职教高考的职业性，忽视其为高等教育选拔人才的功能，那么职教高考作为高考制度的权威性、有效性和外部认可度也必将受到严重影响。

在现代职业教育体系框架逐步成熟的情况下，职教高考必须要在内容改革上体现"旋转门"中的三个维度，发挥职业高等教育的引领性作用，挖掘技术知识体系的规范性作用，兼顾中等职业教育的指导性作用，以科学的考试内容构建职业教育内部人才培养的内循环体系。

二、"旋转门"机制下职教高考内容改革的基本框架

（一）职业高等教育

1. "德技并修"的社会育人需求

以涂尔干、孔德、那托尔卜等为代表的学者所秉持的社会本位论观点，深刻揭示了教育满足社会发展需求的内在机制。职业高等教育的发展嵌入于学校教育制度乃至整个经济社会发展之中，其存在价值、发展模式和动力机制深受社会需求的导向和影响。社会层面对职业高等教育的需求集中体现在培养一批"德技并修"的高素质技术技能人才。这里的"德"应做广义的理解，也就是包含以社会主义核心价值观为内容的社会道德规范，以及各行各业内独特的职业道德规范。而"技"则指的是拥有胜任岗位工作的能力，并突出表现于精湛技艺和解决复杂的技术难题。在智能化、绿色化和高端化的产业转型过程中，生产技术的进步、生产组织方式的变革，以及市场消费结构与特征的变迁，越来越需要从业人员具备跨职业的核心能力、复合型职业能力以及创新能力①，这对职业高等教育的人才培养模式，以及职教高考的内容设计必然产生深刻影响。而"德技并修"内在蕴含着一个基本思想，即职业教育的人才培养与评价是一个综合性的过程，无论是技能操作，还是工作规范，二者都统一于作为活动的工作之中②。因此，这也对传统的"知识＋技能"的职教高考内容设计提出了挑战，即如何解决知识和技能分别评价所导致的评价完整性缺失的问题。

2. 生涯发展的个体需求

以洛克、孟子、卢梭等为代表的中西方学者所秉持的个体本位论，强调教育

---

① 徐国庆. 智能化时代职业教育人才培养模式的根本转型［J］. 教育研究，2016，37（03）：72－78.
② Stevenson，J. Normative nature of workplace activity and knowledge［J］. International Journal of Educational Research，2002. 37（1）：85－106.

应以个体价值为中心，以个人自身完善和发展的需要开展教育活动。而这种凸显个体需求的发展观，近年来逐渐成为激化高质量教育供需矛盾的推手，并集中体现在"取消普职比""取消中职"等议题之中。对于进入职业教育体系学习的学生而言，其生涯发展的内在需求主要是通过人力资本的提升实现个体收入、社会地位等的提升[①]，而人力资本的提升主要是通过学历层次的提升、职业资格的获得、个体终身学习和发展能力的增强而实现的。因此，作为职业教育人才培养"指挥棒"的职教高考，必须要回应个体生涯发展的多元需求，通过考试内容的设计，强化考试成绩的价值尺度和流通功能。

3. 实用主义高等教育的价值需求

大学拥有其自身发展的精神和旨趣。无论是普通高等教育还是职业高等教育，两者均属于高等教育体系中的一员，共享属于大学的价值理念和精神内核。然而职业高等教育并非高等教育与职业技术教育的跨界生成，它伴随着高等教育大众化，以及科学、工程与技术领域围绕现实问题的不断交融而生，是"基于社会职业属性的高等教育模式改革的必然产物，体现了实用主义高等教育的理想和使命"[②]。与普通高等教育不同的是，职业高等教育体系内部存在专科和本科层次之分。在《国际教育标准分类法》（2011）中，专科教育属于 5 级教育，基于实用和特定的职业；而本科教育则属于 6 级教育，其定向类别是学术和专业[③]。因此，职教高考的内容设计需要兼顾两种不同办学目标和发展方向的教育，尤其是关照职业本科教育对专业性人才培养的需求。

（二）技术知识体系

技术知识具有独特的内部结构和层次特征，其开发和使用的逻辑也与学科知识有一定差异。技术知识体系是职业高等教育影响中等职业教育的主要载体，也是职业教育作为一种类型教育的知识论基础。

1. 技术知识的结构

技术知识是"生产某种物品或提供某种服务所需的知识"[④]，因此技术知识

① 李政. 个体视角下的职业教育现代化：一个全生命周期的分析［J］. 教育发展研究, 2018, 38（23）：79－84.
② 俞涛, 邹龙飞, 曾令奇. 职业导向的高等教育：内涵与特征［J］. 教育与职业, 2014（06）：5－8.
③ UNESCO. International Standard Classification of Education［EB/OL］（2012－12－01）［2020－01－03］. http：//uis. unesco. org/sites/default/files/documents/international－standard－classification－of－education－isced－2011－en. pdf.
④ 徐国庆. 实践导向职业教育课程研究：技术学范式［M］. 上海：上海教育出版社, 2005：120.

内在蕴含着应用逻辑，广泛存在和产生于人类社会的各类技术活动。不同产业内部从业人员所使用的技术知识在结构和内涵上各不相同。例如，制造业从业人员使用的技术知识结构主要包括技术原理知识、工艺技术知识、软硬件使用知识、操作技艺知识、生产情境知识、判断决策知识、职业伦理规范知识以及相关岗位基本知识①，而食品制造和机械制造之间在这些知识的内涵上又有异同。因此，技术知识通常是按照岗位（群）所对应的专业进行横向上的分类，形成了职业教育内部以专业为单元的知识组织模式。专业内一部分技术知识具有基础性特征，供多个专业方向（岗位）共享，另一部分技术知识则对应不同岗位的特殊需求。此外，一些技术知识也可以在专业之间乃至专业大类之间实现共享。这就对职教高考内容的选择提出了一个挑战，那就是如何甄选出那些真正体现专业或专业大类核心职业能力的技术知识进行考核。

2. 技术知识的层次

技术知识在纵向上存在抽象水平的差异，例如，费雷（Ferre，F.）将技术知识划分为工匠技能、技术格言、描述性定律和技术理论知识。工匠技能的默会性最强，是个体具身认知的结果；而技术理论知识源于理论知识在职业情境中的应用，具有科学性、标准性特点。智能化背景下的生产和服务，越来越依赖结构化程度高、科学性强的技术理论知识，越来越需要从业人员具有分析和解决非良构技术问题的能力。因此，技术知识的层次性，客观上要求职教高考必须要充分考虑不同抽象水平技术知识的考试价值。在部分省市现行的职教高考改革方案中，以工匠技能为代表的默会知识往往体现在技能考试的内容之中，并试图通过强化此类考试以凸显职教高考的类型化特征。然而，工匠技能、技术格言等难以标准化和外显化的测评内容，必定会产生外界对考试公平性的疑虑。而理论考试中技术理论知识的选择，也应着重考虑那些能够评价个体思维能力的技术知识，处理好描述性定律和技术理论知识在考试内容中的比例。

3. 技术知识的开发

布莱恩·阿瑟（Arthur，B.）通过对不同技术产品结构的历史和横截面分析，得出了"技术是历史的产物"这一结论。他认为"所有未来的新技术都将来自现存技术，因为他们都是构成未来新要素的元素，而这些新元素将最终使未来新技术成为可能"②。技术的迭代发展，必然带来技术知识的不断增长，且围

---

① 李政. 职业教育现代学徒制的价值研究［D］. 上海：华东师范大学，2019.
② 布莱恩·阿瑟. 技术的本质：技术是什么，它是如何进化的［M］. 杭州：浙江人民出版社，2014：190.

绕技术手段和应用情景的进步与丰富，逐渐形成一个完整的技术知识体系。体系化了的技术知识具有内部的知识生长机制，技术学科、技术文件、从业者和技术器具等都是技术知识的增长载体①。未来进入职业高等教育的学生，以及通过职业高等教育进入工作场所的员工，都将成为促进技术知识增长的一员。因此，职教高考的内容应能够考察学生立足现有技术知识生成新知识的潜在能力。这种潜在能力可以体现在多个方面，如应用多领域技术知识综合解决复杂问题、分析现有技术工具与技术方案的优劣势并给出改进方案等。

（三）中等职业教育

1. 中等职业教育的区域性

中等职业教育是产业中级技能型人才的重要来源，支撑区域产业链的运转和升级②。然而，即使是一个区域内的同类企业，在规模、技术特征、生产组织方式、产业链地位、面向市场等各方面依然存在差异，这也产生了不同的人才需求特征和结构。因此，各中职学校围绕同一岗位（群）所布局的专业结构及其内涵均有不同程度的差异。尽管一些省市在省级层面制定了部分专业人才培养方案和核心课课程标准，然而这些均属于指导性方案或标准，不具有普通高中课程标准的权威性、强制性和统一性。此外，中职内部还有中等职业学校、职业高中和技校三种不同类型的办学形式，受管理体制、办学历史等因素影响，技校和前两种学校在人才培养模式、课程结构等方面差异明显。可见，面向中等职业教育学生的职教高考内容选择，必须充分照顾省域内产业发展的地域差异及中职办学差异，尽可能避免差异性内容影响高考的形式公平。

2. 中等职业教育的基础性

中等职业教育曾长期定位于就业教育，以促进学生就业为办学宗旨③。然而人民收入水平与高等教育大众化水平的不断提升，以及产业转型升级对从业人员知识与技能水平的更高要求，使中等职业教育毕业生的就业及生涯发展质量不断下降，职业教育内部面临着突出的高质量教育供需矛盾。因此，2020 年颁布的《职业教育提质培优三年行动计划》明确提出"把发展中职教育作为普及高中阶

---

① 徐国庆. 开发技术知识："双高计划"背景下高职院校课程建设的突破点 [J]. 教育发展研究, 2020, 40（09）：47－55.
② 姜大源. 关于加固中等职业教育基础地位的思考（连载二）[J]. 中国职业技术教育, 2017 (12)：5－30.
③ 石伟平, 徐国庆. 以就业为导向的中等职业教育教学改革理论探索 [J]. 中国职业技术教育, 2008 (11)：18－22.

段教育和建设中国特色现代职业教育体系的重要基础",强化了中等职业教育在现代职业教育体系中的基础地位。在职业基础教育的定位下,中等职业教育应从传统的"就业导向"转变为"知识强化"[1],从基础理论、基本技能、核心素养入手,奠定学生进入高等教育学习的基础,促进学生成长为一个适性发展、全面发展的人。基于此,职教高考应充分引导中等职业教育开展"双基一核"教育,在考试内容上注重选择那些对职业能力形成和职业素养培养有奠基意义的基础知识和基本技能,在基础中评价学生接受职业高等教育的潜力。

三、职教高考内容设计的"双扇形"模型

基于上述分析,职教高考的内容设计先后遵循"筛选机制"和"组织机制",其中"筛选机制"按照基础性、关联性和思维性三大要求筛选出适合职业教育高考评价的内容,形成职教高考内容库。"组织机制"则是按照体系化、定向化和结构化三大方式,将筛选出的内容进行科学梳理、整合、延伸和排序,从而形成可用于考试的试题,并影响考试的科目设计和形式设计。这两大机制及六个环节共同构成了职教高考内容设计的"双扇形"模型(见图5-3)。

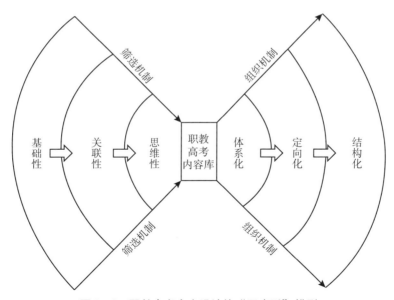

图5-3 职教高考内容设计的"双扇形"模型

---

① 徐国庆,王璐.公共基础课建设是中等职业教育发展的重要基础[J].中国职业技术教育,2020(09):5-9.

（一）筛选机制

筛选机制是基于这样一个前提——即并非任何类型的知识均可用于高考。职业教育内部专业众多，技术知识体系庞杂，且还要平衡公平与效率间的关系，因此必须筛选出兼顾职业高等教育需求、技术知识体系建构以及中等职业教育办学特征的内容。这个筛选的过程分为三个环节：基础性、关联性和思维性。

1. 基础性

基础性并非只选择那些最基础的知识和技能用于考试，或一味地降低考试难度，它包括两层含义：一是要注重选择那些具有科学性或行业内具有较大共识的内容，以及对专业大类内部共享度较高的技术理论和技术实践知识，进一步优化默会知识与可言明的理论知识在考试内容中的比重，确保考试内容的形式公平及评价的可行性。二是注重跨职业的核心能力在内容中的体现，例如，美国劳工部就业管理局将职业能力结构划分为三个层次：基础能力、行业相关能力与职业相关能力。其中基础能力包括跨职业通用能力，包含个人效用（personal effectiveness，如社交能力、融入能力、终身学习能力等）、学术能力（academic，如数学、阅读、写作、批判性思考等）与工作场所能力（workplace，如团队合作、创造性思维、工具和先进技术使用、问题解决等）。这些跨职业能力体现在明确问题的解决、规范性的动手操作、思考过程的陈述等之中，需要在考试内容中精心设计。

2. 关联性

基础性只规定了考试内容的信效度问题，而符合信效度的内容很多，必须要从这些内容中划定边界，筛选出那些与需要考核的职业能力相关性强的内容，避免考试内容设计的无目的性。这里可以考虑以专业大类为单位建立职业能力模块库，对专业大类中每个专业对应的岗位进行工作任务与职业能力分析，并分析职业能力对应的知识、技能和素养要求，从而建立起一个以专业为单元的职业能力体系，及其对应的学习内容体系①。考试内容应从学习内容体系中选择相应的技术理论知识和技术实践知识，并将职业能力对应的素养要求体现在试题要求或评价标准之中。

3. 思维性

基础性和关联性解决了内容的信效度与基本质量问题，但是筛选出来的内容

---

① 徐国庆，等. 职业教育国家专业教学标准开发：理论与方法［M］. 上海：华东师范大学出版社，2017：2.

并未回应职业高等教育的育人需求，没有注重评价学生进入职业高等教育学习的潜力，因此还应从思维性的角度对内容进行筛选。所谓思维性，指的是学生运用一定的逻辑认识本质、推测未知、思考和解决问题的特征与能力，是认知过程的高级阶段，反映了个体思考问题的广度、深度和向度。思维力是学生进入职业高等教育学习，以及进入职场所必备的基本能力，也是高考选拔学生所必须要考察的能力。普通高考的成绩之所以具有更好的价值尺度和流通功能，一个很重要的原因是普通高考重在考察学生"独立思考和运用所学知识分析问题、解决问题的能力"[①]，而非简单的知识点回忆。美国的 ACT、SAT 考试也是基于心理学层面的标准化设计，并被大部分高校作为学生录取的主要依据。因此，职教高考若要赢得社会的认可，适应职业高等教育的人才培养需求，必须要强化对学生在职业乃至通识领域内的思维能力的评价。这种思维力类似于费利克斯·劳耐尔（Felix Rauner）口中的专家知识（professional knowledge），它强调从业人员对职业情境的分析判断能力，强调创新精神的融入，强调设计出刚性条件上的"权变"方案[②]。以思维性的维度对内容进行筛选，并不是要排斥所有考察基础知识与基本技能的内容和形式。在合理调整考试内容难易度的前提下，考试内容应尽可能促使学生运用所学知识分析和解决工作过程中出现的各类问题，尤其是在题型的设计上，可充分利用情境问答、案例分析等方式，让学生有思考、设计、计算、分析的答题过程。

（二）组织机制

筛选后的内容仍然是分散的知识或技能点，没有形成可供综合性评价的考试内容设计方案。因此，内容还应按照一定的原则进行组织，从而形成可用于实际使用的试题、试题结构和实施方案。相对于筛选机制"从宽到窄"的过程，组织机制则更多的是基于筛选内容的挖掘、组织和综合，是一个"从窄到宽"的过程。

1. 体系化

体系化的目标是让技术理论知识与技术实践知识之间围绕工作任务和职业能力形成系统化的呈现和考核。因此，试题在设计前往往需要明确考核哪些核心能

---

① 中华人民共和国中央人民政府. 国务院关于深化考试招生制度改革的实施意见 ［EB/OL］.（2014 - 09 - 04）［2022 - 06 - 01］http：//www. gov. cn/zhengce/content/2014 - 09/04/content_9065. htm.
② 李政. 职业教育现代学徒制的价值审视——基于技术技能人才知识结构变迁的分析 ［J］. 华东师范大学学报（教育科学版），2017，35（01）：54 - 62，120.

力点，并根据筛选后的内容对能力点相关的技术理论知识与技术实践知识进行梳理，根据该内容的性质及评价重点，分析哪些知识适合采用纸笔测试的评价方式，哪些适合采用以操作为主的表现性评价方式。例如，对工艺流程设计能力的评价宜采用分析、排序等方式，而对基本概念和技术名词的理解则宜采用简单或名词解释的方式，对于考察学生默会知识较多的技能操作内容，则应采用典型项目实操的方式进行评价。同时，还可根据内容的联动设计最大程度实现理实一体化评价和对职业素养的评价。

2. 定向化

定向化指的是内容设计要照顾职业高等教育中专科层次和本科层次的不同办学定位，以及对学生的不同要求。相较于职业性人才而言，专业性人才培养更强调专业理论知识体系的建构、专业思维与意识的建立，以及专业化培养体系的形塑，其目标是成长为工程师或高级专业技术人员，因此，职教高考的内容设计必须要兼顾两种不同办学目标和发展方向的教育，强调命题的不同方向。未来可考虑设计针对职业专科教育和职业本科教育的不同试题组合，专科录取试题偏向于对学生操作技能熟练度、基本原理掌握度、工作情境适应性等方面的考察，而本科录取试题则偏向于对学生理论知识体系、综合性问题解决能力、工程与技术思维的评价。

3. 结构化

当内容及其评价形式确定后，应检视试题与所要评价的学生知识结构间的匹配关系，避免重复评价、评价内容缺漏、难易度偏差等设计问题，尤其是专业理论考试与专业操作考试之间、专业理论知识与专业实践知识之间的匹配关系。同时，所有的试题应按照从简单到复杂、从考核基本知识到考核思维能力和综合问题解决能力的顺序排序，以照顾考生的适应性。

第三节　职教高考方法的设计和选择

方法是影响评价信效度的另一个关键要素。方法的选择会受到评价内容特征和实施可行性的双重影响，且不同类型的评价组织和主体也会因评价的目的不同，在方法的选择上遵循不同的原则。本节将首先介绍职业教育评价最常见的三类方法——纸笔测试、观察评价和实践成果评价，并根据评价对象特征和价值取向两个维度，对现有各种类型的评价方法进行分类。然后基于职教高考评价方法选择的外部限制条件，研究职教高考方法设计的基本策略。

一、现行职业教育评价的主要方式和优劣分析

（一）纸笔测试评价

纸笔测试是最古老而又最基本的人才测评方法，它主要使用一组通用的评估工具对个体进行评测，考生可以通过这些工具阅读问题并以书面形式做出回答。常见的纸笔测试工具包括测试（如知识和能力测试）和问卷（如性格和兴趣问卷）两类。书写是纸笔测试的核心行为，书写的结果构成了评价的核心载体。这种评价方式主要用来考察学生的知识储备、对复杂问题的思考和处理能力。普通高考、心理学测验、公务员考试等都广泛使用纸笔测试的方式进行。近年来部分纸笔测验开始由网络测验代替，一些国内外研究显示网络测验和纸笔测验之间只存在部分的强不变性和部分的严格不变性，且测验实施环境对结果的影响不可忽视。① 因此，对于职业教育领域是否能用网络测验、电脑答题代替纸笔测验，仍值得进一步研究。

我国古代的科举制度就是依靠纸笔测试的方式。在西方，直到 1702 年，英国剑桥大学才以笔试代替口试，是西方学校纸笔测验的最早范例②。纸笔测试之所以经久不衰，其原因有二：一是纸笔测试得到的结果，能够测量个体的思维能力、表达能力等高层次心理功能。因为纸笔测验的过程是学生将思考的过程反映在可见、可知的文字中，而文字和其他符号具有传递思想和逻辑的功能，因此考官可以通过考生的文字了解相应的能力，但前提在于试题的设计具有较高的信效度。纸笔测验对于评价个体的知识记忆和理解能力方面具有更显著的优势，但在评价技能操作水平、综合行动能力等方面则具有劣势。二是纸笔测试开展的成本较低，尤其适合大规模标准化测评的使用情景。考试可被视为是一种社会资源的分配机制，在高利害关系属性面前，公平区分往往比考试有效性更受到社会关注。而纸笔测验能够通过较为简单、快速和便捷的方式，基于标准化的测验模型

---

① 蔡华俭，林永佳，伍秋萍，等．网络测验和纸笔测验的测量不变性研究——以生活满意度量表为例 ［J］．心理学报，2008（02）：228－239.
② 王则信．远距离教育辞典 ［M］．北京：新华出版社，1994：401.

设计考试内容，是各方都能接受的评价与资源分配机制。

纸笔测验是目前职业教育评价广泛应用的方式，但一些学者认为，纸笔测验并不能体现职业教育考试的特色，有应试教育、学科导向评价之嫌。这里应理性看待纸笔测验作为评价方法的优势和功能。职业教育评价离不开对学生知识记忆、理解和运用能力的评价，纸笔测验在测试学生记忆专业基础知识，和应用专业知识解决典型问题水平上有其现实价值。即使是对行动能力有较高要求的综合问题解决能力和操作技能，也离不开对思维、逻辑和知识的运用。因此，纸笔测验并非学科教育的专属，也并非职业教育类型化评价的"原罪"。在可预见的未来，纸笔测验仍将是职业教育重要的评价方式，但需要关注纸笔测试题设计的科学性和适应性，发挥纸笔测验在评价学生知识结构和应用能力上的优势。一些职业能力评价已经以纸笔测验为主要方法形成了成熟的测评方案，如 COMET 测评采用开卷笔试形式，测评时间一般为两个小时，主要是要求在情境性的开放式综合任务中，通过对方案的整体性评价诊断学生的职业认知能力[①]。

（二）观察评价

观察法是基于视力记录行为、事件或注意自然环境中的物理特征来收集数据的一种方式。观察可以是公开的，也可以是隐蔽的；可以是直接观察，也可以是间接观察。用于评价的观察法一般为公开和直接观察。与纸笔测试不同，观察评价更注重操作的行为和过程，关注被评价者操作设备、仪器、工具等中介物，与外界互动并达到目标的过程及其结果，是一种历时性的评价手段。因此，观察评价被广泛运用于招聘面试、长时间的增值性评价等场景中。

观察评价运用是否得当，取决于三个因素：一是观察得到的信息是否能达到评价的目标，这是是否可能的问题。由于观察评价十分依赖评价者的视觉判断，因此观察评价只适用于外显性能力的评价，如动作的完成度、娴熟度和规范性；此外，观察法对评价者的素质和评价环境的设计有较高要求，一般难以大规模实施，或需要付出较高的时间、资金成本。二是事先制定的观察方案是否能收集到有效的信息，这是是否可行的问题。例如，要观察某位学生是否能正确完成客房的整理和清洁，必须要提炼出客房清洁的若干关键标准及其操作规范，并根据这些标准和规范制定观察要点和记录方案，从而让评价者可以收集到用于评价的有

---

① 赵志群，高帆. 综合职业能力测评（COMET）的理论与实践［J］. 中国职业技术教育，2022（08）：5-11.

效信息。三是观察的实施是否能确保结果的可靠性问题，这是是否科学的问题。例如观察评分量表是否体现了评价要求，评价内容是否全面，各评价维度的权重是否合适，评价者是否掌握观察评价的基本方法，安排多少位观察者同时观察、记录和评价，多个成绩如何汇总得出最终成绩。这些问题都决定了观察评价的实施效度。

职业教育评价中的多个场景均用到了观察评价的方法，最常见的便是技能考试（见图5-4）。表5-12展示了骨盆外测量操作考核的评分标准。可以看出，对四个项目的评估均需要使用观察法，由若干位考官观察考生完成的过程，并根据事先拟定的标准赋分。但是评价过程受评价者观察的角度、细致程度、对标准的理解等主观因素较大，且对考生呈现操作步骤、适应考试环境等也有一定要求。为了向考官证明某个关键步骤完成，考生往往还要对一些动作做突出展示或语言补充介绍。

图5-4　山东某校职教高考技能测试考点考试过程实拍

表5-12　　黑龙江省2021年对口招生技能操作考试骨盆外测量操作考核评分标准

序号	项目	技术要求	分值
1	评估20分	评估环境： 环境清洁、干燥、宽敞，符合操作要求	6
		评估用物： 用物准备齐全	8
		评估护士： 着装、口罩、帽子符合操作要求	6

续表

序号	项目	技术要求	分值
2	沟通 10 分	面向孕妇（骨盆模型）解释操作目的和过程 配合事项 操作要点	3 3 4
3	操作步骤 140 分	排空膀胱 协助孕妇仰卧于检查床上	10 10
		髂棘间径： 取伸腿仰卧位 测量两髂前上棘外缘间的距离 正常值：23～26cm 读数值	6 8 8 8
		髂嵴间径： 取伸腿仰卧位 测量两髂嵴外缘最宽的距离 正常值：25～28cm 读数值	6 8 8 8
		骶耻外径： 取左侧卧位，右腿伸直，左腿屈曲 测量第 5 腰椎棘突下至耻骨联合上缘中点的距离 正常值：18～20cm 读数值	6 8 8 8
		坐骨结节间径： 仰卧位，双腿屈曲，双手抱膝 测量两侧坐骨结节内侧缘之间的距离 正常值：8.5～9.5cm 读数值	6 8 8 8
4	评价 30 分	操作方法： 程序正确，动作规范、美观，操作熟练	10
		操作效果： 孕妇无不适感	16
		操作态度： 认真、严谨，有科学的态度	4
	总分 200 分		

（三）实践成果评价

实践成果评价是以个体基于实践最终完成的可见的成果为载体的评价方法。当需要评价的内容可以集中体现到可见的、具体的成果时，可采用这一方法，即给予考生一定的条件自由完成任务，在规定时间内提交可供评价的成果，由评委根据相关标准对成果的完成度、质量等进行评价。图5－5是第46届世界技能大赛"时装技术"项目选拔赛"款式设计"模块的评分标准。该标准包含客观评分部分和主观评分部分，二者都是针对考生的时装设计图纸进行评分，基本并不考虑学生设计的过程。

之所以将其命名为"实践成果评价"，是为了凸显成果来源于学生的实际操作而非纸笔测验，且评价只针对成果这一唯一对象。这与观察法对过程的评价也有所不同。受项目课程和项目教学的广泛运用，实践成果评价在职业教育领域也有较多的应用场景，尤其是制造业、服务业中的典型工作情境、加工产品，均可以使用这一考试方法，例如，制造业中可以通过加工特定规格的零件，考察学生的机械加工能力；文创业中通过评价学生的画作、设计品等，考察学生的创作能力、审美能力。

职业教育常用的三类基本评价方法，在实际应用过程中产生了多种评价工具，例如观察法常用于技能大赛、职业院校阶段性评价等领域，形成了档案袋评价、SOLO可观察结果评价法等；纸笔测验则衍生出了理论考试、量表测验、COMET能力测评等多种评价工具；实践成果评价也形成了包括操作技能考试、工件加工、项目评价等多种评价工具或方法。这些评价的核心差异体现在评价的对象（重过程还是结果），以及评价的价值取向（重标准化还是非标准化）。按照这两个维度，我们可以绘制出不同类型评价的特征图（见图5－6）。总体来看，职业教育各类评价工具主要分布在第二象限和第四象限中，各方法基于对标准化程度和评价对象的不同，分布于二四象限的连接线之上。在何种场合选择何种方法，取决于评价对象、评价目的、评价的可行性和评价的利害属性。

（四）综合评价

一些学者将这种综合评价界定为"表现性评价"，即"在尽量合乎真实的情境中，运用评分规则对学生完成复杂任务的过程表现与结果做出判断的一种评价

第 46 届世界技能大赛项目选拔赛
"时装技术"项目评分标准
客观评分

选手工位号： 比赛日期：

模块1：款式设计			比赛时间：1 小时	
序号	分值	考评内容	评分标准	得分
1	1	页面呈现清晰整洁	每处错误 −0.25 分	
		页面干净，无皱痕；工位号展现清晰、位置正确；料样粘贴牢固整齐		
2	1	款式图全部用墨水笔完成	每处错误 −0.25 分	
		不能有铅笔痕迹		
3	1	款式图展示正确	每处错误 −0.25 分	
		根据目标市场得到正确的服装数目		
4	1	款式图的整体质量	每处错误 −0.25 分	
		款式图整体线条顺直，轮廓清晰，画线无过重或过轻表达		
5	1	款式图的绘画技巧及细节表现	每处错误 −0.25 分	
		细节表达准确，无难以阅读的局部，以至于版师无法制版（如：贴边线或里子缺失，门襟、齿带、扣眼、袋位未标示等）		
6	1	设计款式的可穿性	每处错误 −0.25 分	
		领口、袖窿或者裙摆太紧，有无拉链或者扣子，便于穿脱及活动等		
7	1	设计款式在工业生产中的可实现性	每处错误 −0.25 分	
		设计款式是否能够在工业生产中实现		
13	7 / 13	成绩		

评分日期： 裁判员：

主观评分

选手工位号： 比赛日期：

模块1：款式设计			比赛时间：1 小时	
序号	分值	考评内容	评分标准	得分
1	1	设计款式是否符合目标市场的需求		
2	0.5	设计与所选面料的匹配度（对面料特性的理解）		
3	0.5	设计与季节的匹配度		
4	1	设计款式前后的连贯性		
5	1	设计款式间的整体系列感		
6	1	设计款式品类的多样性		
7	1	设计款式的创意性		
13	6 / 13	成绩		

图 5−5 第 46 届世界技能大赛"时装技术"项目选拔赛"款式设计"模块的评分标准

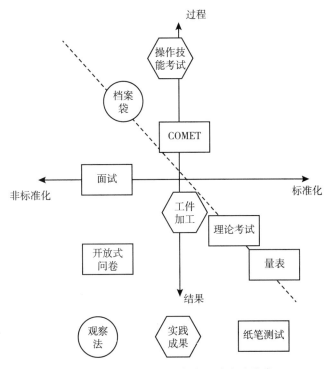

图 5 - 6 不同类型职业教育评价方法分类

方式"①。这类方法旨在改良纸笔测验等方法中蕴含的标准化检验、二元化评价（非对即错）等评价思想，关注学生的动态发展和综合能力提升。在职业教育领域，综合评价一般是上述集中评价的集合，例如，对学生综合能力的评价采用平时作业（成果导向）＋期末纸笔测验的组合，或者理论考试（纸笔测验）＋技能考试（观察评价）的组合，其目的主要是尽可能全面反映学生职业能力或学习潜力的真实水平。

理论上看，综合评价的方法必然比单一方法的效果要好，但综合评价的设计难度大、执行的复杂度高，至少存在三个方面的问题：一是不同评价方法之间的协调性问题。例如，纸笔测验要和观察评价的内容和目的错位，否则容易造成重复评价、评价结果不相容等情况。二是不同方法的评价顺序问题。例如，是纸笔测验在先，还是观察评价在先？由于这两种评价方法的实施方式和标准存在差异，评价顺序的异同，可能会影响学生的学习和应考策略。三是不同评价在总成

---

① 周文叶，陈铭洲. 指向深度学习的表现性评价——访斯坦福大学评价、学习与公平中心主任 Ray Pecheone 教授 ［J］. 全球教育展望，2017，46（07）：3 - 9.

绩中的权重问题。例如，观察评价的主观性强，难以做到完全的客观公正，因此在很多大规模考试中难以作为主流考试方法；尽管纸笔测验存在明显的弊端，但由于评价相对更为客观，且评价的效率高，因此被广为采纳。

二、职教高考方法选择的外部条件

（一）大规模评价和省域差异是职教高考方法选择的限制条件

影响职教高考方法选择的首要因素在于考试规模及其带来的社会利害关系。与职业资格证书考试、技能大赛、学校毕业或结业考试不同，职教高考面向的是社会大众的大规模选拔性考试，而非能力测评、学业水平测试等检测性考试。这类考试有两个基本特点：一是面向的考试群体庞大，竞争性强，选拔功能突出，社会利害关系强；二是省域差异大，不同省份的高等职业教育供需情况不同，优质高等职业教育资源供给紧缺，导致竞争程度不同。这也就导致职教高考方法的选择需要充分平衡公平和效率之间的关系，尤其是要结合本省高等职业教育资源的供需情况，定制适合省情的考试方法和组合。

基于这一条件：（1）以开放式问卷、面试为代表的主观性较强的评价方式不能作为大部分专业招生的主要考试方法，主观性强的评价可能会导致考试结果的信效度不足，影响职教高考成绩的社会认可度和流通性。（2）以 COMET 等为代表的能力测评方法应根据大规模测评的可行性进行改良。较为成熟的能力测评基于教育学、心理学等学科理论开发了兼具科学性和可行性的评价工具，但由于评价的目的、条件与大规模选拔性考试存在差异，因此需要加以改造，强化考试方法的适应性。（3）不同考试方法之间应该形成互补效应。任何一种考试方法都有其利弊，可行性也存在差异。因此，有条件的省份应考虑不同考试方法间的组合，例如，不少省份采用"理论考试＋技能测试"的方法组合，就是利用了观察评价和纸笔测试评价各自的优势，尽可能照顾到学生综合职业能力的不同维度。

（二）行动能力水平是职教高考方法选择的类型化需求

1. 要根据行动能力水平的测评要求设计考试方法

对学生行动能力水平的评价是职教高考作为考试的特色所在。这就决定了职教高考的方法选择，必须要全面体现学生在职业情境中表现出的行动能力水平。这与我们通常所说的技能评价有一定区别。一些单向的技能测试更多的是考察动作技能的连贯性和熟练度，这种考察是行为主义在考试设计中的体现，把综合性的能力概念窄化为学生操作行为的动作链条，最终无法全面描述学生的行动水平。实际上，职业行动能力常被划分为专业能力、方法能力和社会能力三个维度，人的行动过程具有特定的结构，在完成任务时会经历一个完整的行动过程，包括定向、定位、设计、决策和调控五个环节①。因此，应该综合运用不同类型的考试方法，基于三维度、五环节尽可能全方位地考察学生的行动能力水平，例如，纸笔测试就应侧重评价学生对问题情境的判断、解决问题思路的生成等，观察评价的考题应能考察学生操作过程的逻辑性、过程设计和实施的合理性等。

2. 职业适应性测试应重在评价专业对应的通用能力

职教高考的类型特色，还体现在面向普高生的职业适应性测试。目前职业适应性测试主要是对陈述性知识在记忆层面的测试，或通过面试获得学生对一些开放性问题的看法。在不少学校面临整体生源紧缺的情况下，这种形式大于内容的职业适应性测试无法成为辨别个体是否适合从事某类职业的手段。而一些生源较多的学校，则重点突出职业适应性测试的选拔性功能，因此采用笔试、封闭式问题等形式考试。2021 年《教育部办公厅关于进一步完善高职院校分类考试工作的通知》中明文规定"各地要完善职业适应性测试，进一步优化测试内容，甄别考生的职业性向，引导考生合理分流、健康成长"。可以看出，教育部对"职业适应性"测试的功能定位在于"基于职业性向的合理分流"。因此，解决面向普通高中学生的职业适应性问题，要回到这一政策的初衷——甄别考生和合理分流。任何一类职业都存在对某些通用能力的需要，例如，建筑类专业要求学生具有一定的空间想象能力；服务类专业通常对学生的沟通能力有较强要求。职业适应性测试应该把学生是否具备进入某个职业的基本通用能力作为测试重点，从而实现对考生的合理甄别。这就对学校命题提出了更高的要求，这类考试一般可以采用笔试的方式进行，命题方式可参考行政职业能力测试的方式。例如，行测一般考察与行政能力相关的数量关系、判断推理、常识判断、言语理解、资料分析等能力，那么就可设计相应试题进行测试。此外，也可使用面试的方式，面对面向学生提问，或设置情境由学生当场完成特定任务等。

---

① 赵志群. 基于职业教育学理论学脉的技术技能人才培养新理念——新《职业教育法》学习心得［J］. 中国职业技术教育，2022（19）：5 – 11.

三、职教高考方法设计的基本策略

（一）选择"门槛式"或并行式的方法组合

基于国际经验和上述分析，职教高考的方法选择可以有两种方案：一是门槛式，即把技能考试作为理论考试的前置条件，通过技能考试后方可参加统一的理论考试。这种方案的优势在于尽可能规避技能测试的主观性和大规模实施的不便性对考试公平性的影响，同时又能确保两类考试的顺利实施。在这一方案中，技能考试定位为水平测试类考试，其成绩只需达到一定标准后即可获得参加省域统一理论考试的资格。技能水平测试可以一年多次，且测试的地点可以分散进行。省级教育行政部门需要制定技能水平测试的时间、建设相关题库和标准化考场、培训考官。同时为了避免技能测试的形式化实施，应按照特定通过率为基准设计考试的难度和评分标准。瑞士和我国的江苏省即采取这种方式。这种去中心化的组织方式，较好地兼顾了考试的公平和效率的关系，但要做好技能水平测试的过程质量管理。二是并行式，即理论考试和技能测试在同一时期先后进行，均为统一集中考试。由省内不同学校分别集中负责不同专业大类的理论考试和技能测试工作，学生在若干天内完成所有考试。我国湖北省的技能高考即采取这一方式。这一考试方式的优势是效率较高，但对承考学校的组织压力较大，且由于短时间内大量学生参加考试，可能会增加考官的工作压力，降低考试评分的准确性。同时，省内各地学生汇聚到一所学校参加考试，也会增加学生的应考成本。

各省份可根据地方职业教育发展的实际情况，选择中心化和去中心化两种组织模式，需要考虑的因素包括但不限于：各地区职业教育基础设施和设备建设情况、标准化考场建设难度、考官数量和培训需求等。一般情况下，地区职业教育发展水平较高且均衡的省份，可优先考虑去中心化的"门槛式"方案；省内优质职业教育资源较为集中，各地发展不均衡的省份，可考虑采用分散化的方案。

（二）基于专业通用能力设计职业适应性测试

职业适应性测试应聚焦不同专业对应岗位（群）的通用能力，通过对学生通用能力的情况，评价学生未来从事该领域学习和工作的潜力。职业适应性测试试题应由省级教育行政部门负责，命题组成员既应该包括行业专家和一线教师，同时也应该囊括与通用能力开发相关的专家（如心理学、语言学、社会学专家等）。

职业适应性测试开发主要包括两个环节：一是由行业专家和职业院校教师根据行业发展情况，以及职业院校教育教学特点，分析出专业对应岗位（群）所需要的核心通用能力，形成专业（群）通用能力清单。二是根据分析出的通用能力，由职业院校教师和通用能力研究专家合作，为每项通用能力编制试题。试题既可以单独评价学生的空间想象能力、逻辑思维能力、语言表达能力等通用能力，也可以与行业特点相结合形成有专业特色的试题。省级教育行政部门可建立题库，每年由各学校随机抽取题目构成试卷。此外，职业适应性测试也可以为学生提供较为成熟的职业性向测试工具，让学生能够基于科学测评，获得对自身职业适应性的认知。

（三）探索人工智能在技能评价中的应用

目前人工智能在技能评价中的应用集中于课堂分析、实验考试、体育领域。在课堂分析领域，系统会捕捉课堂上师生的表情和动作，并建立表情、动作与特定意义的关联，从而实现对课堂上师生表现的自动分类和分析。在体育领域，一些研究人员通过捕捉个体在运动中的各类动作，将其与标准动作进行比较，以判断运动员运动的不规则性，并将数字处理与运动员的运动和技能改进相结合。总的来看，人工智能在技能评价中的运用关键点包括：（1）建立标准动作库，明确标准动作的判定条件及其意义；（2）找到动作捕捉的关键要素（如由关节、肢体、肌肉、骨骼等形成的标准化关节位置、关节距离和骨角度），提升动作识别的精度；（3）建立考核点和技能点之间的对应关系，从而实现自动捕捉、分析和评分；（4）深度分析标准化动作和个体表现之间的差异，形成有意义的技能水平分析结论。

国内已有职业院校教师开展了类似的研究。如广西工业职业技术学院的陈娇英教授等就基于 AI 深度学习算法开发了一套技能操作考核系统①。这套系统大致按照"数据采集与处理——动作学习——动作判别——成绩评定"的思路设计。一些实验考试应用 AI 技术也有较为成熟的案例。但是，应用人工智能技术开展职业技能考试仍然存在一些亟待解决的关键问题：（1）何种专业的操作技能适合使用人工智能评价？一般情况下，只有当考核的对象是纯粹外显的动作技能，或者动作技能能够体现需要评价的内容时，才能应用人工智能方式。这种技能在职业教育领域并不多，或者单纯评价外在行为表现意义不大，需要结合学生操作后

---

① 陈娇英，卞合善. 基于 AI 技术的技能操作考核系统［J］. 北部湾大学学报，2020，35（10）：80－84.

的结果才能给出完整的成绩。（2）操作情境和动作范围的多变性，会为技能动作的捕捉带来何种负面影响。尽管有研究采用多机位采集等方式，拓展数据采集的广度和精确性。但以现有的采集与处理技术，能否做到精准采集，以及是否会带来考场建设成本过高等问题，也亟待解决。（3）人工智能评价系统需要通过自学习的方式，学习各类动作的评价规则。但人类是否能信任人工智能的学习结果？一旦产生判定异议，如何处理这一结果？广大考生是否能接受智能判定的结果？这一问题预示着人工智能考试已经不限于技术层面，而是上升到社会层面，是社会大众对于社会资源分配机制的理念问题，势必会产生不小的社会舆论。

第六章
职教高考的招考关系研究

职教高考制度在运行过程中涉及两个重要环节：考试和招录。考试环节旨在通过设计合理的评价内容和方式，为每一位考生提供能力水平的证明；而招录环节则是根据对考生能力的认定结果，决定招收和录取什么样的学生。对于考试和招生的关系问题，在普通高考改革的相关研究中有过较为充分的讨论①，其核心在于二者究竟是一体还是分离。那么，这两种招考关系背后的本质是什么？职教高考制度应以何种招考关系进行设计与实践？这是职教高考制度建设无法回避的重要问题。

第一节　我国职业教育招考关系的演进及其本质

招考关系涉及如何定位和把握招生主体和考试主体的角色和功能。不同的招考主体对于高考制度的诉求不同，从而衍生出对招考关系的不同认识。通过借助"利益相关者理论"，梳理改革开放以来职业教育招考关系的演进历程，可以分析职教高考招考主体背后的利益博弈及其行为逻辑，为分析招考关系的本质提供参照。

一、历史脉络：改革开放以来职业教育招考关系的演进

改革开放以来，我国高职院校考试与招生之间的关系经历了四大发展阶段：一是1977年至2004年的"国家层面统招统考"绝对主导阶段；二是2005年至2009年的"高职院校层面自招自考"初步探索阶段；三是2010年至2018年的"省域层面统招统考"初步建设阶段；四是2019年至今的"职教高考制度"全面建设阶段。

（一）"国家层面统招统考"绝对主导阶段（1977～2004年）

改革开放初期，高职院校正处于恢复、新建的初步发展阶段，考试与招生相关制度是缺失的。然而，当时社会各大产业对技术技能人才的需求巨大，这对高

---

① 张会杰，董秀华. 高考改革招考分离的探索、困境与未来选择［J］. 教育发展研究，2022，42（07）：40-47，65.

职院校提出了迫切要求。基于此，"把合适的学生招进来"的高职院校需求必须让位于"让学生能够进高职"的国家需求。如何让中学阶段的毕业生顺利进入高职院校，成为当时高职院校欲发挥社会功能和承担社会责任首先要解决的问题。

显然，统招统考较强的公平性和较低的运作成本有利于解决处于起步发展阶段的高职院校的招生问题。1977 年，全国高等学校招生工作会议在北京召开，会议决定恢复高考制度，并将高等职业教育的考试招生工作纳入统一高考制度一并进行①。此时期的高职院校均以统一高考的方式统一招生，考试环节与招生环节皆由国家全面严格控制，在国家层面统一进行，招考关系特别突出国家需要。

（二）"高职院校层面自招自考"初步探索阶段（2005～2009 年）

随着经济发展和产业结构的不断变革，用以学科知识为主要内容的普通高考试卷筛选技术技能人才的方式愈加不能满足高职院校自身特点与发展的需要，也愈加不能满足社会发展对高素质技术技能人才的需要。随产业变革而不断提高的高职院校人才培养规格要求其招考工作必须从对量的需求转向对质的需求。因此，如何让高职院校招到适合的学生以培养高质量技术技能人才，逐渐成为各级政府和职业院校等利益相关者相互博弈的中心问题。

招考自主权是高职院校招到合适学生的前提条件，这是职业教育各利益相关者的共识。因此，这一时期国家开始重视并赋予高职院校一定的招考自主权。2005 年，上海高职院校率先开始尝试独立招生，上海 3 所民办高职院校（上海杉达学院、上海建桥职业技术学院和上海新侨职业技术学院）试点展开了自主招生改革，学生可直接参加院校考试，成绩合格即可入学，无须经过高考，待遇与高考考生相同②。这一时期的招考关系开始出现高职院校层面的招考一体，打破了原国家层面的招考一体的单一局面。这表明，高职院校在考试环节与招生环节方面开始具有一定的话语权。

（三）"省域层面统招统考"初步建设阶段（2010～2018 年）

我国各省经济发展情况不同，产业结构差异较大，而高职院校往往与特定区域内的行业、企业合作，具有较强的区域性。因此，高职院校的考试环节与招生环节必须突出省域特征，提高人才选拔的科学性与合理性。2010 年，《国家中长

---

① 刘瑞娟. 改革开放以来我国高等职业教育招生政策分析［D］. 南昌：江西科技师范大学，2022：13.
② 吴海燕. 我国民办高校发展中的政府角色定位研究［D］. 上海：上海师范大学，2018：121.

期教育改革和发展规划纲要（2010－2020年）》要求"探索招生与考试相对分离的办法，政府宏观管理，专业机构组织实施，学校依法自主招生，学生多次选择，逐步形成分类考试、综合评价、多元录取的考试招生制度"。[①] 分类考试首次被正式提出，表明高职院校进一步摆脱对统一高考的依赖，初步建设一套相对独立的考试招生制度。此后，分类考试制度在各省分别实践，基本形成"省域统招统考"的格局，高职院校的招考工作由省政府统筹开展。各省政府、行业、企业、招考学校等主体对招考环节的利益需求得到突显。

（四）"职教高考制度"全面建设阶段（2019年至今）

2019年，国务院印发的《国家职业教育改革实施方案》要求"建立'职教高考'制度，完善'文化素质＋职业技能'的考试招生办法，提高生源质量，为学生接受高等职业教育提供多种入学方式和学习方式"[②]。职教高考制度首次被提出并正式建设。那么，职教高考制度究竟应采取何种招考关系？高考制度作为一种社会建制要得以存在，必须具备三个核心特征：一是能有效地发挥为高等学校公开、公平地选拔人才的功能；二是能为考生选择适合的高等学校及其专业提供充分机会；三是高考制度必须是国家层面统一规划、设置的制度[③]。这对高职院校招考关系改革提出两点新要求，其一，高职院校招考关系应拓宽主要利益相关者的范围，重视考生、家长和中职学校等多利益相关者的利益需求；其二，高职院校的考试与招生工作应充分发挥国家层面的协调功能，但这并不意味着要"重返"国家层面的招考一体，因为职教高考专业繁杂和地区差异巨大等因素，国家统招统考并不适合职教高考。从利益需求的满足上看，不论是国家层面、省域层面还是高职院校层面的招考一体，都只强调了单一主体的利益需求。多层次招考一体共存的局面并不能将职教高考主要利益者的利益需求统一协调起来，这正是职教高考制度建设迫切需要解决的招考关系问题。

二、招考本质：利益相关者对教育资源分配权的博弈关系

从以上对改革开放以来我国高职院校招考关系的梳理分析可知，无论是省域

---

① 国家中长期教育改革和发展规划纲要工作小组办公室. 国家中长期教育改革和发展规划纲要（2010－2020年）（2019－02－13）［2022－12－20］［EB/OL］. http：//www. moe. gov. cn/srcsite/A01/s7048/201007/t20100729_171904. html.
② 国务院. 关于印发国家职业教育改革实施方案的通知（2019－02－13）［2022－12－20］［EB/OL］. http：//www. gov. cn/zhengce/content/2019－02/13/content_5365341. htm.
③ 徐国庆. 作为现代职业教育体系关键制度的职业教育高考［J］. 教育研究，2020，41（04）：95－106.

层面的统招统考，还是高职院校的自招自考，其核心在于协调职业院校和政府之间，围绕自主发展权和职业教育治理的国家事权形成的关系，本质是对教育资源分配权的博弈。这里的教育资源不仅仅是可见的物质资源，更多地表现在对人才培养话语权的分配之上，例如，谁能考试？谁能招生？考试内容、形式、流程、时间和地点等谁来定及如何定？招生标准与水平、规模和流程等谁来定及如何定？历史上，这一资源分配权的整体趋势是由中央向地方、政府向学校下放的趋势，但始终不变的是招考主体的一体化，且政府始终保有对考试制度的最终解释权。

因此，职教高考采取何种招考关系模式，需要充分考虑职教高考改革利益相关者围绕教育资源分配权的博弈关系，而决定这一分配权关系的因素主要有三：一是中央政府和地方政府发展职业教育的权责关系。总的来看，我国职业教育坚持的是省级统筹，即职业教育发展的主力在省级政府，这是由职业教育浓厚的地域特征所决定的。二是地方政府和学校间的工作关系。近年来，随着中央政府通过项目制支持地方职业教育的发展，职业院校建设水平已经成为地方职业教育发展水平的主要指标。这就引导地方政府将发展职业教育的重心转向学校建设，通过资源投入和工作协调，扶持职业学校办出特色和质量。因此，职业院校的办学自主权在近年得到了显著提升。三是地方政府之间围绕职业教育发展的利益博弈关系。"地方保护主义"在职业教育发展中仍然存在，且在职业院校跨省招生名额的分配上体现得尤为显著。这三点决定了目前我国高职院校采用招考一体的关系模式，因为这种模式能最大程度平衡政府和学校之间的教育资源分配。

第二节　招考分离是职教高考改革的基本方向

尽管招考一体是当前我国职业教育招生考试制度最切合实际的选择，但这一关系模式是否为职教高考改革的基本趋势和最佳选择？且不论招考一体"用一张试卷论成败"的传统弊端，很多学校的自主命题质量并不高，社会对高职院校自主命题和招生的公信力和科学性认可不足[①]，从长期来看，势必会影响职业教育考试结果的流通价值。而职业教育发展的地域差异很大，即使是同一个地区的同

---

① 赖晓琴，林莉. 招考分离、多元入学：高职院校招考改革路径探析［J］. 教育与考试，2017（05）：5－10，17.

一个专业，在不同学校内也各有发展特色，对学生的需求也各有不同。因此，有必要思考职教高考改革中的招生与考试的关系问题，尤其是招考分离可能带来的新工作思路及其可行性。

一、招考分离背后的利益博弈关系变迁

近年来，中央政府发展职业教育的思路呈现出三个新特点：一是强调职业教育和高等教育、继续教育的融合发展，大力推动普职融通。二是将职业教育的发展重心逐渐下移，在维系中央政府在关键领域的控制权外，赋予基层，尤其是职业院校更大的自主发展权。职业院校的优质化发展、拔尖式引领，正在成为地方发展职业教育的主要方式和核心载体。项目制治理模式的推行，正是中央和地方围绕办学博弈的产物。三是在促进职业教育扎根地方发展、办出特色职业教育的同时，还立足统一劳动力市场建设等战略部署，在全国层面优化职业教育资源配置。

这些新变化，将深刻影响职教高考改革利益相关者围绕教育资源分配权的利益关系：（1）中央将加大对各地职业教育资源的统筹和规范力度，逐步提升职教高考成绩的流通价值和社会认可度，服务人力资源和职业教育发展资源统一大市场的构建。（2）中央和地方围绕职教高考改革将形成权责清晰的协同治理模式，地方将进一步赋予职业院校在招生、培养等方面的自主权；（3）高职院校将通过自主探索人才培养模式、创新招生方式等，满足企业对专用人力资本的需求，学校与学校之间的竞合关系将逐渐淡化"省域保护主义"色彩，学校将凭借办学质量，参与全国生源和发展资源的竞争。一言以蔽之，招考分离的制度土壤正在形成。

二、从招考一体至招考分离的现实意义

（一）加强考试工作的专业性与效率性

自1977年恢复高考以来，我国统一高考制度已发展得非常成熟，其试题编制的科学性、测量人才的准确性以及筛选人才的有效性之强是公认的，这些成就都离不开一支专业考试队伍的支持。相比之下，职教高考制度从被正式提出至今发展不到5年，高职院校分类考试从被正式提出至今发展也才10余年，且职教

高考的内容和方法更为复杂，涉及的专业面广，必须通过队伍的专门化来提升考试的专业性。

然而，无论是省级层面的统一命题，还是高职院校的自主招生命题，其命题质量始终存疑，体现在三个方面：一是试题的命制缺乏对信效度、难度和区分度等基本质量标准的检验，甚至一些试卷存在基本的事实错误现象。二是部分面试试题或综合素质测试试题与普通高考考查的内容并没有实质性区别，缺乏职业教育选拔学生的特色①。三是理论考试和技能考试之间的关系缺乏深入考察，技能考试试题的命制缺乏研究和反思，一些省份的技能考试评价标准操作性差，影响了考试的公平性和权威性。造成这一现象的原因，除了考试机构缺乏对职业教育考试的深度研究和有效投入之外，考试机构兼顾考招工作导致大量精力被复杂的招录工作占据也是重要原因。提升职教高考的专业性、科学性和实施效率，必须要关注考试机构的业务专业性和工作专门性。

（二）有利于跨专业创新人才与特色人才的培养

我国高考制度最主要的问题，不是考试，而是录取——用高考成绩作为唯一录取依据，由教育考试部门制定统一的投档、录取规则投档，把所有学生纳入一个评价体系②。显然，统一高考已经成为基础教育与高中教育制定教学计划和开展教学工作等教育活动的指挥棒。"考什么便教什么，不考什么便不教什么"即是高考这根指挥棒魔力功能最生动的写照③，这造成学校教学与学生学习活动都带有严重的应试色彩。在唯一的评价标准体系下，学校人才培养与高等职业教育发展必然发生同质化。

高职院校招生考试从依附统一高考，到分类考试，再到职教高考，体现了高职院校招生自主权不断得到扩大与巩固的发展逻辑，反映了从唯一评价体系向多样化评价体系发展的基本方向。当招生自主权由高职院校这一主体掌控时，不同高职院校便可以根据自身特点与需要制定招生规则。这对于跨专业人才培养，以及专长型人才的选拔和培养具有重要意义。岗位任务边界的模糊和新技术的跨界应用，对从业人员的职业能力复合化提出了更高要求，未来的岗位需要更多具有

① 凌磊. 被赋予的多样性：我国"职教高考"制度的困境与出路 [J]. 中国高教研究，2022（01）：63–68.
② 熊丙奇. 高考改革应该淡化高考的指挥棒地位 [J]. 语数外学习（高中语文教学），2014（05）：92.
③ 郑若玲，宋莉莉，徐恩煊. 再论高考的教育功能——侧重"高考指挥棒"的分析 [J]. 全球教育展望，2018，47（02）：105–115.

复合型职业能力的专业人员，这就需要从选拔环节入手，通过改革传统的单一专业大类内部人才选拔机制，允许部分专业根据培养需要跨专业选拔人才。此外，一些学生在技能操作领域显现出突出的发展潜力和先天优势，对这部分学生的招收和培养也需要在招考制度上做突破。

（三）维护高职院校自主招生的基本质量

中国幅员辽阔，不同地区有着不同的经济和文化类型，产业结构不尽相同，人民群众对教育的需求类型也不一样[①]，这就要求不同地区的不同高职院校制定不同的人才培养方案，招录符合自己人才培养方案要求的学生，落实有学校特色的人才培养方案，满足所在地区产业发展对技术技能人才的需求。高职院校单独招生渠道，在制度上为各学校提供了自主招生和培养的渠道。然而，近年来职业院校生源的下降以及学生对更高质量职业教育的需求增长，给一些学校带来了招生压力。为确保完成招生计划，一些学校不得不自主降低录取标准和质量，这导致自主招生制度的设计无法完全发挥其应有的效果。实施招考分离的制度，将考试交由更为权威的机构统一实施，为学生提供更为科学和公平的基础能力评价结果，有助于学生凭借真实、有效的成绩报考学校，以维护学校自主招生的底线和质量。

三、从招考一体至招考分离的疑虑

尽管招考分离有上述诸多有利之处，但招考分离制度的落实仍有以下几点疑虑亟待破解。

（一）高职院校招生的"关系"之忧

在招考分离模式下，高职院校的招生自主权理应得到保障，但是录取标准就是社会资源的分配机制，具有高社会利害关系，一旦标准的制定权下放到学校层面，是否会引发社会对录取标准的公平性质疑。这也是普通高考至今难以实行招考分离制度的根本原因。高考的自主招生和加分制度从某种程度上成为高等教育机会分配不公的最大来源之一。"寒门难出贵子"反映的正是高等教育招生渠道

---

① 韦卫，姚娟，任胜洪.增强职业教育适应性的价值分析、理论基础与推进路径［J］.中国职业技术教育，2021（22）：34－42.

多元化改革的社会分层后果①。如果招生环节的公平性无法得到保障，那么招考分离政策的初衷，即追求精准选才，就可能偏离其基本价值方向。这将引发教育招生乱象，造成教育资源的浪费，甚至激起社会问题。因此，如何保障招生制度的公平公正性，是招考关系改革必须正视和解决的关键问题。

（二）高职院校的招生能力之忧

提高高校招生能力是深化高校考试招生制度改革的关键环节②。招生标准的质量如何，关键看两点，一是其制定依据是否紧扣学生的发展特点，即专业负责人要能够判断和分析每一届考生的生源特点，包括其学习背景和经历，身心特征等；二是其是否紧扣高职院校专业学习的具体要求，即专业负责人要能够明确所在专业对于所招学生的核心要求是什么，包括专业能力要求和通用能力要求。然而受长期的"计划思维"所囿，很多高职院校的招生能力薄弱，甚至对院校文化、特色、毕业生竞争力的思考都较为欠缺③。若将招生自主权赋予招生能力差的高职院校，那么"盲目招生""招生标准混乱""招不到适合的学生"等教育乱象将无法得到控制，招考分离的运行效果与质量将难以得到保证。

（三）中职的教学工作之忧

统一招考制度所产生的指挥棒效应虽然僵化了高中阶段的教学计划与教育活动，但也在一定程度上规范了高中阶段的教育教学活动，这是高考统筹高中教育的正向指挥棒功能。招考分离模式实施之后，中等职业教育的教育教学活动依据什么开展？是否会降低省级层面统一考试的权威性？中职和高职间如何形成人才培养的合力？可以预见的是，招考分离制度的实施，必将对中高职间的关系形成新的形塑效应，尤其要警惕因招考分离带来的对政府调控能力的弱化。

（四）学生的备考成本与负担之忧

考试与招生环节相对分离后，职教高考各项"组成总分的模块"由不同主体承担考察评价，从社会整体层面看，这确实可以最大化发挥职教高考各相关主体

①　吴晓刚，李忠路.中国高等教育中的自主招生与人才选拔：来自北大、清华和人大的发现［J］.社会，2017，37（05）：139-164.
②　袁振国，秦春华，施邦晖，等.高校招生能力建设七人谈［J］.华东师范大学学报（教育科学版），2017，35（01）：11-29.
③　庞颖.强基计划的传承、突破与风险——基于中国高校招生"自主化"改革的分析［J］.中国高教研究，2020（07）：79-86.

的能力，使考试的科学性和有效性得到最大保障；但从学生层面看，首先，学生需针对心仪高校，参加多类考试以组成自己的职教高考总分，这些考试可能由不同主体组织开展，需要学生在不同的时间到不同的地点以不同的形式参加不同的考试，这增加了学生备考成本与负担。其次，一些高职院校设置的自主招生考核项目可能会成为破坏教育公平的手段，尤其是破坏城乡生源升学机会的公平分配，给学生造成了潜在的心理压力。最后，若自主招生考核项目设置不当，将可能异化成一种"加分"渠道，使许多学生不得不在正常的学习之外，额外增加很多诸如综合素质项目的临时"培训"，从而加重了备考负担①。

第三节　我国高职院校招考制度改革的路径

一、处理好中央、地方和学校在招考分离制度中的权责关系

将招生自主权下放给高等职业院校，是否意味着其招生标准的定制可以完全根据自身发展之需要而不顾国家发展之需要？显然不是。恪守公平的形式变革是"受制于人情社会"的高考制度的基本底线②。因此，国家下放至高职院校的自主招生权应有底线、有原则地使用。

首先，中央应处理好省际招生数量的统筹协调工作，建议建设国家层面的高职院校统一招生平台，及时将所有高职院校的招生方案信息汇集到此平台，供全国考生查询了解。此外，高职院校招考统一信息平台还能方便社会各界行使监督权。相比于到各校官网查阅招考方案的监督活动，通过招考统一信息平台直接查阅各校招考方案显然大大提高了监督活动的效率，从而提高了社会各界监督各高职院校招考方案合理性的积极性和有效性。同时中央要明确各省统一职教高考成绩在学校招生录取中的权重（如职教高考成绩在录取总成绩中占比不低于60%），以维护统一考试成绩的权威性。

---

① 汪庆华. 自主招生制度设计的价值目标与问题透视［J］. 河南社会科学，2010，18（04）：189－191，219.
② 郑若玲，庞颖. 恪守与突破：70 年高校考试招生发展的中国道路［J］. 华中师范大学学报（人文社会科学版），2019，58（05）：16－24.

其次，地方教育行政部门要建立招生方案审核与备案机制。对于高职院校在统一职教高考成绩之外增加的考核项目，以及部分采纳、加权采纳职教高考成绩的方案，应加强公平性、合理性审核。此外，地方考试机构应将工作重心由招生逐步转向考试，组织专班队伍研究和设计职教高考的考试科目、内容和方式，将提升考试的科学性和结果的权威性作为工作的重心。

最后，高职院校的利益需求应在符合相关基本原则的前提下融入职教高考总分。由于不同高职院校的专业设置和面向行业等皆有所不同，部分高职院校会有特殊的招生需求，因此在招生标准中应留有一部分"自由空间"供特定高职院校融入特殊招生要求。但这部分"自由空间"是否参与构成职教高考总分？具体占多少比例？应从国家层面给出基本原则予以指导。比如，在"需要选拔特定创新型拔尖人才"的原则下，某高职院校某专业就可以将其对特定人才规格的需求转化为考试内容进行考察筛选，以"其他或特殊得分"的形式在总分的构成中占有一席之地。如此，高职院校便可通过"其他或特殊得分"这一中介，将特殊招生需求融入职教高考总分。

二、建立第三方评价机构和项目认证制度

考招分离，势必会引入职教高考以外的评价项目作为招录的参考条件。这就需要建立第三方评价机构和项目的认证制度，确保高职院校考招条件设置的合理性和有效性。当前职业教育领域存在四类评价，即"岗课赛证"：岗位评价主要体现为用人单位的认可，课程评价体现为以职教高考为代表的教育系统统一考试，比赛评价则包括各类机构主办的职业技能大赛，其中以教育部的职业院校技能大赛和人社部的中国技能大赛权威性最高，证书评价则包括各类职业资格证书和职业技能等级证书。除职教高考外，其他三类评价有着不同的取向，评价主体也较为多元。省级教育行政部门应强化对评价主体的资质审核，建立准入清单制度并定期更新第三方评价项目，以公平性为首要原则，明确每一类评价项目的认证标准和纳入条件，进入清单的各类评价方可作为招录的特殊条件。学校在申请纳入第三方评价时要着重说明这类评价对职教高考评价的补充价值。

三、提升职教高考赋予职业教育学生的选择性

无论是考招一体还是考招分离，其最终目的都是实现教育资源的最优配置，

因此让最适合的人接受最适合的教育始终是考招关系确定的首要目标。而实现这一目标的前提是促进考生基于充分竞争的流动，让职教高考能够选拔出适合职业教育且优秀的学生，让学生能够凭借考试结果获得应有的发展机会。因此，高职院校招考制度改革的首要任务应是提升学生的选择性，扩充中职生升入本科的机会和选择自由度，增强职教高考对学生的吸引力。具体而言，未来可从以下三个方面入手：一是推动高职院校，尤其是优质高职院校扩大省外招生规模。职业教育发展需要全国一盘棋来考虑。经济欠发达地区，有充足的中等职业教育生源，但由于当地的高职院校办学水平不高，许多学生宁愿打工也不愿意读职业学校，影响了当地高中阶段教育普及。经济发达地区高职院校办学质量高，就业机会多，却缺乏生源，造成办学资源浪费。推进高等职业教育跨省市招生，不仅有利于充分利用经济发达地区优质的高职教育办学资源，而且可以大大提升经济欠发达地区中等职业学校的吸引力。二是逐步扩大学生学校和专业志愿填报数量，按专业层面的平行志愿录取学生，形成优质学生充分竞争的招录市场，让教育资源能够得到合理配置。三是试点"配额招生"，即鼓励部分优质高职院校每年拿出一定比例的招生名额，根据各省相关专业在校生人数在偏远省份、职教资源薄弱省份单独分配。"配额招生"旨在为经济发展和职业教育发展水平薄弱地区的学生提供更多就学机会，促进地区间的职业教育均衡发展。

第七章
职教高考的实施模式研究

至此，本书已经从目标愿景、理论基础、内容、方法、招考关系等五个方面，研究了职教高考的若干基本理论和实践问题。本章将基于上述研究成果，设计我国职教高考的整体实施模式，然后阐述职教高考与普通高考间的关系模式，以及二者的协调发展策略。

第一节　我国职教高考实施模式的基本样态

基于对"招考分离"模式和组织管理模式的分析，结合我国职业教育招考一体模式的实施现状和改革趋势，未来我国职教高考制度可根据各省实际情况设计和实施。图7－1显示了"招考分离"模式未来可能的实施形态。

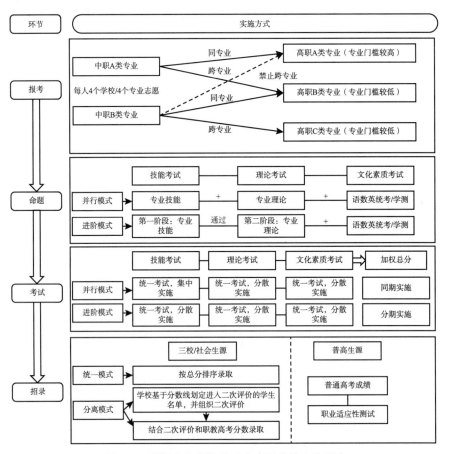

图7－1　"招考分离"模式未来可能的实施形态

一、职教高考的报考环节设计

职教高考的报考应以高职专业类为单位，分为三种情况：一是允许学生跨专业大类报考。二是允许学生跨专业类、不跨专业大类报考。三是报考专业仅限于专业类内部。一般而言，通过职教高考升学的学生，除个别专业性较强，或需要较早介入技能训练等专业外，应允许学生跨专业报考，这既给了学生第二次生涯发展的选择机会，也扩大了原有志愿的选择数量和范围。

本环节需要完成以下几项工作：（1）教育部制定次年职教高考本专科批次招生计划并下达各省。（2）各省集中统一公布各高职院校招生和录取方案，包括各校招生专业、招生名额（含职教高考招生数和普通高考招生数，以及省内省外招生数）、报考条件限制（主要是对考试内容的要求）等。（3）学生通过平行专业志愿的形式报考，每位学生拥有多个学校志愿和每个学校多个专业志愿。（4）各省基于专业报考情况，公布各专业类考试范围，同时审核学生是否具有报考资格。

未来可通过制度建设，逐渐形成现代职业教育体系三类升学通道：职教高考、贯通培养和技能大赛特招：（1）职教高考是现代职教体系的核心运行机制，是中职生升学的主要通道，也是高职院校跨省招生的主要渠道。约60%～65%的升学学生将通过该渠道进入高职专科或本科深造。（2）贯通培养是现代职教体系中的稳定学制设计，旨在满足职业教育拔尖人才培养需求，在产业高端或产业高端、技能需较早介入、职业情境复杂多元的专业中设计。招生数量约占当年中职招生总数的30%～35%。（3）技能大赛特招旨在面向有技能操作特长的学生择优录取，一般由本科院校和高职院校在全国或省级职业技能大赛获奖学生中招录，招生数量不超过当年中职招生总数的0.1%。

二、职教高考的命题环节设计

在命题阶段，各省需要考虑各类考试的组织模式问题：一是理论考试、技能考试和文化素质考试并行设置的模式。这种模式下，所有考试均在几天内相继完成；二是将技能考试作为门槛性考试，理论考试和文化素质考试作为选拔性考试的进阶模式。这种模式下，技能考试将作为学生参与专业理论考试的前置条件。学生需要通过水平测试性质的技能考试，方能参与专业理论考试。其中，技能考试可以在一年内分一次或两次进行，学生拥有多次通过技能考试的机会。而专业理论考试和文化素质考试则只允许在规定学制内参加一次。

此外，针对技能考试，也可根据省情分为两种实施模式：一是集中实施模式，如湖北省将所有专业技能考试集中在若干优质职业院校进行，这些学校的实训设施设备全面，工位数多，能满足省内集中技能考试的需求；二是分散实施模式，如江苏省的中等职业学校技能测试分散在不同地区，每个地区根据学校分布情况建设若干标准化考场，确保学生能在较近的地区考试。这要求整省优质职业教育分布较均匀。

基于上述分析，职教高考的命题环节包括以下几项内容：（1）规范省域统一考试设计与实施流程，提升各类考试的权威性和社会认可度，维护考试公平。建议省域统一考试坚持统一命题、统一评卷，省级招生考试机构负责考试的组织和实施工作。（2）文化素质考试内容按科目命题，成立以科目为单位的命题组。（3）专业理论考试和专业技能考试可根据各省专业分布情况，酌情按照专业大类、专业类或考试内容模块重组的方式设计命题单元，各命题单元成立命题小组。除学校单独招生外，不得将命题工作直接委派某高职院校独立开展。命题组主要是区域内相关专业中高职院校教师，命题教师应为正高级职称，教龄不少于20年，且有过各类考试命题经验或技能大赛执教经验。必要时可邀请企业师傅参与命题，并配备1名考试研究人员，负责对试题难度、信效度、区分度等进行评测。（4）技能考试集中实施的省份，需要确认各技能考试的承考院校，提前部署技能考试场地设施与材料准备。（5）确定理论考试考场及基本配备。

三、职教高考的考试环节设计

根据考试组织的并行模式和进阶模式，职教高考的考试环节也分为两种情况：（1）在并行模式中，技能考试为统一考试和集中实施（即中心化设计，全省某类技能考试只在一个地方集中考试），专业理论考试和文化素质考试为统一考试和分散实施（即去中心化设计，各地设置标准化考场，方便考生就地考试）。三者考试的时间为同一时间段。（2）在进阶模式中，专业理论考试、专业技能考试和文化素质考试均为统一考试、分散实施，且三类考试分期实施。

对于职教高考、贯通转段考试和学业水平测试而言，由于三者均属于省级统一考试，且存在成绩互换的可能，因此应明确各自的功能定位，规范各类考试的设计过程，减少不同类型考试间的冲突和重复设置，提升考试设计的针对性（见

表7-1）：（1）职教高考属于面向中职三年级学生选拔性考试，考试内容包括文化素质考试、专业技能考试和专业理论考试，具有显著的难度和区分度，尤其是要兼顾高等职业教育的人才培养需求，采用分数制。每年考试一次，考试时间为每年3月，其中文化素质类考试可酌情使用各省学业水平测试中的语文、数学、英语考试成绩，技能考试可酌情用各省学业水平测试中的技能等级，或权威性高的技能证书代替。（2）贯通转段考试属于面向中高贯通项目中三年级学生的达标性考试，考试内容包括文化素质考试、专业理论考试和专业技能考试，考试以测试学生是否具备中职水平的知识储备和技能水平为主要目标，采用等级制。每年考试一次，考试时间可与职教高考时间保持一致，可酌情使用学业水平测试成绩替代。部分小众专业可考虑单独组织。（3）学业水平测试属于面向中职二、三年级学生的达标性考试，考试内容包括文化素质考试、专业理论考试和专业技能考试，考试以测试学生是否具备中职水平的知识储备和技能水平为主要目标，采用等级制。每年考试一次，在学生共有两次考试机会（二年级一次、三年级一次），考试时间在每年下半年（见表7-1）。

表7-1　　　　　　　　　　三类评价成绩互换或替代的可能设计

考试	考试对象	考试内容	考试时间	考试类型
职教高考	中职三年级	专业技能考试	每年3月，或用学业水平测试中的技能测试成绩（B及以上等级）、权威性高的技能证书代替	选拔性考试分数
		专业理论考试	每年3月	
		文化素质考试（语文、数学、英语）	每年3月，或使用学业水平测试中的文化素质考试等级（B及以上等级）	
贯通转段考试	贯通中职学段三年级	文化素质考试（语文、数学、英语）	和职教高考时间一致，可使用学业水平测试成绩替代（具体等级要求各省自定），部分专业可单独组织	达标性考试等级
		专业理论考试		
		专业技能考试		
学业水平测试	中职二年级、三年级学生	文化素质考试（语文、数学、英语）	每年下半年	达标性考试等级
		专业理论测试		
		专业技能考试		

四、职教高考的招录环节设计

根据考试和招生是否分离，可将针对三校生的招录环节分为两种模式：一是统一模式，即统一划定专科线和本科线，并按照报考各专业的考生志愿，基于其职教高考中的分数从高到低依次录取。这种模式是普通高考的主要录取模式，优势在于操作较为简单，公平性疑虑低，但劣势在于招生主动权并不在学校，学校不一定能招收到最合适的学生。二是分离模式，即统一划定专科线和本科线，入线学生由录取学校组织二次评价，评价方式包括资料评价、面试等，学生可根据自身的分数和排名，选择参加一所或几所学校的二次评价。最终各校结合职教高考分数和二次评价，列出录取名单。这种模式类似于研究生招生模式，其优势在于学校具有较高的录取主动权，且优质的学生具有更大范围的选择权，能较好地实现优质教育资源配置，但缺点在于录取成本较高，且二次评价的实施可能存在公平性疑虑。普高生源的录取，可基于普通高考成绩加试职业适应性测试，普通高考占总成绩比重可在 60% ~ 80%，职业适应性测试满分为 100 分，测试成绩占比可在 20% ~ 40%。

第二节　职教高考与普通高考的
关系模式与发展策略

高考是普通高等学校选拔新生的主体途径，是人才培养的枢纽环节，关系国家发展大计和每一个家庭的切身利益，历来是教育领域社会反响大、群众关注度高、涉及范围广的工作。高考制度诞生于 1952 年，多年来为国家选才、学生成长、促进社会公平、提升人力资本素质和服务国家现代化建设作出了重要贡献，且随着人及社会发展的客观需要不断革新和完善。既然已经拥有了模式成熟且不断坚持深化改革的现行高考，为什么还要设立职教高考制度？

相关研究者就建立职教高考制度的动因进行了充分思考。一些学者着眼于教育的外部动因，认为社会发展对技术技能人才的需求使之要建立更利于该类人才选拔和培养的考试制度①②③；随着高等教育进入普及化阶段，入学考试方式逐渐由单一走向多元④，职业教育的考试招生由基本依附于现行高考而逐渐走向相对独立⑤，对于高考的认识由"选出高智商学生读大学"转换成"识别考生的智能类型"⑥，对于职业教育升学的认识从被视为与就业导向相冲突而被严格限制到适度放开再到打破"二元对立"的认识⑦。更多学者从教育内部来认识设立职教高考的必要性。基于职业教育与普通教育的类型不同，有学者从现有考试招生制度的缺陷入手论证考试改革的必要性，认为即使现行高考的教育评价足够精准，也不可"张冠李戴"地作为职业教育的"度量"⑧。此外，在目前高职招生考试仍未完全独立于现行高考的格局下，以录取批次为基础的现行高考选拔模式不符合职业教育培养应用型技术人才的目标，也严重影响了高职的生源质量⑨。有研究从人才培养体系的建立出发，认为职教高考是促进中高职衔接、统筹中高职协调发展⑩以及完善现代职业教育体系的需要⑪，而且对提升各类教育之间的相互促进关系亦具有重要意义⑫。还有研究从考试评价的"指挥棒"作用出发，认为职教高考内容、方式与录取标准的变革将带动职业教育课程、教学、人才培养方式、管理理念等方面的改革，进而优化职业教育的类型特色⑬。

已有研究从教育内外部动因以及理念的变化等角度出发就构建职教高考的动力和价值作出了一系列阐释，然而，将建立职教高考制度纳入高考制度演变的整体视野，结合其与不同时期的经济社会背景之间的关联性来进行审视的研究仍存

---

① 祝蕾，楼世洲."职教高考"制度设计的多重逻辑［J］. 中国职业技术教育，2020（16）：38－42，58.
② 贺星岳，邱旭光. 高职招生政策的演进逻辑与理念形成研究［J］. 中国职业技术教育，2020（31）：19－24.
③ 范冬梅. 基于现代职业教育体系构建的"职教高考"研究与实践［J］. 现代教育，2020（01）：54－55.
④ 杨文杰，祁占勇. 改革开放40年中国职业教育招生制度的变迁与展望［J］. 职业技术教育，2018，39（18）：17－23.
⑤ 李小娃. 高职院校考试招生制度变迁与改革趋势［J］. 职业技术教育，2017，38（34）.
⑥ 柴福洪. 高职招生改革应触发高校招生科学创新［J］. 黄冈职业技术学院学报，2013，15（06）：15－19.
⑦ 姜蓓佳，樊艺琳. 职业教育升学的政策变迁：脉络、逻辑与镜鉴——以历史制度主义为视角［J］. 职教论坛，2021，733（09）：73－82.
⑧ 龚方红，刘法虎. 彰显类型特征的职业教育评价新蓝图——《深化新时代教育评价改革总体方案》解读［J］. 国家教育行政学院学报，2020（11）：26－33.
⑨⑬ 李鹏，石伟平. 职教高考改革的政策逻辑、深层困境与实践路径［J］. 中国高教研究，2020（06）：98－103.
⑩ 孙善学. 完善职教高考制度的思考与建议［J］. 中国高教研究，2020（03）：92－97.
⑪ 徐国庆. 作为现代职业教育体系关键制度的职教高考［J］. 教育研究，2020，41（04）：95－106.
⑫ 陈子季. 用制度体系促进职业教育高质量发展［N］. 中国教育报，2019－12－10（01）.

在不足。

一、高考形态与国家经济社会背景之间存在强关联性

(一) 精英教育社会阶段

高考起源于国家经济社会发展对高端人才的需要。与古代科举制度是为选拔出贤能者来辅佐君王治理国家相类似，高考制度诞生之初源自国家经济社会发展对高端人才的需要。1952 年被认为是我国统一高考制度的元年，随着发展国民经济的第一个五年计划开始实施，中央政府认为从历史中汲取统一招考的方式能够快速、公平和高效地选拔入读高等教育的专门人才。教育部《关于实现一九五二年培养国家建设干部计划的指示》指出，"由于国家建设事业日益展开，培养大量高级和中级建设人才是迫切的政治任务"，各地高等学校和中等学校严格地实行统一招生是培养国家建设干部计划的关键①。在此之前，大部分高校仍承袭旧制单独招生，招生效率低下而学生报到率也较低；此外，1952 年也是我国高等教育第一次进行大规模院系调整，全国统一招生、考试和录取有助于实现高等学校招生的计划性，是巩固和适应调整后的高等教育布局的自然举措。自此，我国统一高考制度宣告诞生，开启了全国高校统一举行选拔性招生考试的新纪元。1952 年，全国高等学校通过统一高考共录取新生 7 万余人，比原计划超额录取了近 3 千人，新生的报到入学率达 95% 以上②，保障了国家急需的建设人才的"招募"，显示了全国统一招生的优越性。

高考以知识资本作为精英识别的符号并促成了精英人才从培养选拔到使用的闭环。从统一高考制度建立直到 20 世纪 90 年代，大学生被纳入国家干部培养计划、毕业后会获得国家干部的身份，因而早期高考一定程度上也兼具了干部预筛选职能③。这意味着高考把知识变成一种资本，特定知识（此处指的与高考考试内容相一致的知识）掌握的多寡成为精英识别的符号，特定知识资本掌握程度高的群体通过高考角逐顺利跻身精英群体，高考既成为精英群体的"加冕仪式"，也成为精英生产以及再生产的制度化手段——促成了知识精英从引才、识才到育

---

① 教育部. 关于实现一九五二年培养国家建设干部计划的指示（1952 – 07 – 17）［2022 – 12 – 01］［EB/OL］. http://www.fayuan.cn/fagui/33441.html.
② 杨学为. 高考文献（上）［M］. 北京：高等教育出版社，2003：22.
③ 刘海峰. 高考改革的理论与历史［M］. 武汉：华中师范大学出版社，2016：12.

才和用才的闭环。于个人而言，高考胜利意味着科举制胜利者般的"朝为田舍郎，暮登天子堂"的收益，因而人们选择参加高考成为一种对自身的投资行为，这与人们普遍视高考为"改变命运"的一次机会的看法相吻合；于社会而言，高考传递了社会流动由取决于先赋因素向自致因素转变的"知识改变命运"的信号，发动更多人加入到这场建立起自身文化资本的风潮中来，同时于无形之中促成了高考的除社会功能以外的教育功能，即人们在以高考为目标加强知识学习的同时，使国家教育的标准化程度迅速提高、引导了教育发展方向、促进了文化传播、提升了国民素质和推动了社会进步；于国家而言，这场知识与权力的结盟既使得知识为权力所用、增强了权力的合理性和权威性，也保证了知识产生更大影响力和发挥对国家建设的作用[1]。

有效的前置性社会分流成就了这一阶段高考竞争的有限性。既然参加高考能够实现自身往高端分配性人力资本的转化、获得极高的回报，但为何在新世纪之前高考未形成极高的竞争压力呢？这不仅与当时整体的教育发展水平和经济发展水平相关，还与下一级教育的结构与发展水平有关。首先，20世纪80年代之前，我国国民经济水平还不高，高中的毛入学率直到1998年前都没有高过四成，在初等、中等教育结束后直接参加工作是多数人的选择，适龄人口中只有少数会参加高考[2]。其次，彼时我国还处于农业经济向工业经济的转型阶段，经济建设需要的是大批初级和中级技术人才，在高等教育规模尚小和以普及和发展中等教育为重点的时期，中等教育结构中的职业教育规模要高于普通高中。资料显示，中级技术学校在校生数量在新中国成立初期曾低于普通高中在校生数量，但在1952~1960年期间二者规模趋近于相当后，于1961年开始中级技术教育在校生数量就一直高于普通高中学生数，直到"文革"时期大批中级技术学校消失导致中等教育结构比例严重失衡，但在"文革"后，国家在恢复中专和技校的同时以发展大批的职业高中为补充，迅速挽救了中等职业教育在中等教育结构中的比例，使得初、中等职业技术学校在校生数量与普通高中在校生数量的比率从1977年的0.05∶1（严重失衡）攀升至1991年的0.95∶1（基本均衡）再到之后继续一路上升直至1999年达到1.15∶1[3]。就这样，在人们普遍还未有条件接受高等教育且中等教育中职业教育的规模相当甚至略高于普通教育时，社会便存在一个有效的前置性分流机制，使得高考只是少部分知识精英的"高远志向"。

① 彭拥军. 高等教育与农村社会流动［M］. 北京：中国人民大学出版社，2007：1.
② 陆一. 学业竞争大众化与高考改革［J］. 教育研究，2021，42（09）：81-92.
③ 郝克明. 当代中国教育结构体系研究［M］. 广州：广东教育出版社，2001：113，117，144.

（二）大众教育社会阶段

现行高考制度从致力于选拔精英到服务于大众升学。"文革"前中国的高等教育是极度精英化的。20 世纪 80 年代以后，高等教育逐渐从极度精英化阶段发展到精英阶段，21 世纪以后逐渐进入大众化阶段，现在已经基本上发展到普及化阶段。1998 年开启了我国高等学校急剧扩招的序幕，2000 年高等教育本专科招生人数比 1999 年增加了 100 余万人，增长比率达到 36.78%[①]；2001 年高等教育共招本科、高职（专科）学生 464.21 万人，比上年又增加了 87.45 万人，增长比率达 23.21%[②]，这样的扩招速度一直持续多年，直到使我国提前 5 年实现了高等教育毛入学率 40% 以上的目标。这种升学热情的背后有着深刻的人口、经济动因。我国于 1980 年开始全面实施独生子女政策，第一批独生子女在 1998 年刚好年满 18 岁。历来崇尚考学出仕的中国家庭在独生子女政策下，使自家孩子接受高等教育几乎成为每一个家庭的"标配"。与此同时，改革开放使我国经济社会发生翻天覆地的变化，城镇居民家庭可支配收入翻倍增长，亿万家庭经济条件的改善以及国家助学金政策的完善使得因经济条件制约而无法上大学的情况越来越少，这些都成为促成高校扩招的社会动因。除此之外，中等职业教育内部发展的不平衡、中专教育体制改革以及国有企业社会职能的剥离，使得过去中等职业教育的吸引力严重下降。1995 年，中职招生数占整个中等教育阶段的 57.4%，达到历史顶峰，到 2000 年比例下滑至不到 50%，到 2001 年进一步下滑至 41.8%[③]，中职规模的急剧萎缩意味着更多人涌向普通高中和计划参加高考，社会前置性的分流机制效用下降。自此，高考制度从致力于选拔精英到服务于大众升学，而这也为高考制度的功能异化和弊端显现埋下伏笔。

高考服务于大众升学的功能逐渐异化和弊端显现。首先，虽然高考录取率从恢复时的 4.8% 提升至如今的 80% 以上，但是竞争激烈程度却有增无减。其背后缘由是，如今高考个体的利益诉求不只是"有学上"而是"上好学"。易言之，虽然高等教育资源总量获得极大增长，但是考生心中理想的教育资源依然有限且仅限于"金字塔顶"。高考在考试类型上属于常模参照式的考试，录取的唯一依

---

① 教育部.2000 年全国教育事业发展统计公报［EB/OL］.（2001 - 06 - 01）［2022 - 12 - 01］.http：//www.moe.gov.cn/s78/A03/ghs_left/s182/moe_633/tnull_843.html.

② 教育部.2001 年全国教育事业发展统计公报［EB/OL］.（2002 - 06 - 13）［2022 - 12 - 01］.http：//www.moe.gov.cn/s78/A03/ghs_left/s182/moe_633/tnull_844.html.

③ 徐国庆.从分等到分类：职业教育改革发展之路［M］.上海：华东师范大学出版社，2018：38.

据是高考考试分数，且该分数只有在置于全体考生中才有解释力，即高考录取是根据考生成绩在团体中的相对位置来甄别和衡量考生的个体差异和相对水平——考试成绩在团体中的相对位置越高，通过高考所能取得的高等教育资源才能越稀有。正因如此，在前置性社会分流效用降低、人人都要追求上好大学的时代里，高考成为全社会关注的高利害事件。其次，高考考试内容的"瓶颈性"也成为"绑架"基础教育的"紧箍咒"，表现为考生要想通过高考获取理想的高等教育资源就必须要在基础教育阶段反复钻研高考考试内容，高考及其备考过程成为一种"精神洗礼"和"磨炼意志"的过程①。最后，高等教育扩招时期也是我国发展高等职业教育的时期，高职院校在这一阶段如雨后春笋般成长起来的同时却没有同期建立起与自身类型相匹配的考试招生途径。《面向 21 世纪教育振兴行动计划》被认为是高等教育扩招的政策信号，该文件指出"招生计划的增量将主要用于地方发展高等职业教育"，且规定中等职业学校毕业生中仅有 3% 左右的比例可进入高等职业学校学习；普通高中毕业生除进入普通高等学校外，多数应接受多种形式的高等职业教育，提高自身素质。在这样的政策规定下，高职院校主要以普高毕业生为生源，不仅从现行高考中录取学生且录取批次位于最末端，使得作为承接扩招学生就读高等教育的主力军到头来却被冠以了"次等教育"的污名，与此同时，现行高考的考试内容和考试方式依然以学科知识考察和统一笔试为主，并没有照顾到高等职业教育的人才培养特质，导致现行高考和高职教育在之后的很长一段时期彼此"相看两厌"却又"无可奈何"。

二、现有高考形态未充分展现与经济社会发展之间的适应性

（一）技能偏向型经济增长方式需要有效的技术型人才再生产

我国"十四五"规划和 2035 年远景目标纲要要求"坚持把发展经济的着力点放在实体经济上，推动制造业高质量发展"。制造业高质量发展一方面是要稳定制造业比重以保持"量的合理增长"，同时要求产业实现"质的稳步提升"，从国际产业链的中低端向高端环节攀升。在这个过程中，技术型人才队伍承担着将研发设计转化为实际产品、参与科技创新和技术攻关等重要任务，是支撑中国

---

① 俞敏洪. 重燃高考精神 [J]. 中关村，2018（07）：99-100.

制造、中国创造，推动经济高质量发展的重要基础①。根据其他国家的前车之鉴，一个国家的工业能力尤其是制造业能力的积累需要有效的技能形成体系作保障②，而技术型人才队伍的培育和质量提升是一个长期、动态的过程，现代化后发国家普遍需要 15 年左右的时间来实现人力资本的结构性跃升，之后方才形成创新体制进而实现产业效率的持续提高③。这意味着我国要实现高质量发展的目标，必须高度重视技能形成并且提前布局利于技能积累的人才培养体系。但令人遗憾的是，目前技术型人才队伍中尤其是高层次技术型人才的供给数量和质量并不能满足需求端的变化。制造业高质量发展的岗位空缺需要大量拥有专业知识和高级技能相结合的人力资源，但目前大量闲置的劳动力与上述岗位要求不相匹配。经常与上述现象放在一起讨论的是"文凭通胀"——高等教育的文凭供给随着教育机会的扩大而陷入通货膨胀，泛滥的文凭不再成为社会流动的阶梯反而为社会流动造成阻碍④，这同样指向的是人力资本供给与需求的结构性矛盾。

北京大学教授王蓉将人力资本分为了生产性的人力资本和分配性人力资本两类，技术型人才即是典型的生产性人力资本，生产性人力资本的增多既在微观层面上提高个人的劳动生产率，也在宏观层面使得经济总量扩大。精英教育阶段，中专、技校、职高作为培养和发展生产性人力资本的教育类型，于教育精英化时期广受大众选择，以一种有效的前置性社会分流的存在既避免了高考的高度竞争，同时也为我国在短时间内建立起独立的完整的工业体系和国民经济体系奠定了强大的人力基础。分配性人力资本是国家作为主要需求者，用于维持或改变既有的经济财富在个人之间、集团之间、国家内部和国家之间的分配情况的人力资本，例如行政官员、学者、律师等⑤。高考起源于国家经济社会发展对高端人才的需要，直至今日，其考试内容依然为高度编码化、标准化、公共化和抽象化的学科知识，因而选拔和培养的一直是被归类于分配性人力资本的人，而代表着经济体中收入创造者的生产能力的生产性人力资本⑥的人并没有被现行高考制度所培养和识别。社会中人才配置的问题本质上说就是均衡生产性人力资本和分配性人力资本投资及其收益的问题，人力资本的"错配"实际上就是生产性人力资本

① "十四五"时期有望新增技能人才 4000 万以上：技能中国行动正式启动（政策解读）[N]. 人民日报，2021 – 08 – 30（02）.
② 王星. 技能形成、技能形成体制及其经济社会学的研究展望 [J]. 学术月刊，2021，53（07）：132 – 143.
③ 徐冬宁. 新阶段要加快提升全社会人力资本 [N]. 经济日报，2021 – 09 – 06（11）.
④ ［美］兰德尔·柯林斯. 文凭社会——教育与阶层化的历史社会学 [M]. 刘慧珍，译. 台北：桂冠图书股份有限公司，1998：23.
⑤⑥ 王蓉. 公共教育解释 [M]. 北京：中国财政经济出版社，2009：78 – 85.

投资和分配性人力资本投资及其收益失衡的体现；当分配性人力资本的总量过多时，社会总资源中用于生产性活动的人力资本将会减少；当分配性人力资本的收益过高时，将会影响社会中有才能的人进入经济性的创造活动的积极性，进而也就阻碍了经济增长和知识与技术的创新①。

结合我国教育体系的历史和实际情况来看，这样的分析框架确实拥有较强的解释力。现行高考制度被学界广泛认为其继承了古代科举制的"基因"元素②③，目的是选拔和培养出国家治理所需的掌握了高端分配性人力资本的人，考试内容也是编码化、标准化、公共化和抽象化了的学科知识。与科举制"朝为田舍郎，暮登天子堂"的收益诱惑所类似，人们对高考的强烈意愿实际上是对高等教育所带来的物质回报和社会荣誉的强烈意愿，这与现代人们普遍视高考为"改变命运"的一次机会的看法相吻合。1998 年大学扩招之前，由于当时国民经济水平不够高，适龄人口中只有少数会参加高考，在初等、中等教育毕业后直接参加工作是多数人的常规选择④，这意味着那个时候我国的生产性人力资本强度远高于分配性人力资本，这也为我国集中资源在短时间内建立起独立的比较完整的工业体系和国民经济体系奠定了强大的人力基础。后来，随着高等学校猛烈扩招，高考报名人数持续扩大，分配性人力资本投资轨道出现"过载"，投资收益明显下降，甚至一部分人已经无法收回投资成本；同时，优秀人才多齐聚在公共部门而非企业部门，也为中国经济稳增长带来严重挑战⑤，生产性人力资本总量下降和分配性人力资本投资过热引致收益失衡的双重作用，构成了如今教育的片面发展、就业困境和技能错配问题。实证研究发现，高中阶段是我国劳动者的教育错配和技能错配的发生率最高的教育阶段⑥，现行高考所在的教育体系以传输分配性人力资源为核心，且与现行高考强大的号召力一起，挤压了生产性人力资本的投资和积累，不断扩大的高等教育招生规模在严重挤占职业教育生存空间的同时，还使其沦落为"差生"教育，以至于无力为产业升级提供匹配的高技能劳动

① 王蓉 . 国家与公共教育：新人力资本理论的分析框架 [J]. 北京大学教育评论，2009，7（03）：84 - 98，190.
② 刘海峰 . 科举研究与高考改革 [J]. 厦门大学学报（哲学社会科学版），2007，183（05）：64 - 71.
③ 边新灿 . 从精神图腾回归教育家园——大规模选拔考试的文化功能和高考改革的文化动因 [J]. 浙江社会科学，2016，243（11）：58 - 65，157 - 158.
④ 陆一 . 学业竞争大众化与高考改革 [J]. 教育研究，2021，42（09）：81 - 92.
⑤ 李静，楠玉 . 人才为何流向公共部门——减速期经济稳增长困境及人力资本错配含义 [J]. 财贸经济，2019，40（02）：20 - 33.
⑥ 刘云波 . 教育错配和技能错配的发生率及其收入效应——基于中国 CGSS2015 的实证分析 [J]. 东岳论丛，2019，40（03）：60 - 68.

力，这一冲突已然成为影响国家技能积累的重要制度因素。

（二）现行高考的育人框架不适配技术型人才的识别和再生产

知识的发展与传播是教育的根本任务，然而对于知识及其理由的分析却属于哲学的认识论部分①，知识不仅是教育的主要内容也在制约着教育的开展②。植根于普通教育体系中的现行高考，教学和考试内容主要来自学科体系，知识类型主要为以文字、图形和图像等方式储存和传播的可编码的和可明确表达的显性知识；职业教育的教学内容主要为工作知识，其教学过程中存在着大量的不可言说的、难以用文字、符号等进行逻辑说明的缄默知识，这样的知识具有涉身性、情境性和保密性，知识形态上呈现出一种基于知识应用的质性结构③，最常见的传递方式是师徒制、最佳的学习场所是工作场合尤其是具体情境之中④。两类知识在属性上的不同致使对其评价的侧重点和方式的不同，现行高考连接普通高中与普通高校，重在对于科学事实和社会事实中概括出的概念、原理和规律的应用能力的考察；职教高考连接中等职业教育和高等职业教育，考察重点在于被试人员运用专业知识和技术技能来解决工作场景中的一个典型工作任务的完成情况。

国务院《关于深化考试招生制度改革的实施意见》针对高考考试内容改革提出"着重考查学生独立思考和运用所学知识分析问题、解决问题的能力"，意在将现有高考的命题立意从知识考核转变至能力考核。尽管如此，由于现有高考对德、体、美、劳的考核还未找到有力的抓手，目前的考试内容仍以对智育的考查尤其是文化知识的考查为主要方面；所考查的知识类型以显性知识为本体，命题方式从学科逻辑出发、采用分科命题的方式，所以现有高考整体上仍是侧重于智力检测的学术考试，整体上看考试内容相对目前社会和科技发展的需求比较狭窄⑤。选拔标准上，以高考笔试成绩为流通货币，作为招生院校和学生在互不了解的信息不对称情况下进行识别和"交易"的一种信号，对于显性知识掌握程度越高者被录取的"信号"显示越强。但是，这仅是将显性知识置于考察视野中的结果，由于普通教育和职业教育在主要教授的知识类型上存在本质上的不同，因

① Scheffler, I., Conditions of knowledge: an Introduction of Epistemology and Education, Scott, Foresman & Commany, c1965, pl.
② 石中英. 知识转型与教育改革 [M]. 北京：教育科学出版社，2001：7.
③ 姜大源. 中国现代职业教育体系建设的探索与当务 [J]. 神州学人，2021（11）：10-15.
④ 贾文胜，徐坚，石伟平. 技能形成视阈中现代学徒制内在需求动力的研究——从知识结构的角度 [J]. 中国高教研究，2020，325（09）：98-103.
⑤ 陈诚，包雷. 高考考试内容的宽广纵深模式改革探索：变应试教育为有效学习 [J]. 中国考试，2021（06）：26-36.

而以显性知识掌握为信号的知识评价和人才识别方式作为职业院校招生选拔的方式便可能出现"信号失灵"的情况，也正因为此且不止于此，对于现行高考在难以考查学生的综合素质和能力、难以全面衡量不同类型人才的特点等方面的批评和质疑一直存在[①②③]。

　　教育评价的对象包括教育系统和教育系统中的人，对教育系统的评价应该反映教育的本质特点与教育实践活动的规律性认识，对教育系统中人的评价也应该反映人的本质，即教师劳动的特点和学生学习与成长的特点，否则教育评价就沦为一种只能反映教育系统或教育活动中的师生的外部特征、条件性特征或可通过量化表征的特征的形式化的评价[④]。高考是关乎国家未来人才质量和规格的一次选拔活动，因而也是对一个国家的公民文化素养整体水平的一次评价活动。现行高考将命题视野仅放在普通教育体系的显性知识之中，侧重在考试命题和考试技术上精雕细琢，在外表上巧妙地隐藏了显性知识与缄默知识的实质性差异，反映出一种具有高度象征性的公平公正和合法性，但其实际上是如布尔迪厄所说的"以生产资格的技术功能掩盖它使阶级差别合法化的社会功能"[⑤]。因而，应尽快突破高考仅考查普通教育体系的显性知识的狭隘命题视野，以职教高考作为实践型人才识别和缄默知识评价的载体。

三、构建与现行高考相协同的职教高考制度

（一）适应新变化：以赛道的拓宽成就有边界的竞争

　　高考制度因社会生产和社会生活的内在需求而产生，并随社会发展需求的变化而不断改变其性质和模式，形成与其所处社会相适应的结构，以发挥不同历史时代所期求的社会功能，这是影响高考制度形态的外部动因。高考的当前形式绝不是其最后形式。随着科学技术的迅猛发展和生产力水平的不断上升，生产者职能劳动过程的社会结合以及社会内部的分工等始终处在变化之中，而这些变化要求人们根据新的社会需求去进一步改良甚至革新原有的高考制度模式。服务于大

① 邱斌，张怀承. 我国当代考试制度的伦理审视 [J]. 伦理学研究，2018（03）：129 - 133.
② 边新灿. 公平选才和科学选才——高考改革两难价值取向的矛盾和统一 [J]. 中国高教研究，2015（09）：27 - 32，62.
③ 龙耀，李娟. 中国高考制度改革的社会学分析 [J]. 中国青年研究，2008（03）：44 - 49.
④ 石中英. 回归教育本体——当前我国教育评价体系改革刍议 [J]. 教育研究，2020，41（09）：4 - 15.
⑤ 布尔迪厄，帕斯隆. 邢克超，译. 再生产 [M]. 北京：商务印书馆，2002：177.

众升学不仅意味着服务对象的成倍扩容，更意味着要审慎地根据考试环境和考试主体的变化而构建起新的筛选机制。高考连接着我国中等教育和高等教育，为从中等教育通向高等教育设置一定的教育考试是完全必要的，国家现代化也需要通过竞争机制选拔出高层次专门人才来参与建设。毫无疑问，高考制度也是最符合中国国情和文化心理的普通高校选拔新生的考试制度，但前提是竞争应该是适度和良性的。

高考已经从致力于纵向选拔精英的单一使命转变为为精英选拔提供必要竞争的同时服务于大众多元适配的双重使命，因此，高考也要转变服务普通教育单一赛道为服务职普并列的双赛道，用"基于选择的分类"替代"基于筛选的分类"，以拓宽赛道来成就有边界的竞争。① 依靠良性竞争和赛道拓宽，使高考成为职业教育和普通教育纵向贯通、横向融通的载体，更完整地建立起各级各类人才培养和输送的循环体系。

（二）定位协同性：作为现行高考科学性的有益补充

"举一纲而万目张，解一卷而众篇明"。服务于国家建设对人才的需要是国家教育体系重要的使命，而高考制度就是国家教育体系服务于国家人才需要的"纲"，是国家教育体系服务于国家建设和人才建设表征于形、落于行动的切入点。更多元地评价人才、增强高考的多样性和选择性是近年来高考改革的重要主题和努力方向。《深化考试招生制度改革的实施意见》提出建立"分类考试、综合评价、多元录取的考试招生模式"，分类的内涵是不同类型定位、不同发展特色的高校都能以与自身特点相匹配的选拔方式招生，广大考生也能够根据自身发展的现实需要自主选择合理的、公平的和有效的评价方式来为自己实现与学校的双向选择与匹配。《深化新时代教育评价改革总体方案》提出"扭转不科学的教育评价导向"，其核心指向的也是破除单一的人才选拔与评价标准，促进和完善多元化的人才评价体系。

建立职教高考制度不是对现行高考制度的否定或者颠覆，而是在对其进行有益补充的基础上，与其共同成为与国家新发展格局更相适应的国家教育考试制度体系。职教高考将"以考促学"地通过"文化素质＋职业技能"的评价方式发现和培养更多技术型人才，以及"以考促建"地推动高等院校的分类办学、助力

---

① 姜蓓佳，徐坚. 构建职教高考制度的动因、意义与行动［J］. 国家教育行政学院学报，2022（02）：54－62.

高校实现差异化发展。这种改革方向，有利于让每一所学校都有自己的明确定位，办出特色、办出水平，从而增强高等教育研究型和技术型学校体系的整体效能，也有助于在尊重个体差异的基础上实现个人公平而差异化的发展，让每个人找到适合自己的通向高质量就业的求学之路。

（三）打造增长极：制度牵引促进技能型社会的形成

古代科举制以"有胜于十万督学之力"缔造了古代中国的"儒学社会"。科举制和现行高考的发展历史已然揭示了考试评价对于教与学的牵引作用和对全社会所能够蓄势起的改革动能。全国职业教育大会提出"建设技能型社会"，中办国办《关于推动现代职业教育高质量发展的意见》作出"到 2025 年，现代职业教育体系基本建成，技能型社会建设全面推进""到 2035 年，职业教育整体水平进入世界前列，技能型社会基本建成"的战略部署。服务于我国的新发展格局尤其是制造业高质量发展以及克服文凭社会造成的教育片面发展和技能错配问题是构建技能型社会的背景，其背后隐喻的是，技能于国家意味着是促进经济社会发展和产业升级的重要支撑，于个人意味着通过技能学习可以实现个人的充分发展和对美好生活的向往。"技能型社会"作为"文凭社会（学历社会）"的对应面，代表着技能而非文凭是人力资本的需求方向。

在现行高考单轨制的基础上设立职教高考的轨道，旨在以考试结果的等值、考试地位的等同、知识类型的等价建立起技术型人才的评价体系、荣誉体系和成长体系，加强技术型人才的身份建构和价值认同。高考的应考主体是年龄在 18 岁左右的青年，青年强则国家强。建立起职业教育与普通教育的双赛道，是在高等教育普及化时代拓宽青年通向高等教育的道路、促进教育分流和缓解教育焦虑的有力举措。通过健全人才选拔和培养纵向贯通、横向融通的"立交桥"，为亿万青年学子提供更宽阔和更多元的成长成才路径，鼓励更多青年走技术技能成才的报国之路，职教高考必将有力促成技能型社会的构建和服务于国家高质量发展，在新时代彰显其划时代的意义。

第八章
职教高考制度改革的地方案例

我国职业教育发展的事权在省级政府，因此职教高考改革未来的重心也在省域层面，各省需要基于省情，在中央统一改革方向的规制下，定制化设计本省职教高考改革的思路与方案。本章将呈现四川和湖北两省的职教高考改革案例，之所以选择这两个省，是因为他们都属于传统的高考大省，每年参加各类高考的人数众多，考试竞争强，面临的改革压力和难题更大。另外，这些省份在近年来也采取了一些有特色的改革举措，尤其是湖北省的技能高考，试点十余年期间取得了很好的成果和示范效应。每个案例都将按照历史梳理、现状问题、改革路径的逻辑进行研究和呈现。

第一节　四川省职教高考制度改革的
历史、现实与展望

建立"职教高考"制度，是完善中国特色现代职业教育体系的战略之举。目前，我国高职分类考试招生制度在实践中逐步形成了统考统招、单考单招、自主招生、中高职融通招生、注册入学、免试入学六种分类考试招生改革样态[①]。然而，从实践层面来看，现有的考试招生路径在设计与实施层面仍然存在诸多问题，一些问题还触及高职分类考试招生制度存在的根基和价值。本节将以四川省为实践样本，深入分析高职院校分类考试改革中对口升学考试和高职单招两个主要模式的历史进程与发展现状，研究相关问题与成因，为建立并完善具有中国特色的"职教高考"制度提供四川经验。

一、四川省高职院校分类考试的历史发展

（一）定向培养为主的探索阶段（1980～1996 年）

20 世纪 80 年代初期，伴随着我国中等职业教育迅速发展以及 1980 年教育部和国家劳动总局《关于中等职业技术教育结构改革的报告》中关于职业（技术）学校、职业中学、农业中学的毕业生报考对口专业的考生，考试成绩在同一分数

---

① 陈江. 高职院校分类考试招生改革样态：问题与策略［J］. 高教探索，2019（02）：97 - 102.

段内，优先录取的政策红利引领，四川省"普通高校职教师资班和高职班对口招生统一考试"（以下简称"对口升学考试"）作为中等职业学校毕业生升入对口高等院校的一种升学制度应运而生，成为培养高级技术人才的重要渠道。对口升学考试作为选拔性考试，分为职教师资班（大学本科，培养中等职业学校教师）和高职班（大学专科，培养高级技术工人）两类，在全面考查学生基础知识、基本能力的同时，侧重对学科（专业）能力的考查，使之更好地适应中职教学实际和高校招生需要。

1985 年，中共中央《关于教育体制改革的决定》中进一步明确要求，积极发展高等职业技术院校，优先对口招收中等职业技术学校毕业生以及有本专业实践经验、成绩合格的在职人员入学，逐步建立起一个从初级到高级、行业配套、结构合理又能与普通教育相互沟通的职业技术教育体系。四川省在每年安排高等院校招生计划时，通过划拨一定数量的指标，定向招收中等职业技术学校毕业生。当时，对口升学考试一般实行定向培养，主要培养职业高中的专业理论课和实习指导教师。除了高等职业技术师范院校承担部分定向招生任务外，一些普通高校包括师范院校也承担了招生任务。严格意义上讲，对口升学考试作为高等院校招生制度的一项改革措施，使中等职业教育与高等教育有机结合起来，对职业教育的发展起到了积极的促进作用。

（二）扩大招收面向的调整阶段（1997～2004 年）

1997 年，为满足经济发展对高层次职业教育人才的需求，《国家教委关于招收应届中等职业学校毕业生举办高等职业教育试点工作的通知》指出，招收应届中职学校毕业生是普通高校招生计划的重要组成部分，并规定了具体招生对象与学制、招生计划、中等职业学校推荐和入学考核相结合的考试录取办法等。[①] 职业学校毕业生升学渠道进一步扩宽。

90 年代中后期，随着中等职业教育的改革，四川省对口升学考试的职教师资班和高职班在培养方式、培养面向等多方面发生了调整。取消了由省向各市、州及学校划拨定向指标的做法，扩大招生及考试面向，将原来只限于培养职业高中专业课教师扩展到既培养教师又培养高级技术人才，将原来只限于职高生报考改为面向普通中专、职业中专、职业高中、技工校、中师等中等职业学校的毕业

---

① 袁潇，高松. 改革开放 40 年来高等职业教育考试招生制度改革探析［J］. 复旦教育论坛，2019，17（01）：76 - 82.

生招考。同时，部分名牌大学也承担招收对口升学考试学生，如电子科技大学、四川农业大学、四川师范大学等。对口升学考试制度逐步趋于完善、合理，使得中等职业学校毕业生的出路由单一的就业扩展为"就业与升学"两条路，职业教育既符合部分学生就业的需要，也符合部分学生持续发展的需要。这一阶段四川省每年报考对口升学考试的人数一般稳定在 2 ~ 3 万人左右。

（三）缩减升学规模的萎缩阶段（2005 ~ 2012 年）

2005 年，国务院《关于大力发展职业教育的决定》中明确提出"推进职业教育办学思想的转变。坚持'以服务为宗旨、以就业为导向'的职业教育办学方针，积极推动职业教育从计划培养向市场驱动转变，从政府直接管理向宏观引导转变，从传统的升学导向向就业导向转变"。就业为导向的办学思想，在政策导向上限制了中职生升学的自由度。同年，《四川省教育厅等七部门关于贯彻教育部等七部门关于进一步加强职业教育工作的若干意见的实施意见》中明确提出，要进一步改革高职对口招生考试办法，调整考试科目和命题范围，强化专业技能培养。从 2005 年起，中等职业学校毕业生报考高等职业院校需取得所学专业相关职业资格证书或行业准入证书。

随着政策导向的变化，尤其是国家开始高度重视高等教育的质量问题，教育行政部门严格控制了高等职业教育的招生规模，各级教育行政部门、中等职业学校将职业教育发展的重点逐步放在了"就业"。四川师范大学、电子科技大学两所本科高等院校开始不再招收职教师资班。从 2005 年起，四川省对口升学考试报考人数较往年有较大幅度缩减。

（四）实行两考并行的发展阶段（2013 年至今）

2013 年，教育部出台了《关于积极推进高等职业教育招生考试制度改革的指导意见》，提出高职院校实行多样化的考试招生办法，增加单独招生、对口单招、中高职贯通培养、综合评价等分类考招形式，建立和完善多样化的高等职业教育考试招生方式。2014 年，《国务院关于加快发展现代职业教育的决定》明确提出"以服务发展为宗旨，以促进就业为导向"，逐步平衡了中职学生升学与就业选择之间的关系。同年，国务院发布了《关于深化考试招生制度改革的实施意见》，提出高职院校考试招生与普通高校相对分开，实行"文化素质 + 职业技能"的考招模式。中职学校毕业生报考高职院校需参加文化基础与职业技能相结合的测试。此文件的发布标志着我国高职院校选拔人才有了自成体系的方式，逐渐脱离高考进行考试招生。

　　根据《教育部财政部关于实施国家示范性高职院校建设计划加快高等职业教育改革与发展的意见》文件精神，2008 年，四川省虽然在全国启动高职院校单独招生（以下简称"高职单招"）试点工作一年后率先在四川建筑职业技术学院、成都航空职业技术学院试点高职单招试点工作，但当时的招考院校只有 2 所，其初衷是适应国家改革，为优质高职院校选拔优质生源。2013 年，伴随国家政策导向的变化以及经济社会的发展，四川省高职单招的高职院校不断增加，尤其是高职扩招等政策文件的出台，极大程度地激发了高职院校的招生活力，省内招生院校已从最初的 2 所发展到了 2020 年的 90 所[①]。

二、四川省高职院校分类考试的实施现状

　　四川省高职院校分类考试招生目前已形成以单招为主渠道、对口招生统一考试为辅的样态。2019 年四川省中职毕业人数为 313101 人[②]，参加职教类高考人数为 100158 人[③]，占比 41.7%，其中，参加高职单招 112300 人，占考生总数的 86.9% 左右。

　　目前，四川省高职单招采用"文化考试 + 职业技能测试"的考试形式，文化课由省考试院统一命题，各高职院校自主阅卷的考试方法，包括语文、数学、英语三科，每科 100 分，共 300 分，考试时间 150 分钟。但实际录取过程中，许多高职院校根据本校所需，对语文、数学、英语的分值进行了折算，且折算占比并不一致，有些院校规定语文占比 50%、数学占比 20%、英语占比 30%，有些学校则规定语文占比 60%，数学占比 20%，英语占比 20%。而专业课的考试方法、内容由各高职院校自主确定，差异性相对较大，首先表现在赋分分值的校际差异上，有 350 分、300 分、200 分等不同情况；其次，同一专业不同高职院校考试内容不尽相同，如会计专业，A 学校考试内容包括《基础会计》《市场营销》《经济法律法规》及专业技能，而 B 学校考试内容则为专业学习情况及点钞技能、财经数字书写技能展示；最后，部分高职院校在考试内容上增加了综合素质测试，突出了对中职学生综合素质的要求，而多数学校并未推行。

　　对口升学考试执行"3 + X"考试模式，总分 750 分。"3"指语文、数学、

①③　资料来源：四川省教育考试院。
②　资料来源：四川省学籍管理系统。

英语三门文化基础课，总分 400 分，其中语文、数学满分各为 150 分，英语满分 100 分；"X"指专业综合，含理论和实操两个部分，满分 350 分。对口升学考试命题依据《四川省普通高校职教师资班和高职班对口招生考试各学科（专业）考试大纲》，根据教育部颁发的中等职业教育课程标准、专业教学标准以及教学要求，结合四川省中等职业学校教学实际制定，对各学科（专业）考试科目、内容、比例、题型等做了具体规定，考试试题的编制均不超出相关学科（专业）考试大纲的规定。

三、四川省高职院校分类考试存在的主要问题

高职院校分类考试政策实施以来，招生改革工作取得了一些显著性的成效，考试招生形式呈现出多元化的趋势。随着四川省高职单招成为招生的主渠道，其考试方法、内容对中职教学已具有风向标的作用。参考山东、江苏、重庆等其他省（市）的实践经验发现，目前高职院校分类考试招生制度还面临着诸多亟待解决的问题。

（一）科学性与公平性保障不足

高职单招极大程度上体现了高职的招生自主权，省级统筹、院校主导已成为考试招生管理的主要特征，但如何平衡自主与规范、公平与效率之间的博弈关系却仍是诸多省（市）面临的共同难题。问题表现在选拔目标定位上，重招人轻选择，选拔功能异化；在评价标准确定上，综合评价不综合，评价标准窄化；在综合测试环节上，为考而考，技能测试泛化。[①] 并且，高职单招的政策出台初衷是优质高职院校选拔优质生源，进而优先招收具有专业特长和职业技能潜质的考生，而目前高职单招录取率偏高，其科学性和公信力的认可度备受质疑。四川省高职单招文化考试试题由省教育考试院统一命制，阅卷工作由学校自行组织，职业技能测试由各高职院校主导，报省级高等学校招生委员会备案。虽然已尽力保证高职单招考试的科学性与公平性，且考试院校命题标准建议参照对口升学考试的《四川省普通高校职教师资班和高职班对口招生考试各学科（专业）考试大纲》，但在实际操作环节，却难以全部执行，考试内容随意性大，标准不统一。

四川省对口升学考试在科学性与公平性方面的难点主要集中在考试类别不完

---

① 蒋丽君，张瑶祥. 优化高职提前招生模式的路径选择［J］. 中国高教研究，2020（02）：44-48.

善。目前，四川省中职专业设置已覆盖《中等职业学校专业目录》全部 19 个专业类别，而对口升学考试技能考试目前涵盖类别与专业类别虽有相关性，但仍有部分专业学生"学无所考"。2020 年，考试类别包括农林牧渔类、土木水利类、财经商贸类、信息技术一类（计算机专业）、信息技术二类（电子专业）、加工制造类、公共管理与服务类、文化艺术类、旅游服务类一类（旅游专业）、旅游服务类二类（烹饪专业）、轻纺食品类、医药卫生类、材料类、教育类、汽车类共计 15 个考试类别。如轻纺食品类，目前专业知识（应知）和技能操作（应会）无论是轻纺类专业还是食品类专业均测试手工制板和工艺制作，使得食品类专业学生"学非所考"。虽然有学者认为，目前的中高职专业类设置不能直接将其作为考试和招生的专业类，必须开发适用于考试和招生的专业大类，但是，招考原则也需要满足让所有学生"有试可考，有志愿可报"①。

另外，从成本视角看，无论是高职单招还是对口升学考试，专业实操考试的落实对于考试院校与考生都存在着挑战。专业实操考试按照专业大类进行组织，虽高职单招相对而言组织规模较小，但考前宣传、命题、招生、考试、录取等诸多环节都需要大量的人力与物力支撑，与普通高考相比其组织复杂性以及成本投入都较高，院校收取的考试费常难以覆盖实际考试支出。此外，全省各地的考生必须长途跋涉参加一所或多所高职院校的技能测试，考试期间诸多高职院校及周围的承载能力已超正常负荷，考生常面临"一床难求"的困境，且考点分散既存在安全隐患，又增加了考生的经济负担和身心负担。

（二）类型教育考试特征性不明显

高等职业教育的培养目标是为生产、管理、服务一线培养具有良好职业道德、专业知识和专业能力的高素质技术技能型人才。分类考试改革从形式来看，是基于分类的招生形式的改革，但其实质是"知识＋技能"考试内容的变革，体现技能型人才选拔的需要。然而，目前四川省无论对口升学考试还是高职单招，均存在语、数、外文化课分值普遍过高、专业技能测试分数不足的情况。考试内容作为发挥考试导向功能的根源，是助推教育系统变革和人才培养质量提升的核心所在。然而，当前考试内容重文化、轻技能的导向，致使诸多中职学校过分重视文化课教学，在学生入学时区分出明显的"升学班""就业班"，尤其是对于升学为主方向的学生，在课时安排上存在向文化课倾斜、挤压专业课情况，部分

---

① 王笙年．职教高考考试模式及其制度体系构建探讨［J］．职教论坛，2020，36（07）：20－26.

中职学校甚至擅自删减专业核心课程，普高化倾向明显。部分高职院校的技能考试过于简单或流于形式，甚至采用面试代替技能考试，客观上导致专业技能考试的弱化与简单化，在一定程度上背离了高等职业教育的培养目标，未能充分体现类型教育的特点。

此外，高职分类考试制度对于企业的办学主体地位体现不足。2014 年《国务院关于加快发展现代职业教育的决定》中旗帜鲜明地提出企业的重要办学主体地位，构建双元办学主体的格局。考试招生制度是高等职业教育的起点，将产教融合理念融入改革内容是必然趋势。高职分类考试中，考试招生自主权逐步下放，高职院校主要参与主体与实施主体的身份被确立，而以行业企业组织为代表的"产业主体"的考试招生参与权利的界定比较模糊。产业主体的缺位或者定位模糊造成高职院生源知识能力结构与"产业标准"脱节。在政府推动、院校主导的高职院校考试招生改革中，行业企业参与机制缺失，弱化了高职院校行业企业的办学主体身份，有违产教融合的现代职业教育建设逻辑。[1] 以旅游服务类为例，酒店服务技能操作考试仅以职业形象展示以及中餐服务基本技能（餐巾折花）作为考核内容，显然与行业企业的人才培养需求存在差距。

（三）"双规并行"的上升通道不畅

职业教育作为类型教育的重要保障之一是建立基于"双轨"的双通制职教高考制度，实现高职院校分类考试与普通高校全国统一招生"双轨并行"。然而，目前诸多省（市）虽已构建系统化的职业教育人才培养体系，但职教高考制度并不完善。在参与分类考试招生的高职院校范围上，仅有少数本科院校参与其中，专升本仍是职业院校学生进入本科培养渠道的主要方式。应用型本科高校的转型、职业教育本科计划、专业硕士和专业博士计划的落实难题仍是制约职教高考通道畅通的瓶颈。

山东省政府实施职教高考制度以来，提出职教高考本科招生计划将逐步达到应用型本科高校本科招生计划的 30%，为职业院校学生提供更多升入应用型本科高校机会。相较而言，目前四川省中职和高职升本科的比例过低，2019 年数据显示，中职升本科的比例不足 1%，高职升本科的比例仅占毕业生总数的15%。2020 年，在增加对口招生本科院校 1 所的情况下，中职对口招生本科计划仅为 2975 名。由此可见，在高等教育阶段职业教育人才培养体系上升通道明显

过窄。而若不适度满足部分中职生的升学愿望，中等职业教育势必面临更加艰难的发展局面，很少有学生会愿意选择一种不再有升学空间的教育路径。① 保障通往高职、本科上升通道的畅通性，不仅是让老百姓的孩子有书读，还是满足其继续接受良好专业性教育的现实需求与渴望。

四、新形势下高职院校分类考试改革的基本策略

职业教育还没有高考制度，迄今只是构建了一些局部化的中职生升学途径，系统规划和建设职教高考制度是职业教育改革和发展的重点。② 因此，保障职教高考制度的信度、效度与区分度，发挥职教高考对教学内容的整体导向功能、突出职业教育类型教育特征，体现职教高考评价和选拔的两个基本功能属性，是构建"双轨并行"人才培养体系的基石。

（一）兼顾公平与效率，完善职教高考制度建设

公平、公正是高考制度的核心价值，也是其基本功能与精神所在。③ "公平优先、兼顾效率"应是职教高考制度同样需要遵循的原则，这就意味着人才选拔的信度、效度和区分度与考试本身的高效、经济和科学之间需达到一定的平衡。有学者认为，职业教育与普通教育不能平等发展的很大一部分原因，就在于两者招生录取批次先后的差别。④ 录取标准的多元化、招生对象的多样化客观上决定了目前招考标准与选拔模式的差异性。因此，为兼顾公平与效率，完善职教高考制度，推动高职单招与对口升学考试两考合一应是四川职业教育分类考试改革的趋势与方向。

通过采取"文化素质＋职业技能"考试招生办法，统一两考合为"职教高考"。其中，文化素质采取语文、数学、英语的省考试院统一命题考试；职业技能可由省考试院组织，科研机构参与，会同专业大类联盟，统一研制并完善高职院校相同专业大类考试类别。在研制过程中，应联合相关行业指导委员会，组织来自职业院校、行业企业等的专业人士制定专业理论考试大纲及专业技能考核标准，保证考生"学有所考、考有所依"。此外，根据报考人数及专业大类，合理

①② 徐国庆. 作为现代职业教育体系关键制度的职业教育高考 ［J］. 教育研究，2020，41（04）：95 - 106.
③ 刘海峰. 高校招生考试制度改革研究 ［M］. 北京：经济科学出版社，2009：56.
④ 温颖. 我国高等职业教育招生考试制度改革研究 ［D］. 秦皇岛：河北科技师范学院，2015：41 - 43.

设置考点，可参考山东省每个专业大类根据报考人数设置 1～3 所主考院校的思路，根据四川省"一干多支、五区协同"的整体部署原则，结合成都平原经济区、川南经济区、川东北经济区、攀西经济区、川西北生态示范区等五区的专业大类分布情况，参照历年报考学生人数，分片区设置专业大类考点，保证每个专业大类设置考点 2～3 个，让学生尽量就近考试，减缓学校的承载力问题以及学生的负担问题。

（二）突出类型教育特点，优化考试方法与内容

为进一步凸显职教类型教育特色，应加大对"职业技能"的考核分值赋分。参照外省（市）经验，如山东省"职教高考"改革推动下，考试总分设置为 750分，其中，"知识"部分的考试科目为语文 120 分、数学 120 分、英语 80 分、专业知识 200 分；"技能"科目考试分值为 230 分。江苏省的考试总分为 1000 分，其中，语文 150 分，数学 150 分，英语 100 分，专业综合理论 300 分，专业技能300 分。重庆市的考试总分为 750 分，其中，文化素质测试为语文、数学、英语三科合卷，各科分值均为 100 分，满分 300 分；职业技能测试包括专业综合理论测试和专业技能测试，分值分别为 200 分、250 分，满分 450 分。四川省"职教高考"可保持现有总分 750 分不变，采取文化素质测试 300 分，即语文、数学、英语各 100 分，专业理论（应知）200 分，专业技能（应会）250 分的考试方法，突出职业技能尤其是技能实操的重要类型地位。与此同时，在文化素质测试部分也可以逐步探索凸显类型教育特点的考试题型、内容等，例如，数学学科可采用文、理分卷模式；英语学科可尝试对应一、二、三产在考试内容上有所区分，抑或是继续践行"以赛促考"模式，创新出更多类似于目前将国外真实场景内容融入试题中的"语言应用"测试板块。

考试内容是招考制度的核心部分，考试内容的性质决定了整个考试招生制度的价值取向。[①] 在专业大类规划的基础上，还需要对各专业大类中的基础性教育内容进行提炼，使之成为范围有限的考试科目。[②] 笔者认为首先在人才培养阶段应开足开齐专业核心课程，采用"宽基础、活模块"的模式，将所有专业核心课程都纳入考纲，再通过"模块化"教学对标行业企业岗位（群）需求，在考前数月通过微机摇号的形式提前公布当年考试模块，保证人才培养阶段"宽基础"，

---

① 陈健. 职教高考的国际经验、现实困境与改革建议 [J]. 高等职业教育探索，2020，19（06）：23 - 30.

② 徐国庆. 作为现代职业教育体系关键制度的职业教育高考 [J]. 教育研究，2020，41（04）：95 - 106.

考试阶段"活模块"。泛专业化的人才培养及考试制度变革是为了通过考试内容的转变倒逼教学内容与质量的提升，有效遏制目前部分中职学校擅自少开或不开部分专业核心课程的情况，向中职教育要质量，实现职业教育"增值"，为学生"赋能"。此外，逐步建立行业企业参与的长效机制，进行组织化、制度化的设计与安排，体现行业企业的主体性、专业性地位。尤其是在职业技能测试环节，通过行业企业的参与，增强规范性，将"新技术、新工艺、新规范"逐步与考试内容相对接。

（三）打破限制性壁垒，构建双轨人才培养体系

分类考试的内涵是因材"施考"与"施教"，凸显职业教育有别于普通教育的类型特点。[①] 联合国教科文组织颁布的《国际教育标准分类法》，建立了"研究型"与"应用型"并行的人才分类培养体系，并在德国等发达国家得以推行。目前，中国的大"H"型人才培养体系已初步建立，但仍面临"应用型"人才上升通道通而不畅的困境。办老百姓满意的职业教育，首先需要保证公办高职院校、职业本科高校等的招生数量。笔者认为，四川省首先需要扩大本科院校招生计划，再逐步探索通过"转型一批、升格一批、恢复一批"的思路，拓宽职业教育升学通道。通过参考江苏、湖南等省份经验，由省级教育行政部门主导，切实推动一批省属本科高校转型为应用型本科高校；从国家级、省级"双高计划"高职院校中，遴选出一批优质院校以及二级学院，试点升格一批高职院校为应用型本科大学；通过恢复原有名牌本科院校招收中职学生的制度设计，拓宽人才培养上升通道，使不同层次、类型的高校侧重于不同层次、类型应用型人才的培养。其次，扩大中等职业教育学生毕业录取比例。《四川省教育厅关于开展2016年高等职业院校单独招生考试申报工作的通知》明确指出，为更好地促进中高职衔接，推动现代职业教育体系建立，各高职院校应加大通过单独招生招收中等职业学校毕业生的力度，招收中职毕业生的比例原则上应达到50%左右，使中职学生成为高职院校首选的生源。通过打通向上流动的职业教育专轨通道，做好高职专科、本科和研究生的有效衔接，通过采用学分互认、资源共享、定期交流等方式，构建互通、互认的多种学习成果的转化机制，继而增强高等职业教育学历层次的灵活性，确保高职院校与普通高校的互通与合作，促进职普共同发展。[②]

---

① 李木洲.因材"施考"与"施教"：分类考试的精神内涵［J］.大学教育科学，2014（03）：9-11.
② 袁潇，高松.改革开放40年来高等职业教育考试招生制度改革探析［J］.复旦教育论坛，2019，17（01）：76-82.

第二节 湖北省 "技能高考" 制度的发展 历程、 现实困境与路径展望

职业教育招生考试制度（以下简称 "职教高考"）改革一直是社会关注的焦点，招生制度的不断完善为国家选拔技术技能人才作出了重大贡献。2019 年国务院颁布《国家职业教育改革实施方案》明确职业教育是一种教育类型，并提出 "建立 '职教高考' 制度，完善 '文化素质 + 职业技能' 的考试招生办法，提高生源质量，为学生接受高职教育提供多种入学方式和学习方式"，为实施职教高考制度提供了主要依据。新修订的《职业教育法》第三十七条也明确提出 "国家建立符合职业教育特点的考试招生制度"，将职教高考改革上升为法律规范和国家意志。湖北省全面贯彻党和国家的教育方针，全面推动建立省级统筹、综合评价、多元录取的 "职教高考" 制度。根据考试内容，职教高考也称作 "技能高考"，是湖北省首创的一种适合该省中等职业学校学生升学的新型考试模式，它既不是普通高中的 "高考升学" 模式，又区别于中职学校传统意义上的 "就业" 模式。通过分析湖北省 "技能高考" 招生改革的历史发展进程、存在的相关问题与未来发展方向，为全国性职业教育考试制度构建提供参考。

一、湖北省 "技能高考" 制度的发展历程

与普通教育招生考试时间相比，职业教育招生考试出现时间较晚，2007 年教育部同意部分省份开展单独招生改革试点后，职业教育招生考试才逐步开始独立。湖北省 "技能高考"，指的是高校通过招收中职学校毕业生，以技能操作考试为主、文化考试为辅的一种高考模式，是全国首创并推行的一项重要招生制度，也是具有类型教育特点的一项职业教育基本制度。通过对国家职教高考制度、湖北省政策与地方实践特点进行梳理，将湖北省 "技能高考" 分为以下四个时期，探究其发展历程及特征，阐明其对我国其他省市职教高考发展的启示。

（一）萌芽起步期（2010 年之前）

职业教育培养人才的目标应与社会经济发展目标相一致，职业院校根据经济社会需求适时调整人才培养的规模与结构，为经济社会发展提供有力人才和技能支撑。囿于传统的职业教育发展不平衡，办学机制以及人才培养规模、结构、质量还不能完全适应经济社会发展需求，国务院分别于 2002 年印发《关于大力推进职业教育改革和发展的决定》，强调以提高技能型人才培养质量为核心，"加强职业院校学生实践能力和职业技能的培养"，推动职业教育高质量发展；2005 年印发《关于大力发展职业教育的决定》指出"到 2010 年中等职业教育的招生规模要与普通高中的招生规模大体相当"，不仅从招生数量上推进中职教育稳步发展，更为技能人才培养规模和质量更加契合经济社会发展需要提供了参考路径，按下了职业技能强国建设"快进键"。

随着对技能型人才的需求和关注，普通高考的形式已经不能完全适应未来人才的需求。为加大对中等职业学校毕业生的职业再教育和引导，培养社会急需的人才，拓宽学生升学的通道，让更多的学生进大学继续深造。2010 年 7 月，中共中央、国务院出台《国家中长期发展和改革纲要（2010—2020 年）》（以下简称《纲要》），提出"要完善职业学校毕业生直接升学制度，拓宽毕业生继续学习渠道""建立以考试招生制度改革为突破口，逐步形成分类考试、综合评价、多元录取的考试招生制度"，力图在中等职业教育与高等职业教育、职业教育与普通教育人才培养之间创建沟通衔接的"立交桥"。为全面贯彻落实《纲要》精神，促进职业教育高质量发展，立足地方实际，同年 11 月，湖北省政府印发《湖北省中长期教育改革和发展规划纲要（2011—2022 年）》（征求意见稿）明确指出要"探索技能考核为重点的中等职业学校毕业生升入高等职业院校的办法"。针对中职学校毕业生能接受更好的职业技术教育，开始试点高职院校单独招生考试，即部分高职各自单独命题进行招生。考试包括技能操作考试和文化考试，以技能操作考试为主，文化考试为辅，具体招生考试方案由各高校制定。按照教育厅针对获得过国家级、省级技能大赛奖的中职毕业生进行单独招生考试的要求，武汉船舶职业技术学院专门设计技能操作考试方案，组织实施以技能操作考试为主的单独招生考试，由此湖北省技能高考改革试点拉开序幕。这一创新性举措为中职学生进入高等院校提供了一种新途径。

尽管湖北省职业院校的单独招生考试仍然附属于普通教育层次之下进行，尚未凸显职业教育的类型特色，少数职业院校参与单独招考，考试标准相对侧重文化知识与理论基础，专业技能考核也得不到较大程度上的重视，造成招录生源质量不高，在一定程度上脱离了职业教育的培养目标与发展特点，但是以技能考核为重点的招生改革开始向纵深发展。

（二）探索初成期（2011～2013 年）

1. 正式施行"知识＋技能"的招生考试新模式

为了引导职业院校加强学生职业技能培养，突出职业教育特色，提高职业教育质量，2011 年 1 月湖北省教育厅印发《关于开展高等学校招收中职毕业生招生考试改革试点工作的通知》首次提出以"国家级示范性高职院校按照技能操作考试为主、文化考试为辅的原则单独招收中职学校毕业生"，这一政策成为率先在职业教育领域推行的一项重要高考试点改革政策，湖北省也由此成为我国首个开展"技能高考"试点的省份。同年 4 月，省内 5 所优质高职院校首先"试水"改革，即按照技能操作考试为主、文化考试为辅的原则自主确定招生办法，在部分专业实施单独招生考试工作。试点院校包括 1 所本科院校湖北工业大学、4 所国家级示范高职专科院校，分别是武汉职业技术学院、武汉船舶职业技术学院、武汉铁路职业技术学院及湖北职业技术学院。湖北省技能高考试点招生率先实施技能高考，为职业教育独立招生体系的探索与实施奠定了重要的基础，具有里程碑式的探索意义。

为增强职业教育吸引力，探索系统培养技能型人才制度，同年 8 月，教育部颁发《关于积极推进中等和高等职业教育协调发展的指导意见》（以下简称《协调发展指导意见》）明确提出进一步完善考试内容和形式，"完善职业学校毕业生直接升学和继续学习制度，推广'知识＋技能'的考试考查方式"，鼓励各地区研究确定优先发展的区域、学校和专业，为湖北省技能高考实施提供政策支撑与实践信心。

为贯彻落实《协调发展指导意见》精神，2012 年，省教育厅下发《湖北省普通高等学校招生考试改革方案》规定，"逐步形成分类考试、综合评价、多元录取的考试招生制度，促进学生全面发展"，对技能高考再次作出了明确规定。2013 年教育部颁发了《关于积极推进高等职业教育考试招生制度改革的指导意见》，对实行"知识＋技能"的考试办法提出了具体的方案和总体要求，"按照有利于科学选拔人才、促进学生健康发展和维护社会公平的原则，逐步与普通高校本科考试分离，重点探索'知识＋技能'的考试评价办法，为学生接受高等职业教育提供多样化入学形式"，着力构建现代职业教育体系和技术技能人才培养

"立交桥"，提高技术技能人才培养水平。同年，湖北省落实教育部考试招生制度改革的指导意见，省教育厅出台《关于积极推进高等学校招收中等职业学校毕业生招生考试改革的通知》（以下简称《招生考试改革通知》），提出"深化高等学校考试招生制度改革。探索构建人才成长立交桥。实行以技能考核为主的对口选拔办法，扩大对口升学的比例""积极推进建设'文化+技能'"。这一政策对湖北省正在实施的技能高考制度，从理论上与政策上作了详细的规定和深刻的说明，具有较强的指导意义和可操作性。

2. 扩大招生对象与报考专业

2011～2013 年期间湖北省技能高考逐步完善多元选拔录取机制。根据省教育厅《招生考试改革通知》要求，技能高考的报考对象，指的是符合高考报名条件的中等职业学校，包括中专、职业高中、技工学校和成人中专的应届、往届相近专业的毕业生。相较于此前实行的高职统考，其报考对象范围明显扩大。参加技能高考的考生可在当年普通高考报名期间，到户籍或学籍所在地的教育考试机构办理报名手续。技能高考实施以来不断向纵深发展，专业类别和考生规模也呈现逐年上升的趋势。2011 年，湖北省技能高考第一次在机械类专业进行试点，考生人数为741 人，首批参与试点的 500 名考生中有 350 人如愿被高校录取升格成为"大学生"。2012 年举行的第二届技能高考的实际报名人数更是增加到 2888 人，专业类别也增加了电子类和计算机类这两大专业。2013 年举行的第三届技能高考，考试学生人数成功破万，共计 10543 余人，不仅在人数达到历史最高点，同时又新增加了三大专业，分别是会计专业、建筑技术类以及护理专业（具体见表 8-1）。

表 8-1　　　　　　　　　　　技能高考开设类别（专业）

年份	专业
2011	机械类
2012	机械类、电子类、计算机类
2013	机械类、电子类、计算机类、建筑技术类、会计专业、护理专业
2014	机械类、电子类、计算机类、建筑技术类、会计专业、护理专业、旅游类
2015～2017	机械类、电子类、计算机类、建筑技术类、会计专业、护理专业、旅游类、农学类、学前教育专业
2018～2022	机械类、电子类、计算机类、会计类、建筑技术专业、旅游类、学前教育类、农学类、护理类、汽车维修类

注：数据由作者整理提供。

3. 建立技能考试考核标准

为突破纸笔考试的局限性，有效实现综合素质考查，教育厅指定的试点院校自行组织技能操作考试，文化综合考试由省教育考试院统一组织实施，考生先参加各主考院校组织的技能操作考试，且只有技能考试合格之后才能参加全省统一组织的文化综合考试。2011 年将机械专业作为实施技能考核的专业，着重强调考察考生的动手能力，报考的考生可在车工技能、铣工技能和钳工技能中任选一种，在普通高考前统一进行技能操作考试。文化考试是单独命题，总分 200 分。其中，文化综合试卷包含常识（20 分）、语文（90 分）和数学（90 分），与高考同步进行。在录取方式上，根据考生的专业技能考试成绩和文化考试成绩进行录取，专业技能考试成绩占 70%，文化成绩占 30%。其中，专业技能考试满分成绩为 100 分，分为 A（90 分及以上）、B（80～89 分）、C（70～79 分）、D（60～69 分）、E（59 分及以下）5 个等次。录取时，专业技能考试成绩不合格者（E 等）不能录取。2012 年，专业技能考试分值满分上调为 200 分，仍按百分制标准分为 5 个等次，文化综合考试分值不变。[①] 此外，技能高考在考核标准上引入我国职业技能鉴定的标准，将职业技能鉴定和高职院校的人才选拔有效结合起来，要求学生在技能演练时，必须要达到初级工标准，将职业技能鉴定标准作为考生的入学标准，为技能高考的考核标准提供了制度保障与实践支持。

（三）系统发展期（2014～2016 年）

1. 推动全省全面实施技能高考

技能高考制度改革是拓宽职业教育人才多样化成长的重要渠道。2014 年 5 月，国务院颁布《关于加快发展现代职业教育的决定》，明确提出要"健全'文化素质＋职业技能'、单独招生、综合评价招生和技能拔尖人才免试等考试招生办法，为学生接受不同层次高等职业教育提供多种机会"等改革措施。同年 9 月，国务院印发《关于深化考试招生制度改革的实施意见》，再次强调了"文化素质＋职业技能"的评价方式在高职院校招生方式中的重要性。湖北省技能高考几经试点与改革，已形成较完善的考试组织实施方案。根据 2013 年出台的《招生考试改革通知》精神，2014 年湖北省教育考试院印发《2015 年湖北省普通高校招收中职毕业生技能高考考试实施办法》（以下简称《2015 实施办法》），正式在湖北省取消原中职对口高考，全部实行技能高考，实现常态化、制度化，不再

---

① 田纯亚，覃章成. 湖北省技能高考政策解读与思考 [J]. 职业技术教育，2012，33（25）：24－28.

组织现行的"高等学校招收中职毕业生统一考试(高职统考)",此次技能高考的全面实施,完善了现有的职业教育制度升学考试体系。

2. 持续扩大招生对象与报考专业

湖北省根据国家普职比大体相当要求,结合各区域中职学校毕业生数、高职资源情况和学位规划建设情况,编制指导性招生计划,逐年扩大招生对象与规模。根据《2015 实施办法》规定,凡符合湖北省高考报名条件的中职学校(含中专、职业高中、技工学校和成人中专)应往届相近专业毕业生均可参加技能高考。报考专业设置始终坚持动态调整原则,与省经济社会和产业发展需要及职业教育的发展相匹配。对于社会需求大、比较热门的专业,在全省实行统一的"技能"招生考试;对于特色较多、比较冷门的专业,相关高职院校将单独进行入学考试。其中,文化综合考试的实施是由省级教育行政部门,即省级教育考试机构具体组织实施的。技能考试由相关职业院校在省教育考试院的指导下组织实施。具备组织考试资格的高职院校,由省教育厅根据有关情况确定,并由省教育考试院向社会公布。在专业方面,湖北省技能高考开设全省独有特色专业或满足区域及行业经济社会发展特定需求的专业。2015 年湖北省统一组织的技能高考专业大类有 9 个,基本涵盖了职业院校的大部分专业类别,分别为机械类、电子类、计算机类、建筑技术类、旅游类、农学类、学前教育类、会计类、护理类等 9 个类别(专业)。2016 年无新增类别(见表 8 - 2)。技能高考的类别(专业)会依据当前职业教育与经济社会发展方式和机构的转型发展进行动态调整与设置,如有增设或删减会提前公示考试类别(专业)与内容。

表 8 - 2 技能高考组考院校及专业类别

组考院校	类别
武汉船舶职业技术学院	机械类
	电气电子类
	财经类
武汉职业技术学院	计算机类
	建筑技术类
	旅游类
武汉铁路职业技术学院	护理专业
襄阳职业技术学院	农学类

续表

组考院校	类别
湖北交通职业技术学院	汽车维修类
武汉城市职业学院	学前教育专业

注：数据由作者整理提供。

在报考人数上，2014 年报考总人数为 14688 人；2015 年报考总人数为 20249 人；2016 年报考总人数为 21042 人，其中机械类 2685 人，电子类 1976 人，计算机类 6846 人，护理专业 2564 人，会计专业 602 人，建筑设计类 500 人，旅游类 1678 人，学前教育专业 1070 人，农学类 1121 人（见表 8 – 3）。

表 8 – 3　　　　湖北省技能高考 2011 ~ 2021 年分专业报考人数统计

类别	2021 年	2020 年	2019 年	2018 年	2017 年	2016 年	2015 年	2014 年	2013 年	2012 年	2011 年
机械	7884	6424	4981	3791	3073	2685	3022	2955	2266	1020	741
电气	4882	3905	2935	2554	1732	1976	2334	2972	2347	996	/
财经	9217	6729	5728	4827	2891	2602	3170	2640	1878	/	/
计算机	25485	16592	13782	9828	7327	6846	6789	4931	3257	872	/
建筑	2389	2066	1556	1033	590	500	574	118	105	/	/
旅游	4958	3844	3063	2246	1798	1678	1364	490	/	/	/
护理	12271	12298	12169	11394	4904	2564	1315	582	690	/	/
学前	9709	6143	5171	2595	1639	1070	998	/	/	/	/
农学	3460	3156	2481	2149	1375	1121	653	/	/	/	/
汽修	6047	3454	2929	1335	/	/	/	/	/	/	/
合计	86302	64611	54795	41752	25329	21042	20219	14688	10543	2888	741
本科计划	2450	2440	2450	2900							
本科率	2.84%	3.78%	4.47%	6.95%							

注：数据由作者整理提供。

3. 改进招生录取形式

《2015 实施办法》明确了在考试科目上，依旧分为技能考试和文化综合考试。其中，技能考试 490 分，占 70%；文化综合考试 210 分，占 30%。技能考试内容根据中等职业学校教学大纲和国家相关行业初级或中级技术等级标准制定，考核内容分为应知（专业知识/150 分）和应会（技能操作/340 分）两部分，总分 490 分。

技能高考考试科目包括全省统一组织的技能操作考试和文化综合考试，满分 700 分，其中：文化综合考试包括语文（90 分）、数学（90 分）、英语（30 分）三个部分合卷，满分 210 分；技能操作考试满分 490 分。其中专业知识考试采用计算机辅助进行，题型为单选题，题量为 50 小题，全部都是选择题。技能操作考试有两个必考项目和 1 个抽考项目。文化综合考试一张试卷，其中语文 90 分值，数学 90 分值，英语 30 分值（单选），总分 210 分。技能考试成绩分为合格和不合格，294（含）分以上为合格，293 分（含）以下为不合格。文化综合考试内容包括语文、数学和英语三个科目，总分为 210 分，其中语文 90 分，数学 90 分，英语 30 分。与之前相比，扩大技能操作考试分值比例，这可在某种程度上缓解职业院校学生文化课基础薄弱，必须突出文化课学习的弊端。同时又明确规定，技能操作必须满足最低限度的要求，这就有了专业基础上的保障。

《2015 实施方案》指出"改进高职院校招收普通高中毕业生录取办法""省内高职院校进行网上多元互动录取试点"。高职院校考试招生与普通高校相对分开，实行"文化素质 + 职业技能"的评价方式。普通高中毕业生报考高职院校，参加高职院校组织的职业适应性测试，文化素质成绩使用高中学业水平考试成绩，参考综合素质评价。学生也可参加全国统一高考进入高职院校。同时，湖北省内高职院校还进行网上多元互动录取试点，完善招生考试信息公开制度，在多元互动录取期间，考生填报志愿后，可以查看自己在院校中的排名，根据实时情况，及时调整。

（四）稳步推进期（2017 年至今）

1. 优化技能高考考试内容

湖北省技能高考经过多年的试点与改革，已形成较完整全面的考试组织实施方案。2017 年湖北省教育厅发布《关于进一步完善技能高考和高职院校单独招生工作》（以下简称《2017 单独招生工作》）着重强调"优化技能高考考试内容"，指明技能高考考试内容应以教育部颁发的中等职业教育文化基础课教学大纲和中等职业学校专业教学标准、省教育厅颁发的中高职衔接专业教学标准、国家相关行业初级或中级技能标准为主要范围，此外，还适当增加了各专业领域新知识、新技术、新工艺、新方法等相关内容。考试大纲不断调整，每年考试大纲到了三年级才发布，考试范围和题型均存在调整。技能考试内容既覆盖相关专业通用核心课程，也覆盖相关专业核心技术技能点。随着我国加快推进经济结构调整和产业转型的升级，对技术技能的要求也不断增加。技能高考在考试内容上动态增加各领域的新知识新技能，将职业教育与社会经济发展需求相接轨，促进学生的全面发展。全面实行以专业技能考试成绩为主的高等学校招收中等职业教育毕业生统考招生，扭转了长期以来中职升学考试难以摆脱普通高考的倾向，使其更符合职业教育发展的客观需求。

2. 扩充技能高考生源类型

2019 年时任国务院总理李克强在政府工作报告中明确提出要"全国高职院校扩招 100 万人"的任务。同年，从 2019 年开始，湖北省开始积极响应，72 所院校参与扩招，其中除高职高专外，还有部分本科学校，招生专业 400 多个，多为经济建设急需、社会民生领域紧缺和就业率高的专业。湖北省发布的《2021年湖北省高职扩招专项工作方案》表明 2021 年的扩招按单独招生的方式组织。扩招的对象分为三类：A 类为普通高考报名条件的高中阶段学校应往届毕业生（含普通高中、中专、职业高中、技工学校等，下同），B 类为湖北省户籍具有高中阶段学历或同等学力的退役军人，C 类为湖北省户籍或非湖北省户籍的在鄂工作者。

允许所有高中毕业生参加技能高考，表示"技能高考"不只是中职学生的高考，有利于改变大众一直以来对职业教育的偏见。扩大技能高考的招生对象，在一定程度上意味着更多应届高中毕业生、退役军人、下岗职工、农民工等均成为高职的考试招生对象，为人的多样化发展提供通道，有利于服务全民终身学习的现代职业教育体系，为不同性格禀赋、不同兴趣特长、不同素质潜力、不同学习阶段的学生提供多样化选择、多路径成才机会，让更多学生就业有本领、升学有渠道、发展有通道。

在专业类别上，2018 年起，将专业类别扩大为 10 个，增加汽车维修类。在报考人数上，2018 年 41752 人，2019 年 54795 人，2020 年 64611 人，2021 年86302 人。报考人数的增长导致本科录取率不断下降，从 2018 年的 6.94%，2019 年 4.25%，2020 年 3.78%，2021 年 2.84%。

以武汉市为例，2022 年，全市中等职业学校毕业生总数 22167 人，就业人数（含升学）21347 人，就业率 96.3%，较 2021 年下降 0.4%（因目前统计时间较早，拟直接就业的学生暂计入待业数据）。全市共 1535 名毕业生直接就业，直接就业率 6.92%。19812 名毕业生通过"3 + 2"、技能高考、单独招生、普通高考等途径升入高校，其中升入高职 18099 人，占比 81.64%，较 2021 年增长

7.53%；升入应用型本科院校 1713 人（见图 8 - 1）。

2022 年全市技能高考本科招生总数 555 人，占总本科人数 32.55%，较 2021 年增长 0.08%。其中，旅游大类和机械大类是增加最多的两类专业，增长比率分别为 4.08% 和 1.58%；计算机大类和农学大类是减少得最多的两类专业，降低比率分别为 4.15% 和 5.04%（见图 8 - 1）。

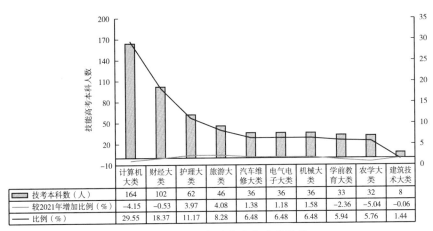

	计算机大类	财经大类	护理大类	旅游大类	汽车维修大类	电气电子大类	机械大类	学前教育大类	农学大类	建筑技术大类
技考本科数（人）	164	102	62	46	36	36	36	33	32	8
较2021年增加比例（%）	-4.15	-0.53	3.97	4.08	1.38	1.18	1.58	-2.36	-5.04	-0.06
比例（%）	29.55	18.37	11.17	8.28	6.48	6.48	6.48	5.94	5.76	1.44

图 8 - 1　2022 年技能高考本科结构

注：数据由作者整理提供。

3. 凸显技能操作与技能考试

国务院于 2019 年 1 月 24 日印发实施的《国家职业教育改革实施方案的通知》强调职业教育作为一种类型教育，与普通教育享有同等地位。技能操作作为技能高考的类型特色，为我国的职业教育高质量发展奠定了基础，具有重要的作用。湖北省技能高考中在考试科目上，与上一时期占比相同，仍旧是文化素质占 30%，职业技能占 70%。

在本科录取率上，2019 年，本科录取率前三的专业大类分别是电子类（5.43%）、机械类（4.67%）、学前教育类（3.96%）；2020 年，本科录取率前三的专业大类分别是财经类（5.25%）、机械类（3.59%）、电子类（3.37%）；2021 年，本科录取率前三的专业大类分别是财经类（4.51%）、机械类（2.58%）、电子类（2.71%）。在本科录取率上，稳居前列的主要是机械类和电子类，但是从数据上看，各个专业都呈现着逐年下降的趋势。在技能操作及格率方面，近三年超过 60% 的专业大类有学前教育类和护理类，其中护理类近三年都高达 80%。在技能考试及格率上，在 2019 年所有专业都超过了 60%，其中，学前教育类、计算机类和护理类高达 70%；2020 年没有超过 60% 的专业只有机械类和财经类，其余专业大类均超过了 60%，其中，学前教育类和护理类高达 70%；2021 年没有超过 60% 的专业有机械类，电子类和财经类，其余三大类均高达 70% 以上，其中电子类起伏最大，相较于 2020 年，下降了 15.2%（见表 8 - 4）。

表 8 - 4　　　　　　　2019 ~ 2021 年技能高考中技能考试情况统计

类别	年份	考试人数	本科率（%）	专业知识及格率	技能操作及格率（%）	技能考试及格率（%）	平均分
机械类	2019	4712	4.67	48.2	64.3	61.8	309.5
	2020	6132	3.59	36.5	53.9	49.5	288
	2021	7753	2.58	26.9	60.4	53.2	290.2
电子类	2019	2760	5.43	54	69.2	66.5	325.8
	2020	3856	3.37	37.09	68.95	64.16	325.54
	2021	4795	2.71	31.26	53.13	48.96	291.82
学前教育类	2019	4801	3.96	89.4	79.9	87.1	346
	2020	6620	3.32	83.6	/	85.74	341.16
	2021	9624	2.29	87.7	77	80.7	331.4
计算机类	2019	13848	3.90	40.8	84.3	78.9	353.8
	2020	17977	3.12	59.82	43.14	67.95	223.32
	2021	25354	2.29	93.03	90.02	90.03	277.27
财经类	2020	4568	5.25	69.11	67.02	68.32	341.87
	2021	5317	4.51	65.13	53.62	57.49	307.1
护理类	2019	11869	3.45	45.3	92.5	87.5	342.8
	2020	11005	3.36	40.76	86.05	83.55	329.31
	2021	12311	2.76	39.6	86	78.97	324.51

注：数据由作者整理提供。

在专业知识及格率上，在 2019 年超过 60% 的专业只有学前教育类，高达 89.4%；在 2020 年超过 60% 的专业有学前教育类和财经类，其中学前教育类高达 83.6%；在 2021 年超过 60% 的专业学前教育类，计算机类和财经类，其中计算机高达 93.03%。从近三年的数据来看，计算机类呈现着逐年上升的趋势，学前教育类在专业知识及格率上呈现着平稳的波动，而机械类、电子类和护理类呈现着逐年下降的趋势。

4. 实施技能拔尖人才面试招生办法

湖北省技能高考历经十多年的发展与变革，逐步走向常态化、制度化。在招生录取方面，与之前不同的是，《2017 单独招生工作》规定"从 2018 年起，一年制中职毕业生不得报名参加技能高考和高职院校单独招生考试，技能高考的技能考试部分不再分合格与不合格等次。其中对近三年获得全国职业院校技能大赛中职组三等奖及以上或全省职业院校技能大赛中职组一等奖的考生参加我省与大赛赛项对应或相近专业类别的技能高考的考生，可直接认定其技能考试部分满分。"这一措施深刻地体现了"普高有高考，职高有大赛"，全国技能大赛也营造全社会关心、支持职业教育发展的良好氛围，促进职业院校更好地为中国经济建设和社会发展服务。

技能高考从萌芽起步期到探索初成期、系统发展期再到稳步推进期的过程，就是在实践中认识，再实践再认识的过程。自 2011 年湖北省技能高考探索实践以来，技能高考招生专业与报考人数逐年增加，2011 年机械类报考人数为 741 人，到 2021 年十个专业大类共计 86302 人。本科升学人数也不断升高，为本科高校源源不断地输送技术技能型人才。而且就业数据表明，这些学生就业的签约率高、专业符合度好、岗位技能性强，受到雇主的普遍欢迎，取得重要阶段性成果，形成了可复制可推广的宝贵经验。

二、湖北省"技能高考"制度面临的现实困境

"技能高考"作为湖北省高职分类考试的初步探索，运用开放式考试运行机制，克服文化高考的惯性作用，突破了阻隔中等与高等职业教育衔接的壁垒，开辟出选拔技能型专门人才的崭新途径[①]，对现代职业教育体系构建具有基础性作用，但是对照"职教高考"的新要求，尤其是在实地调研湖北 20 余家中职学校后，发现技能高考仍面临系列的问题与挑战。

（一）尚未完全搭建起中职学生迈向高等院校升学立交桥

技能高考制度的实施，中职生向上升学通道得以打通，有效促进了中职教育与高等教育的有效衔接与协调发展，但是，这种通道的打通只有伴随着职业教育

---

① 卢斌，陈少艾，吕金华，等. 基于高考改革的"技能高考"模式研究与实践成果［J］. 中国职业技术教育，2016（08）：5 - 9.

人才培养规格的提高和能够为高等院校输送高质量的人才才更有意义。与普通高考相比，湖北省技能高考的实践探索刚刚起步，不仅考试结果应用范围狭窄，而且在社会上的影响力也不足。技能高考与普通高考之间尚未建立互通的选拔机制。普通高中毕业生通过参加高考选拔可以顺利进入高等院校就读，而中职毕业生凭借技能高考成绩，进入普通高校深造的机会比较少。

根据湖北省招生政策，向中职生开放招生路径的主要是地方本科高校和高职院校，只能按照此学校的招生标准参加考试，学生不能自由选择专业，校生双向选择更无从谈起，不能适应考生的多样化选择。虽然有职业本科和应用型本科计划，但数量很少，更没有跨省选择本科高校的机会。D中职学校负责人指出"中职毕业生最好成绩只能报考二本院校"，这与普通高中毕业生升学渠道差异太显著，职教高考人才选拔功能未能充分发挥出来，中等教育阶段和高等教育阶段的培养目标、课程内容也没有得到衔接。这种升学机制上的明显局限让社会、学生家长、初中毕业生仍对就读中职学校难于认可，社会普遍认为是低层次高等教育的现实没有改变，学生参与积极性不高等系列问题，劣化技能高考的考试生态。

另外，本科层次职业学校仍处于建设过程中。虽然湖北省积极进行了构建现代职业教育体系的实践探索，提出未来将全面清理整合一些空小散弱的中职学校，健全"中职—职业专科—职业本科"的职业学校体系，搭建职业学校学生提升学历层次的立交桥的发展规划，但是目前传统"断头"高职教育的现状尚未打破，国家示范性高职院校探索应用型本科教育还未全面启动，造成学生从中职到高职再到本科的求学上升通道尚未打通，难以满足中职学生的升学需求。

（二）缺乏统一的职业技能考核评价标准

技能高考中技能操作考核是凸显职业教育类型特色的评价标准之一，彰显了技能高考和普通高考的根本差异所在，但是，如何建立公平且具有权威性的评价机制是技能高考的问题所在。科学有效的技能评价方法是保证技能评价结果真实、可信的前提。只有符合教育测量相关质量标准的技能评价方法，在评价技术上才是科学的、可信的、高质量的，其评价结果才有意义。[①] 在湖北省技能高考的具体实践中，在职业技能考核上缺乏系统科学的能力标准体系。一些操作技能评价指标划分不科学，指标体系的描述缺乏可操作性，对操作过程的关键环节及

---

① 黄方慧，赵志群. 基于证据的职业技能评价方法有效性框架构建［J］. 职业技术教育，2022，43（13）：14-19.

操作要点把握不准确，从而降低了技能操作评价的效度。由教育部门开发的专业教学标准则直接忽略了"能力"这一核心要素，且将职业能力标准的分析权直接下放到职业院校，导致职业能力分析水平的参差不齐。① 同时，技能高考中技能测试缺乏统一的标准，考核标准难以量化。在技能高考的职业技能考核中，存在着大量难以量化，留有较大自由裁量空间的条目，尤其是在实操性较强的职业技能考核中，操作者的某一项专业技术应用是否符合规范、能否达到某一级别的熟练程度，仍然依靠评定员的主观因素。技能高考作为一项标准化、公平性的人才选拔制度，任何形式的主观因素介入，都比较容易引起公平性的争议。

职业技能考核评价机制同质化严重，综合评价难以深入开展。湖北省招生政策显示，技能高考在面向中职学生招生时，实行"文化素质＋职业技能"的评价方式，但是高职院校的提前招生考试、自主招生考试以及单独招生的考试内容主要是参加高职院校组织的职业适应性测试，文化素质使用高中学业水平考试成绩所代替，参考综合素质评价，职业技能等同于职业适应能力测试或者技能大赛获奖等。那么，以高中学业水平合格性考试科目组合及其成绩作为高职院校招生录取依据的做法是否合理呢？一方面，从考试属性上而言，新高考的高中学业水平合格性考试属于标准参照考试（水平性考试），主要衡量学生是否达到国家规定的普通高中毕业的学习要求，考试成绩不具备竞争性人才选拔所应有的区分度。目前，以学业水平合格性考试成绩为录取依据基本能够满足现有专科层次高职院校的选拔要求，但随着我国职业教育体系的完善，本科层次职业教育快速发展，显然学业水平合格性考试成绩将无法满足本科层次和高水平高职院校与专业群的人才选拔要求。② 另一方面，文化基础测试多以笔试形式进行，内容多为语文、数学、英语等学科基础知识，只有极个别院校会加入专业知识及综合文化知识的考察，对学生综合素质的考察流于形式，并且对综合素质、素质特长的评价尚未突出"职业性"等特点，成绩占比也偏低，无法有效发挥职业性向的甄别作用，是否真的具有选拔性的功能还有待商榷。同时，湖北省在技能高考的具体实践中，对于职业适应性测试并未有明确具体的指示，致使各院校职业适应性测试标准不一。

① 李政. 我国高职分类考试招生：价值意蕴、问题表征与改革路径 [J]. 中国考试，2021（05）：40 - 47.
② 李小娃. 高职院校考试招生制度变迁与改革趋势 [J]. 职业技术教育，2017，38（34）：8 - 13.

（三）文化基础知识尚未凸显高等教育的选拔性

技能高考作为高等教育的招生入学考试，既服务于中职升学，也服务于高等教育的招生，是在中等教育的基础上为高等教育选拔人才，因而受到两阶段教育的双重制约，故技能高考作为高等职业教育的选拔性考试，以"文化素质＋职业技能"为评价方式，既要满足高等职业教育的"高等性"，又要满足其"职业性"。就前者而言，高等教育是具有一定难度的教育，要求其教育对象应该具备一定的文化素质和较完善的知识结构和良好的学习能力，去满足职业教育"高质量"发展；就后者而言，职业教育作为实用型教育，具有鲜明的实践性的特点，又需要考察学生的专业技术技能，为我国培养应用型的技术技能型人才。如何处理"文化素质"与"操作技能"的关系也正是其关键所在。然而，在湖北省技能高考具体实践中，文化课综合命题题量过少，分值偏低，总分210分，其中语文90分，数学90分，英语仅占30分且全为选择题，评价也停留在水平一上，重识记与简单套用。据某本科院校二级学院领导介绍，"通过技能高考招收的学生文化课学得吃力，在教学过程中由于他们文化基础差，英语、数学、物理等基础课跟不上，老师教得吃力，学生学得吃力，我很担心他们能不能按期毕业。"① 考生只有具备了深厚的文化素质为支撑，才能更好地把握操作技能与灵活地运用经验知识。文化素质不仅是学生必备的综合素养，还有助于加深学生对技术技能知识的理解与迁移。显然，湖北省技能高考文化素质考核比重偏低，竞争属性和选拔性却并不明显，也因此缺乏社会认可。

技能高考作为中等职业教育的"指挥棒"，在健全职业教育体系的同时，还带动着中职教育的发展，有助于建立起现代职业教育体系下中职、高职协调发展的新机制。但是，从实际效果来看，技能高考对中职教育的发展没有起到相应的带动作用，甚至出现了一些消极影响，使其逐渐偏离最初的定位。在实地调研湖北20余家中职学校后，湖北省技能高考专家组某专家发现，中职学校存在的问题严重程度超出想象，"中职学校的使命就是职业教育，但实际情况是，技能课教师根本不受重视，倒是语文、数学、外语等占主导，90%的学生是按照参加高考的模式去培养，而能通过高考升学的不到10%，这就完全偏离了最初定位"②。通过对已开展技能高考试点的高职院校的调查，通过技能高考录取的一部分学生

---

① 龚雪. 文化基础差制约中职生融入高校［N］. 湖北日报，2014－03－27（007）.
② 刘晓杰. 湖北"技能高考"改革样本［N］.21 世纪经济报道，2012－06－27（006）.

在文化课学习方面确实存在问题，原来的教学方案也是不断修改、完善，但是要真正做到"因材施教""有教无类"，似乎还有很大距离。D中职学校校办主任看来，"技能高考制度在实际运行过程中给中职教育发展带来了消极影响。现在实行技能高考，他们中的许多人可能会陷入'文化课没学好，技能也很差'的尴尬境地，这与技能高考的制度设计方向是背离的，即使招到了相当数量的中职毕业生，也并不一定能培养出当今社会所紧缺的技术技能型人才。"如果一种招生政策缺少优质的学生资源，必将遇到难以逾越的障碍，该政策是很难持续发挥其作用的。D中职学校校办主任还指出了另一个困扰："每年的技能高考后，因为得不到各科详细的成绩，对文化课和专业课没有办法进行复盘、质量分析。"

（四）未能有效地实施测试彰显考试组织的规范专业性

职业技能考核是技能高考专业能力考核的重要环节，直接影响技能高考制度的实施效果与高等学校生源质量，因此，保障职业技能考核的科学性，对于技能高考的有效性和专业性有着至关重要的作用。然而，职业技能考核本身具有情境化的特点，难以实现客观化和标准化，所以考核过程难以保证技能考核的公平性和权威性。在湖北省的技能高考具体实施过程中，客观上还存在着以下两个问题，亟待解决。

职业技能考试的考试设计和操作都很复杂，安全有序，大规模地开展难度大。技能高考是短期、集中、大规模进行的严格保密的多种类职业技能考试，需要在专门的工具、设备、操作台等硬件设备上进行实践操作，此类职业技能考试需要庞大的场地、大量的工具设备，同时还需要防止考试内容的泄露，监督现场考生作弊等，这些因素都大大增加了技能考试的复杂情况。组织不当或管理工作不严密容易引发考试事故，造成技能考试无法顺利完成而直接影响到相关考生的正常升学。同时，也增加了组考院校准备考试的经济成本。湖北省对各大高等职业院校的录取招生模式进行了改革，但是在财政方面却没有进行具体的配套措施。在技能高考中的设备的准备和使用成本问题，比如仪器、场地、实验设备等，需要花费的资金都是由组考院校负责。根据对省考试院负责人的调研，部分访谈者也表示"专业技能现在考试战线越来越长，承办学校和中职学校的各方面压力都比较大，备考到正式考试时间越久，考试题目内容越容易外泄，增加了组考风险"。而且，技能考试过程复杂，也增加了考生赶考负担。"技能高考"需要进行两次考试，即文化考试和技能考试，两次考试的时间、地点、主考机构各不相同。其中，技能考核需要到相应的职业院校考试，考点离考生较远，因此考生长途赶考安全、交通、食宿等难以得到有效的保障，且对一些贫困家庭考生形成经济压力、紧张情绪等。

另外，不同于普通高考的考试组织，职业教育考试组织实施主要由省级教育招生考试机构统一负责。其中，文化课考试由省级教育考试机构统一命题，技能考试则由相关承办职业院校负责命题和实施，很大程度上缺乏权威性，影响了考试结果的信度和效度。技能高考都是省级教育行政部门确定高职院校组考，将专业技能考试放在高职院校进行，在下放了办学自主权的同时，必然要面临考试的严肃性被削弱的风险。从考纲的制定、考试命题、阅卷评分和考试报名信息的发布都能找到相关主考院校的痕迹，若干备考职业院校为了能顺利通过考试，纷纷提前云集到考点院校摸摸路径。按照湖北省相关政策文件的规定，只有"国家示范（骨干）高职院校、省级示范高职院校和部分招生管理规范且具办学特色的高职院校"才有资格成为组考院校，目前经省教育厅批准具备单招资质的院校只有9所。显然，这一规定有失公平性考量。

三、湖北省"技能高考"制度的路径展望

职教高考制度是国家基本教育制度，是技能型人才培养的枢纽环节。湖北省技能高考制度建设，是构建现代职业教育体系的现实需要，更是彰显职业教育类型特征的创新之举。尽管我国职业教育高考逐渐确立了其观念和建制层面的合法性，但是职教高考"考什么、怎么考"仍是未解决的现实性问题。[1] 根据调研，湖北省技能高考可以从完善技能高考招录机制、健全职业技能评价体系、深化评价内容改革和深化考试方式分类等方面着力，建立起符合类型教育定位的、服务于高素质技术技能人才培养的技能高考。

（一）完善技能高考的招录机制，推动高等教育普职融通

职普融通是我国现代职业教育体系建设的重要任务之一，技能高考制度的实施，为高等教育领域的普职融通拓宽了新渠道。技能高考制度建设要实现的第一个目标，是扩充中职生升学时的选择机会，提高职教高考考生对高等学校及其专业选择的自由度[2]。建立技能高考向综合性高校与应用型高校升学的制度，由高

---

① 李政. 我国职业教育高考内容改革：分析框架与实施模型 [J]. 职教论坛，2022，38（02）：31-37.
② 徐国庆. 作为现代职业教育体系关键制度的职业教育高考 [J]. 教育研究，2020，41（04）：95-106.

校依据技能高考成绩择优录取学生，在职业教育不同专业的高考成绩之间、与普通高考成绩之间建立等值关系。在专业选择上，学生可以选择自己更喜欢的专业大类，拓宽专业选择范围，让真正具备实力的中职学生也有机会在综合性高校或应用型高校施展才华。以此，不仅能够发挥技能高考的适应性考试功能，更能够发挥其筛选性考试功能，推进高等教育普职融通与现代职业教育高质量发展。

高考制度的录取方式主要是根据考生的分数及填报志愿为标准，为考生选择适合的高等学校及其专业提供了充分机会。对照普通高考，技能高考录取办法应当改变现行分批次投档的录取方式，推行平行志愿录取方式，逐步取消"服从调剂"，提高录取层次，保障生源质量。志愿填报与录取工作应当在考试成绩全部公布之后再由各职业本科院校联合系所共同开展。每个专业的录取人数也应当由各省市地区的中职学校发展规模和专业人数分布划定，并根据每一年实际情况做适当调整，逐步完善技能高考的招录机制。正如中职学校技能高考负责人提及"扩大中职学生在高等学校与专业志愿的选择机会，最大程度维护学生的考试升学权""打破招录机制的限制是吸引优质生源进入职业学校学习的重要政策措施"。

最后，在推动高等教育普职融通的同时，还要配置优质教育资源，加快建成本科层次职业院校。通过梳理总结其他省市本科层次职业学校的成功经验和管理办法，出台规范系统的本科层次职业学校标准与制度。加快建成本科职业院校试点，为技能高考制度的建设和落实提供有力支撑。同时，支持试点院校加快完善学科布局，完善本科层次职业教育专业布局，增加本科职业教育专业数量，以配合技能高考制度建设。为普通高校开设本科层次职教专业构建激励机制，增加优惠政策、经费支持和专项补贴保障政策，充分调动普通高校开设本科职教专业的积极性。

（二）建立健全职业技能评价体系，提升技能高考的权威性

职业技能考核是技能高考中的重要环节之一，如何建立公平且具有权威性的评价机制是技能高考的问题所在。在能力框架和技能测试方法、体系均尚不完善的情况下，采取技能考试对技术技能人才进行选拔具有一定的缺陷，导致测试结果缺乏严谨性。缺乏公平的评价机制，会较大程度地降低职教高考作为人才选拔机制的合法性与权威性。

一方面，构建职教高考评价体系，系统回答和解决用什么内容来测试技术技能人才所需的文化知识与专业技能，依据什么分配两者之间的权重并设计考试科目和内容，职业技能测试如何才能反映考生真实的技能水平。在分类考试和技能测试的具体环节，引入专业考试机构和行业组织共同参与，提升文化考试和技能

测试的信度和效度，提高职业技能考核占总成绩的权重，强化技能评价结果。[①]构建起一种质性与量性相结合的评分标准，提升技能高考中技能测试评价结果的公平性。

另一方面，技能高考作为一项衔接中等职业教育与高等职业教育的考试选拔制度，不能孤立地看待和理解，而应当置于整个国民职业教育制度体系中进行科学规划和统筹建设。技能高考制度在建设过程中之所以存在职业技能考核量化标准难与考核执行难的问题，除了客观因素制约外，其中一个重要的原因就是我国的资历框架制度不完善，没有建立起科学、严密、系统的职业技能考核量化标准和执行办法。[②] 国家资历框架从法律角度明确了各类资历及同一资历不同等级的考核标准，有利于提高人才评价的规范化、准则化和横向可对比性，是疏通技能人才成长与发展，破除不同教育类型以及不同阶段的学习经历不被认可的重要手段。[③] 而技能高考本质上也是通过测量考生文化知识水平和职业技能水平的一种评价方式，是贯通中等职业教育与高等职业教育的一种手段。两种制度的内在特点一致性决定了职业技能考核必须建立在国家资历框架的基础之上。因此，需要加快健全职业技能鉴定制度，完善职业技能考核执行办法，提高职业鉴定的质量和权威性。

（三）优化评价内容的改革，建立科学合理的招考体系

与普通高考相比，技能高考在职业技能考核上更具有实践性、情境性。因此需要在具体情境中考察学生对专业技能的操作能力，难以实现客观化和标准化。正如访谈者提及"不能'一张试卷考所有人'，在考试科目、考试内容方面都要体现职业教育类型特色，通过内容设计将优秀且有潜力的学生选拔出来"。

一方面，要明确中高职教育专业定位，完善中职、职业专科、职业本科一体化专业目录。在职业教育高质量发展、高等职业教育大规模发展的背景下，中等职业教育的办学定位应由过去完全的以就业为导向转为就业与升学导向并重，注重专业基础教育，专业应该以专业大类进行划分，将专业大类中的基础性教育内容进行提炼，成为教学和考试的统一科目。要按照专业目录统一我国中职教学标

---

① 邱懿，薛澜. 我国高等职业教育考试招生制度现状、问题与展望 [J]. 中国考试，2021（05）：33 - 39，55.

② 陈虹羽，曾绍玮. 类型教育视角下职教高考制度建设的逻辑要求、难点及对策 [J]. 教育与职业，2021（10）：13 - 20.

③ 黄耿，鲍燕，司徒志平. 国家资历框架视域下技能人才评价成果的应用研究 [J]. 教育与职业，2022，1021（21）：107 - 112.

准体系，以此开发中职公共基础课程和专业课程标准、配套教材，为建设文化素质和职业技能测试题库提供基础。

另一方面，依据高等职业学校人才选拔要求和国家教学标准，按照"文化素质＋职业技能"的评价方式，科学设计命题。在文化考核方面，应该坚持文化理论考核，增强分类考试制度的公平性和权威性。坚持文化理论考核，并不是弱化职业技能考核，而是要保障文化素质考核与职业技能考核并重，突出其实用导向。湖北省技能高考的文化素质分值比重太低，英语比值仅占 30 分。因为中职生文化课成绩相对较低而降低文化考核的标准是不可取的。技能高考作为中职生进入高职院校就读的"筛选器"，需要体现高等职业教育的高等性与职业性的双重属性。鉴于此，技能高考需要组织具有一定难度的文化素质考核，以检验学生是否具备接受高等教育的能力，又需要加大对考生文化基础、职业认知、职业潜质和专业技能的全面、综合考查，增强考生对职业教育的适应能力，选拔适合职业教育的人才进入高职院校深造学习，提升职业高等院校的生源质量。

根据访谈结果分享，在具体实施中，几所中职学校（D 学校、W 学校、Q 学校）技能高考负责人表示未来将主要从以下几个方面提高生源质量：一是开展课程诊改，优化专业课程结构。组织各专业开发针对技能高考考试大纲要求的知识点，对照现有课程内容进行整理，找准知识点、技能点、得分点，优化课程体系，减少枝蔓，集中精力突破专业技能的重难点，梳理知识体系关联点。二是组织语文、数学、英语学科进行集体备课，梳理课程知识结构，形成整体的教学要求，补齐教学短板，集中集体智慧，提升学习效能。三是定期组织月考，加强备考训练。针对技能高考考纲要求，组织面向全体学生的月考，培养学生考试惯性。针对易错问题，进行专项训练。四是强化专业技能训练，开展交叉监考，训练学生的考场适应性。进行质量分析，发挥考试职能。每学期对全校进行质量分析，各学科、各专业每次考试后进行质量分析，让教师意识到考试对促进学生学习的作用。开展课外辅导，提升本科录取比例。

（四）深化考试方式分类，规范考试实施流程

在技能高考具体实践过程中，如何妥善设计高职院校招考中中职生的职业技能测试以及妥善解决技能测评的考务组织的公平与效率，[1] 使技能测试在组织上

---

① 李政. 促进公平还是激化不公？职教高考制度改革的"公平疑虑"及其消解［J］. 职教通讯，2021，（03）：22－30.

兼具灵活多样与高效易行，既能够实现深度变革又要恪守成本控制等，[①] 是技能高考有效实施的关键点和难点。

一方面，在技能高考制度上，应该统筹考虑，综合设计。在百万扩招背景下，高职生源结构发生了变化，因而需要与之相匹配的多元化招生制度来应对招生形式、考试内容及录取方式的变化，并提供科学、合理的考试招生方法和录取渠道，这对于解决高职扩招压力和生源危机问题等具有较强的现实意义。技能高考应正视生源差异，采取分类测评、分类划线和分类录取等措施，为不同的群体提供与之匹配的招考模式。对于普高毕业生和中职毕业生传统生源，在保留"文化考试＋职业适应性测试"和"文化＋技能"考试的基础上，需要进一步创新招考方式，加强对学生的综合素质以及职业能力的考察；而对于退役军人、下岗职工、农民工等非传统生源，由于他们拥有丰富的实践技能经验，但文化知识略显不足，因此在招考方式的制定上要增加技能测试的比重，并辅以综合测评进行多元评价。

另一方面，应该加强考试实施环节的规范性管理，以明确职责为基础完善技能高考组织形式。对标负责普通高考的考试院，设立省级职业教育考试院，主要承担技能高考的组织管理以及中等职业学校学业水平测试的管理及服务。[②] 可以按照中职专业类别成立省级专业考试招生指导委员会，制定技能高考相关实施规则。建立督导、评价、问责和改善机制。通过调研，W 学校的技能高考负责人也表示"关于规范性问题，普通高考形成了一个规范的模板，职教高考也可以借鉴学习，从教学大纲到考试大纲，从课程开设到教材规范，从考试形式到质量分析，都可以借鉴学习。"同时，国家还需要建立完善的"职教高考"考试制度和标准，出台相关法律法规，强化考试考核工作管理以减少不必要的考试环节，对考试组织全过程从权威角度制定相关细则，确保考试严谨有序、安全规范，提升技能考试的规范性和权威性。

四、结语

"技能高考"的建立不仅是推进高等教育高质量发展的途径，也是建设现代职业教育体系的重点内容。随着考生规模、考试专业的不断扩大，中职学生的升

---

① 李鹏，石伟平. 职教高考改革的政策逻辑、深层困境与实践路径［J］. 中国高教研究，2020（06）：98 - 103.

② 王笙年. 职教高考考试模式及其制度体系构建探讨［J］. 职教论坛，2020，36（07）：20 - 26.

学率也在不断增加，但是实践中仍然还存在着没有完全搭建起中职学生升学和高等院校招生立交桥、缺乏统一的技能评价标准、文化综合测试缺乏选拔性和竞争性、考试组织的专业规范性受到质疑等问题。因此，需要不断地深化完善湖北省技能高考体系建设改革，在其制定与完善的过程中，既要遵循职业教育的发展规律，又要保持政策理性，明确"技能高考"的政策目的。最后，国家层面应当进行进一步规划，捋清"技能高考"发展脉络，出台相关政策文件，将各省"技能高考"落到实处，进而形成有效的政策联动，推进职业教育高质量发展。

参考文献

[1] 布尔迪厄, 帕斯隆. 再生产 [M]. 邢克超, 译. 北京: 商务印书馆, 2002.

[2] 布莱恩·阿瑟. 技术的本质: 技术是什么, 它是如何进化的 [M]. 杭州: 浙江人民出版社, 2014.

[3] 郝克明. 当代中国教育结构体系研究 [M]. 广州: 广东教育出版社, 2001.

[4] 华勒斯坦, 等. 学科·知识·权力 [M]. 刘健芝, 等. 编译. 北京: 生活·读书·新知三联书店, 1999.

[5] 兰德尔·柯林斯. 文凭社会——教育与阶层化的历史社会学 [M]. 刘慧珍, 译. 台北: 桂冠图书股份有限公司, 1998.

[6] 李木洲. 高考改革的历史反思 [M]. 武汉: 华中师范大学出版社, 2016.

[7] 刘海峰. 高考改革的理论与历史 [M]. 武汉: 华中师范大学出版社, 2016.

[8] 刘海峰. 高校招生考试制度改革研究 [M]. 北京: 经济科学出版社, 2009.

[9] 米切尔·黑尧. 现代国家的政策过程 [M]. 北京: 中国青年出版社, 2004.

[10] 尼古拉斯·莱曼. "美国式高考": 标准化考试与美国社会的贤能政治 [M]. 戴一飞, 李立丰, 译. 北京: 北京大学出版社, 2018.

[11] 彭拥军. 高等教育与农村社会流动 [M]. 北京: 中国人民大学出版社, 2007.

[12] 石伟平. 比较职业技术教育 [M]. 上海: 华东师范大学出版社, 2001.

[13] 石中英. 知识转型与教育改革 [M]. 北京: 教育科学出版社, 2001.

[14] 唐滢著. 美国高校招生考试制度研究 [M]. 武汉: 华中师范大学出版社, 2007.

［15］王蓉．公共教育解释［M］．北京：中国财政经济出版社，2009．

［16］王义智，李大卫，董刚，张兴会主编．中外职业技术教育［M］．天津：天津大学出版社，2011．

［17］王则信主编．远距离教育辞典［M］．北京：新华出版社，1994．

［18］徐国庆．从分等到分类：职业教育改革发展之路［M］．上海：华东师范大学出版社，2018．

［19］徐国庆．实践导向职业教育课程研究：技术学范式［M］．上海：上海教育出版社，2005．

［20］徐国庆，等．职业教育国家专业教学标准开发：理论与方法［M］．上海：华东师范大学出版社，2017．

［21］杨学为．高考文献（上）［M］．北京：高等教育出版社，2003．

［22］于雪．2011年技术认识论研究综述［C］//王前．文成伟主编．中国技术哲学研究年鉴（2012－2013）［M］：北京：科学出版社，2016．

［23］约翰·杜威．民主与教育［M］．上海：华东师范大学出版社，2019．

［24］边新灿．从精神图腾回归教育家园——大规模选拔考试的文化功能和高考改革的文化动因［J］．浙江社会科学，2016，243（11）．

［25］边新灿．公平选才和科学选才——高考改革两难价值取向的矛盾和统一［J］．中国高教研究，2015（09）．

［26］宾恩林．职教高考消解"双减"改革难题的内在机制与构建策略［J］．职教论坛，2022，38（02）．

［27］蔡华俭，林永佳，伍秋萍，等．网络测验和纸笔测验的测量不变性研究——以生活满意度量表为例［J］．心理学报，2008（02）．

［28］蔡建国，李霁，刘丽君，等．日本专门职业大学院的特征及升学路径［J］．高教探索，2017（S1）．

［29］曹晔．我国中等职业教育发展面临的十大变革［J］．教育与职业，2017（23）．

［30］柴福洪．高职招生改革应触发高校招生科学创新［J］．黄冈职业技术学院学报，2013，15（06）．

［31］陈诚，包雷．高考考试内容的宽广纵深模式改革探索：变应试教育为有效学习［J］．中国考试，2021（06）．

［32］陈虹羽，曾绍玮．类型教育视角下职教高考制度建设的逻辑要求、难点及对策［J］．教育与职，2021（10）．

［33］陈健．职教高考的国际经验、现实困境与改革建议［J］．高等职业教育探索，2020，19（06）．

［34］陈江．高职院校分类考试招生改革样态：问题与策略［J］．高教探索，2019（02）．

［35］陈娇英，卞合善．基于 AI 技术的技能操作考核系统［J］．北部湾大学学报，2020，35（10）．

［36］陈礼业，李政．招考一体还是招考分离：我国职教高考改革中的考试招生关系研究［J］．职教论坛，2023，39（03）．

［37］程静，杨偲艺，蒋丽华．高职分类考试招生的主要模式、问题及对策［J］．教育与职业，2019（16）．

［38］程静，杨偲艺，蒋丽华．高职分类考试招生的主要模式、问题及对策［J］．教育与职业，2019，944（16）．

［39］迟艳杰．"进步即质量"：指向学生成长过程的教育质量观与价值追求［J］．教育研究，2019，40（07）．

［40］褚宏启，杨海燕．教育公平的原则及其政策含义［J］．教育研究，2008（01）．

［41］褚宏启．关于教育公平的几个基本理论问题［J］．中国教育学刊，2006（12）．

［42］崔成学．日本的 AO 入学考试［J］．外国教育研究，2003（02）．

［43］董江涛．转变政府职能：以公共利益最大化为目标［J］．长白学刊，2008，140（02）．

［44］董秀敏．苏格拉底"美德即知识"思想述评［J］．现代大学教育，1999（02）．

［45］董照星，王伟宜．我国高职院校考试招生制度改革的回顾与审视［J］．教育与职业，2020，969（17）．

［46］董照星，袁潇．高职院校分类考试招生的途径、问题和对策研究［J］．中国职业技术教育，2018，654（02）．

［47］杜连森．高等职业教育分类考试的功能分析、问题表征及改革建议［J］．职教通讯，2022（03）．

［48］范冬梅．基于现代职业教育体系构建的"职教高考"研究与实践［J］．现代教育，2020（01）．

［49］冯建军，汤林春，徐宏亮．"新高考改革与普通高中教育发展"笔谈

［J］．基础教育，2019，16（01）.

［50］佛朝晖．高职单独招生政策执行情况的调查报告［J］．国家教育行政学院学报，2012（11）.

［51］傅敬民．布迪厄符号权力理论评介［J］．上海大学学报（社会科学版），2010，17（06）.

［52］高江勇．大学教育评价中的过度量化：表现、困境及治理［J］．中国高教研究，2019，314（10）.

［53］龚方红，刘法虎．彰显类型特征的职业教育评价新蓝图——《深化新时代教育评价改革总体方案》解读［J］．国家教育行政学院学报，2020（11）.

［54］龚孝华．重建学校教育评价的价值基础——从"生活—需要"论到"生存—需要"论［J］．高等教育研究，2006（06）.

［55］关晶．美国中等职业教育的现状、特点与改革趋势［J］．教育发展研究，2009，29（Z1）.

［56］郝天聪．职业教育何以成为类型教育？——基于国家技能形成体制建设的观察［J］．苏州大学学报（教育科学版），2020，8（04）.

［57］何荔，林永茂．政府失灵及其矫正［J］．学习与探索，2002（03）.

［58］贺星岳，邱旭光．高职招生政策的演进逻辑与理念形成研究［J］．中国职业技术教育，2020（31）.

［59］贺艳芳，王彬．职业教育考试升学制度的瑞士经验及借鉴［J］．职教论坛，2022，38（03）.

［60］胡军．什么是知识［J］．求是学刊，1999（03）.

［61］胡平仁．对平等与身份的法社会学分析［J］．湘潭大学学报（哲学社会科学版），2004（05）.

［62］胡耀宗．高等教育财政的公共性检视［J］．中国高教研究，2010，198（02）.

［63］黄方慧，赵志群．基于证据的职业技能评价方法有效性框架构建［J］．职业技术教育，2022，43（13）.

［64］黄耿，鲍燕，司徒志平．国家资历框架视域下技能人才评价成果的应用研究［J］．教育与职业，2022，1021（21）.

［65］黄亮．国家职业教育改革背景下"职教高考"制度的困境与突破［J］．浙江师范大学学报（社会科学版），2023，48（02）.

［66］贾文胜，徐坚，石伟平．技能形成视阈中现代学徒制内在需求动力的

研究——从知识结构的角度 [J]. 中国高教研究，2020，325（09）.

［67］姜蓓佳，樊艺琳. 省级政府高职分类考试改革方案的比较研究——基于 30 个省区市政策文本的分析 [J]. 职业技术教育，2021，42（09）.

［68］姜蓓佳，樊艺琳. 职业教育升学的政策变迁：脉络、逻辑与镜鉴——以历史制度主义为视角 [J]. 职教论坛，2021（09）.

［69］姜蓓佳，皇甫林晓. 省级政府执行高职分类考试改革的政策偏差与矫正——以史密斯的政策执行过程理论为视角 [J]. 职教论坛，2021，37（01）.

［70］姜蓓佳，徐坚. 构建职教高考制度的动因、意义与行动 [J]. 国家教育行政学院学报，2022（02）.

［71］姜蓓佳. 省级统筹高职分类考试改革：意蕴、问题与对策 [J]. 高等工程教育研究，2022，195（04）.

［72］姜大源. 关于加固中等职业教育基础地位的思考（连载二）[J]. 中国职业技术教育，2017（12）.

［73］姜大源. 基于全面发展的能力观 [J]. 中国职业技术教育，2005（22）.

［74］姜大源. 中国现代职业教育体系建设的探索与当务 [J]. 神州学人，2021（11）.

［75］姜钢. 论高考"立德树人、服务选才、引导教学"的核心功能 [J]. 中国高等教育，2018（11）.

［76］蒋承，李笑秋. 政策感知与大学生基层就业——基于"三元交互理论"的视角 [J]. 北京大学教育评论，2015，13（02）.

［77］蒋丽君，边新灿，卓奕源. 对高等职业教育考试招生的若干思考——以新高考改革为视角 [J]. 中国高教研究，2016（07）.

［78］蒋丽君，张瑶祥. 优化高职提前招生模式的路径选择 [J]. 中国高教研究，2020（02）.

［79］焦彦霜，刘安洁，陈嵩. 国外职业教育升学路径与机制探究——以美国等七国为例 [J]. 职业教育（下旬刊），2019，18（01）.

［80］赖晓琴，林莉. 招考分离、多元入学：高职院校招考改革路径探析 [J]. 教育与考试，2017（05）.

［81］蓝洁，唐锡海. 中国高职单独招生改革十年的回顾与检视 [J]. 教育与职业，2015（35）.

［82］雷炜. 深化高职院校招生模式改革的思考——以浙江省为例 [J]. 中国高教研究，2016（10）.

[83] 李彬, 白岩. 学历的信号机制: 来自简历投递实验的证据 [J]. 经济研究, 2020, 55 (10).

[84] 李翠翠, 张皓月. 英国资历框架发展历程、特征与启示 [J]. 成人教育, 2022, 42 (10).

[85] 李静, 楠玉. 人才为何流向公共部门——减速期经济稳增长困境及人力资本错配含义 [J]. 财贸经济, 2019, 40 (02).

[86] 李木洲. 高考内容与形式改革: 规律、困境与趋向 [J]. 华南师范大学学报 (社会科学版), 2017 (05).

[87] 李木洲. 效率、科学与公平: 高考制度现代化的内部动因 [J]. 中国教育学刊, 2021 (09).

[88] 李木洲. 因材 "施考" 与 "施教": 分类考试的精神内涵 [J]. 大学教育科学, 2014 (03).

[89] 李木洲. 职教高考的现实基础、理论定位与体系构建 [J]. 职教论坛, 2021, 37 (06).

[90] 李鹏, 石伟平. 职教高考改革的政策逻辑、深层困境与实践路径 [J]. 中国高教研究, 2020 (06).

[91] 李鹏. 评价改革是解决教育问题的 "钥匙" 吗? ——从教育评价的 "指挥棒" 效应看如何反对 "五唯" [J]. 教育科学, 2019, 35 (03).

[92] 李守可. 美国 CTE 中高职衔接的最新趋势、特点及社会功能 [J]. 现代教育管理, 2015 (12).

[93] 李小娃. 高职院校考试招生制度变迁与改革趋势 [J]. 职业技术教育, 2017, 38 (34).

[94] 李小娃. 效率导向视角下高职院校分类考试招生的实践逻辑与改革趋势 [J]. 教育与职业, 2017, 893 (13).

[95] 李雄鹰, 王颖. 日本大学入学考试中的综合评价研究 [J]. 当代教育科学, 2016 (18).

[96] 李雪, 钱晓烨, 迟巍. 职业资格认证能提高就业者的工资收入吗? ——对职业资格认证收入效应的实证分析 [J]. 管理世界, 2012, 228 (09).

[97] 李羊林. 台湾高职教育教学的特色与创新——以云林科技大学为例 [J]. 当代教育实践与教学研究, 2019 (21).

[98] 李政, 徐国庆. 我国职业教育治理结构转型: 内涵、困境与突破 [J]. 西南大学学报 (社会科学版), 2020, 46 (04).

［99］李政，杨梓樱．中职生的升学选择及影响因素研究——基于全国 10660 名中职生的调查［J］．复旦教育论坛，2023，21（01）．

［100］李政．促进公平还是激化不公？职业教育高考制度改革的"公平疑虑"及其消解［J］．职教通讯，2021，538（03）．

［101］李政．个体视角下的职业教育现代化：一个全生命周期的分析［J］．教育发展研究，2018，38（23）．

［102］李政．我国高职分类考试招生：价值意蕴、问题表征与改革路径［J］．中国考试，2021，349（05）．

［103］李政．我国职业教育高考内容改革：分析框架与实施模型［J］．职教论坛，2022，38（02）．

［104］李政．新时代改进职业教育出口评价的几点建议［J］．上海教育评估研究，2021，10（01）．

［105］李政．职教高考的公平与效率之问［J］．职教通讯，2021（04）．

［106］李政．职业本科教育的学科建设：大学职能的视角［J］．江苏高教，2022，253（03）．

［107］李政．职业教育现代学徒制的价值审视——基于技术技能人才知识结构变迁的分析［J］．华东师范大学学报（教育科学版），2017，35（01）．

［108］林冬桂．教育评价与学校特色建设［J］．教育科学研究，2008（07）．

［109］凌磊．被赋予的多样性：我国"职教高考"制度的困境与出路［J］．中国高教研究，2022（01）．

［110］刘海峰．科举研究与高考改革［J］．厦门大学学报（哲学社会科学版），2007，183（05）．

［111］刘继萍．基础教育评价的教育性反思：人的异化与回归［J］．中国人民大学教育学刊，2020，39（03）．

［112］刘洁．浅谈日本大学入学考试对中国高考的启示［J］．现代教育科学，2008（06）．

［113］刘磊明．国际大规模教育评价的逻辑反思［J］．教育研究，2020，41（01）．

［114］刘庆昌．一种弱功利的教育评价哲学［J］．教育发展研究，2018，38（12）．

［115］刘晓．政府与市场：国家技能治理体系的两种模式及其治理逻辑［J］．中国高教研究，2018，301（09）．

［116］刘云波．教育错配和技能错配的发生率及其收入效应——基于中国CGSS2015 的实证分析［J］．东岳论丛，2019，40（03）．

［117］刘志军，徐彬．教育评价：应然性与实然性的博弈及超越［J］．教育研究，2019，40（05）．

［118］龙耀，李娟．中国高考制度改革的社会学分析［J］．中国青年研究，2008（03）．

［119］卢斌，陈少艾，吕金华，等．基于高考改革的"技能高考"模式研究与实践成果［J］．中国职业技术教育，2016（08）．

［120］卢乃桂，许庆豫．我国90 年代教育机会不平等现象分析［J］．华东师范大学学报（教育科学版），2001（04）．

［121］陆一．学业竞争大众化与高考改革［J］．教育研究，2021，42（09）．

［122］罗汝珍，唐小艳，孟子博．高中毕业生升学意愿的导向机制［J］．现代教育管理，2011（01）．

［123］马丹，宋美凤，黄旭中．多源流理论下的"职教高考"政策议程设置分析［J］．职教通讯，2022，550（03）．

［124］庞颖．强基计划的传承、突破与风险——基于中国高校招生"自主化"改革的分析［J］．中国高教研究，2020（07）．

［125］邱斌，张怀承．我国当代考试制度的伦理审视［J］．伦理学研究，2018（03）．

［126］邱懿，薛澜．我国高等职业教育考试招生制度现状、问题与展望［J］．中国考试，2021，349（05）．

［127］邵坚钢，张定华，许乐清．基于综合素质评价的高职提前招生研究［J］．中国职业技术教育，2017（18）．

［128］石伟平，徐国庆．以就业为导向的中等职业教育教学改革理论探索［J］．中国职业技术教育，2008（11）．

［129］石中英．回归教育本体——当前我国教育评价体系改革刍议［J］．教育研究，2020，41（09）．

［130］司林波，裴索亚，王伟伟．新中国教育评价制度变迁的影响因素、基本规律与实践启示——基于教育评价相关政策文本的扎根理论研究［J］．大学教育科学，2021，190（06）．

［131］宋乃庆，郑智勇，周圆林翰．新时代基础教育评价改革的大数据赋能与路向［J］．中国电化教育，2021（02）．

[132] 孙善学. 完善职教高考制度的思考与建议 [J]. 中国高教研究, 2020 (03).

[133] 田纯亚, 覃章成. 湖北省技能高考政策解读与思考 [J]. 职业技术教育, 2012, 33 (25).

[134] 田建荣, 尹达. 基于分类的考试理念: 内涵、原则与策略 [J]. 教育与考试, 2016, 60 (06).

[135] 田建荣. 高职院校分类考试制度设计与推进策略 [J]. 陕西师范大学学报 (哲学社会科学版), 2017, 46 (04).

[136] 田杰. 评价是教学指导的工具——教育评价的一种新功能 [J]. 教育科学研究, 2002 (04).

[137] 万永奇. 好的教育评价及其实现 [J]. 湖南师范大学教育科学学报, 2021, 20 (06).

[138] 汪庆华. 自主招生制度设计的价值目标与问题透视 [J]. 河南社会科学, 2010, 18 (04).

[139] 王等等. 新自由主义对公共教育发展的影响 [J]. 社会科学辑刊, 2009, 185 (06).

[140] 王建华. 教育公平的两种概念 [J]. 教育研究与实验, 2016 (06).

[141] 王乐, 林祝亮. 浙江省技能高考的问题及对策研究——以电子电工类为例 [J]. 河南科技学院学报, 2018, 38 (08).

[142] 王蕾. 国家题库服务中国式考试现代化的探索 [J]. 中国考试, 2022, 368 (12).

[143] 王力维. 日本中高职教育衔接的模式、先进经验及借鉴 [J]. 教育与职业, 2019 (09).

[144] 王蓉. 国家与公共教育: 新人力资本理论的分析框架 [J]. 北京大学教育评论, 2009, 7 (03).

[145] 王笙年. 职教高考考试模式及其制度体系构建探讨 [J]. 职教论坛, 2020, 36 (07).

[146] 王伟宜, 罗立祝. 高职院校分类考试改革: 理论、经验与对策 [J]. 中国高教研究, 2014 (11).

[147] 王星. 技能形成、技能形成体制及其经济社会学的研究展望 [J]. 学术月刊, 2021, 53 (07).

[148] 王亚南, 石伟平. 职业知识概念化的内涵意蕴及课程实现路径——麦

克·杨职业教育思想的述评及启示 [J]. 清华大学教育研究，2017，38（04）.

[149] 王奕俊，胡慧琪. 基于信号理论的中等职业教育"升学热"现象剖析 [J]. 职教论坛，2018，692（04）.

[150] 韦卫，姚娟，任胜洪. 增强职业教育适应性的价值分析、理论基础与推进路径 [J]. 中国职业技术教育，2021（22）.

[151] 吴根洲. 职教高考的适应性与选拔性 [J]. 职教论坛，2021，37（06）.

[152] 吴南中，夏海鹰. 以资历框架推进职业教育 1 + X 证书制度的系统构建 [J]. 中国职业技术教育，2019（16）.

[153] 吴晓刚，李忠路. 中国高等教育中的自主招生与人才选拔：来自北大、清华和人大的发现 [J]. 社会，2017，37（05）.

[154] 肖涵，戴静雅. 英国学位制度发展的特色及其对中国学位制度建设的启示 [J]. 武汉理工大学学报（社会科学版），2022，35（01）.

[155] 谢鸿柔，姜蓓佳. 我国职教高考技能考试的组织实施问题研究 [J]. 职教论坛，2023，39（03）.

[156] 熊丙奇. 高考改革应该淡化高考的指挥棒地位 [J]. 语数外学习（高中语文教学），2014（05）.

[157] 熊丙奇. 加快建立"职教高考"制度 [J]. 上海教育评估研究，2021，10（06）.

[158] 熊杨敬. 教育评价多元主体的共同建构——基于对话哲学的视域 [J]. 教育研究与实验，2018，184（05）.

[159] 徐国庆，石伟平. 中高职衔接的课程论研究 [J]. 教育研究，2012（5）.

[160] 徐国庆，王璐. 公共基础课建设是中等职业教育发展的重要基础 [J]. 中国职业技术教育，2020（09）.

[161] 徐国庆. 开发技术知识："双高计划"背景下高职院校课程建设的突破点 [J]. 教育发展研究，2020，40（09）.

[162] 徐国庆. 职业教育课程开发中的有效工作任务分析 [J]. 浙江工商职业技术学院学报，2014，13（01）.

[163] 徐国庆. 职业能力的本质及其学习模式 [J]. 职教通讯，2007（1）.

[164] 徐国庆. 智能化时代职业教育人才培养模式的根本转型 [J]. 教育研究，2016，37（03）.

［165］徐国庆．作为现代职业教育体系关键制度的职业教育高考［J］．教育研究，2020，41（04）．

［166］闫广芬，李文文．新中国成立70年来职业教育人才培养目标的"中国特色"［J］．中国职业技术教育，2019（36）．

［167］杨文杰，祁占勇．改革开放40年中国职业教育招生制度的变迁与展望［J］．职业技术教育，2018，39（18）．

［168］杨欣．教育评价改革的算法追问［J］．华东师范大学学报（教育科学版），2022，40（01）．

［169］杨宇立．关于权利、权力与利益关系的若干问题分析［J］．上海经济研究，2004（01）．

［170］叶显发，王伶俐．关于教育评价实证范式的思考——兼议教育评价实施中的负效应［J］．湖北大学学报（哲学社会科学版），2000（05）．

［171］俞敏洪．重燃高考精神［J］．中关村，2018（07）．

［172］俞涛，邹龙飞，曾令奇．职业导向的高等教育：内涵与特征［J］．教育与职业，2014（06）．

［173］袁潇，高松．改革开放40年来高等职业教育考试招生制度改革探析［J］．复旦教育论坛，2019，17（01）．

［174］袁潇，高松．高职院校分类考试招生制度研究［J］．高教探索，2018（10）．

［175］袁振国，秦春华，施邦晖，熊斌，常桐善，沈伟其，黄文玮．高校招生能力建设七人谈［J］．华东师范大学学报（教育科学版），2017，35（01）．

［176］张会杰，董秀华．高考改革招考分离的探索、困境与未来选择［J］．教育发展研究，2022，42（07）．

［177］张萍，王晋，王晓辉等．高职分类考试招生改革的分析研究［J］．陕西教育（高教），2018（11）．

［178］张仁杰．分层与整合：职教高考政策的评估与反思［J］．中国高教研究，2023，356（04）．

［179］张生，王雪，齐媛．人工智能赋能教育评价："学评融合"新理念及核心要素［J］．中国远程教育，2021（02）．

［180］张璇．天津市高职院校分类考试招生制度探析［J］．高等职业教育探索，2018，17（05）．

［181］张学广．高考招生制度中的"竞争性资源配置"［J］．复旦教育论坛，

2009，7（06）.

［182］张宜年，史亚杰，张德伟．日本大学招生考试制度的多样化［J］.外国教育研究，2002（06）.

［183］赵德成．表现性评价：历史、实践及未来［J］.课程·教材·教法，2013，33（02）.

［184］赵晓燕，袁二凯，马建华．高素质技术技能人才贯通培养的现状、问题与对策［J］.中国职业技术教育，2021，782（22）.

［185］赵勇．教育评价的几大问题及发展方向［J］.华东师范大学学报（教育科学版），2021，39（04）.

［186］赵志群，高帆．综合职业能力测评（COMET）的理论与实践［J］.中国职业技术教育，2022（08）.

［187］赵志群，黄方慧．"职教高考"制度建设背景下职业能力评价方法的研究［J］.中国高教研究，2019，310（06）.

［188］赵志群．基于职业教育学理论学脉的技术技能人才培养新理念——新《职业教育法》学习心得［J］.中国职业技术教育，2022（19）.

［189］赵志群．职业能力研究的新进展［J］.职业技术教育，2013，34（10）.

［190］郑若玲，庞颖．恪守与突破：70年高校考试招生发展的中国道路［J］.华中师范大学学报（人文社会科学版），2019，58（05）.

［191］郑若玲，宋莉莉，徐恩煊．再论高考的教育功能——侧重"高考指挥棒"的分析［J］.全球教育展望，2018，47（02）.

［192］郑若玲．试析高考的指挥棒作用［J］.厦门大学学报（哲学社会科学版），2002（02）.

［193］钟秉林，王新凤．我国高考改革的价值取向变迁与理性选择——基于40年高考招生政策文本分析的视角［J］.教育研究，2017，38（10）.

［194］周文叶，陈铭洲．指向深度学习的表现性评价——访斯坦福大学评价、学习与公平中心主任Ray Pecheone教授［J］.全球教育展望，2017，46（07）.

［195］周瑛仪．职业会考：应用技术大学生源选拔的瑞士经验［J］.教育与职业，2015（09）.

［196］周作宇．论教育评价的治理功能及其自反性立场［J］.华东师范大学学报（教育科学版），2021，39（08）.

[197] 朱晨明，朱加民．现代职业教育高质量发展背景下"职教高考"制度建设研究［J］．教育与职业，2022（06）．

[198] 朱家存，周兴国．论公共教育的公共性及实践表征［J］．华东师范大学学报（教育科学版），2007，98（04）．

[199] 朱秋寒．日本高等职业教育入学考试的特点及启示［J］．职教通讯，2021（03）．

[200] 祝蕾，楼世洲．"职教高考"制度设计的多重逻辑［J］．中国职业技术教育，2020（16）．

[201] 何娟．大学生学业兴趣及相关因素研究［D］．太原：山西大学，2009．

[202] 李政．职业教育现代学徒制的价值研究［D］．上海：华东师范大学，2019．

[203] 刘瑞娟．改革开放以来我国高等职业教育招生政策分析［D］．江西：江西科技师范大学，2022：13．

[204] 汪自兰．台湾地区本科层次职业教育课程设置研究［D］．重庆：西南大学，2018．

[205] 王克诚．台湾地区职业技术教育调研报告［D］．长春：长春师范大学，2018．

[206] 温颖．我国高等职业教育招生考试制度改革研究［D］．秦皇岛：河北科技师范学院，2015：41 - 43．

[207] 吴海燕．我国民办高校发展中的政府角色定位研究［D］．上海：上海师范大学，2018：121．

[208] 徐国庆．实践导向职业教育课程研究［D］．上海：华东师范大学，2004：37．

[209] 许长勇．大学生专业承诺对学习投入和学习收获影响机制的研究［D］．天津：河北工业大学，2013．

[210] 本报记者．"十四五"时期有望新增技能人才4000万以上：技能中国行动正式启动（政策解读）［N］．人民日报，2021 - 08 - 30（02）．

[211] 陈子季．用制度体系促进职业教育高质量发展［N］．中国教育报，2019 - 12 - 10（01）．

[212] 龚雪．文化基础差制约中职生融入高校［N］．湖北日报，2014 - 03 - 27（007）．

[213] 刘晓杰．湖北"技能高考"改革样本［N］．21世纪经济报道，2012 -

06 - 27 (006).

[214] 徐冬宁. 新阶段要加快提升全社会人力资本 [N]. 经济日报, 2021 - 09 - 06 (11).

[215] 大月市立大月短期大学官网. 大月短期大学 2021 年招生简章综合入学和一般入学. [EB/OL]. (2020 - 10 - 02) [2021 - 03 - 01]. http://www. ohtsuki. ac. jp/wp - content/uploads/2020/10/02 - R3boshuuyoukouall. pdf.

[216] 带广大谷短期大学官网. 带广大谷短期大学 2021 年招生简章 [EB/OL]. (2020 - 09 - 18) [2021 - 03 - 01]. http://www. oojc. ac. jp/cms/wp - content/uploads/2020/09/0c99565424e77b063ea84c844b04d4b0. pdf.

[217] 光明日报. 职教高考: 另一个 "赛道" 也能上大学 [EB/OL]. (2022 - 01 - 07) [2022 - 01 - 28] https://www. ecnu. edu. cn/info/1095/59326. htm.

[218] 国家中长期教育改革和发展规划纲要工作小组办公室. 国家中长期教育改革和发展规划纲要 (2010 - 2020 年) (2019 - 02 - 13) [2022 - 12 - 20] [EB/OL]. http://www. moe. gov. cn/srcsite/A01/s7048/201007/t20100729_171904. html.

[219] 国立东京工业高等专门学校官网. 国立东京工业高等专门学校 2021 年招生简章 [EB/OL]. (2020 - 08 - 03) [2021 - 03 - 01]. https://www. tokyo - ct. ac. jp/wp - content/uploads/2020/08/EntExamAppReq - R3. pdf.

[220] 台湾科技大学. 台湾科技大学学校简介 [EB/OL]. https://www. nt-ust. edu. tw/files/11 - 1126 - 83. php.

[221] 国务院. 关于印发国家职业教育改革实施方案的通知 (2019 - 02 - 13) [2022 - 12 - 20] [EB/OL]. http://www. gov. cn/zhengce/content/2019 - 02/13/content_5365341. htm.

[222] 国务院. 国务院关于印发国家职业教育改革实施方案的通知 [Z]. 2019 - 01 - 24.

[223] 湖北省教育考试院. 2015 年湖北省普通高等学校招收中职毕业生技能高考考试实施办法 [EB/OL]. (2014 - 06 - 17) [2020 - 11 - 21]. http://www. hbea. edu. cn/html/2014 - 06/9741. html.

[224] 教育部. 2000 年全国教育事业发展统计公报 [EB/OL]. (2001 - 06 - 01) [2022 - 12 - 01]. http://www. moe. gov. cn/s78/A03/ghs_left/s182/moe_633/tnull_843. html.

［225］教育部．关于实现一九五二年培养国家建设干部计划的指示（1952 – 07 – 17）［2022 – 12 – 01］［EB/OL］. http：//www. fayuan. cn/fagui/33441. html.

［226］静冈县立农林环境专门职大学官网．静冈县立农林环境专门职大学 2021 年招生简章．［EB/OL］.（2020 – 07 – 10）［2021 – 03 – 01］. https：//shizu-oka – norin – u. ac. jp/entrance/document/R3nyuugakusyasennbatuyoukou. pdf.

［227］木更津工业高等专门学校官网．木更津工业高等专门学校 2021 年招生简章［EB/OL］.（2020 – 10 – 21）［2021 – 03 – 01］. http：//www. kisarazu. ac. jp/wp – content/uploads/2020/10/832ea137e2037d674b4af9f572c35e46. pdf.

［228］秋田工业高等专门学校官网．秋田工业高等专门学校 2021 年招生简章［EB/OL］.（2020 – 10 – 30）［2021 – 03 – 01］ https：//www. akita – nct. ac. jp/exam/nyugaku/.

［229］日本工学院北海道专门学校官网．日本工学院北海道专门学校 AO 入学考试［EB/OL］.（2020 – 05 – 14）［2021 – 03 – 01］. https：//www. nkhs. ac. jp/ent/ao. html.

［230］山形县立米泽女子短期大学官网．山形县立米泽女子短期大学 2021 年（R3）一般入学［EB/OL］.（2020 – 07 – 30）［2021 – 03 – 01］. http：//www. yone. ac. jp/exam/outline/2021ippannyusi. html.

［231］信息经营创新专门职大学官网．信息经营创新专门职大学 2021 年招生简章综合入学［EB/OL］.（2020 – 09 – 11）［2021 – 03 – 01］ https：//www. i – u. ac. jp/admissions/ao/.

［232］知网百科．《心理咨询大百科全书》．职业思维．［2022 – 04 – 05］. https：//xuewen. cnki. net/r2006062360004128. html.

［233］中华人民共和国中央人民政府．国务院关于深化考试招生制度改革的实施意见［EB/OL］.（2014 – 09 – 04）［2022 – 06 – 01］ http：//www. gov. cn/zhengce/content/2014 – 09/04/content_9065. htm.

［234］中新经纬. 2022 年全国高等教育毛入学率59. 6%，提高1. 8 个百分点［EB/OL］.（2022 – 03 – 23）［2022 – 05 – 10］. http：//www. jwview. com/jingwei/html/03 – 23/533053. shtml.

［235］Abdurrahman, Parmin, & Muryanto, S. Evaluation on the automotive skill competency test through "discontinuity" model and the competency test manage-ment of vocational education school in central java Indonesia［J］. Heliyon，2022，8（2），e08872 – e08872.

［236］Ball S J. Education policy and social class: the selected works of Stephen J. Ball ［M］. NY: Routledge, 2006: 43.

［237］Bourdieu, P., Language and Symbolic Power, （ed）［M］, Thompson, J. B., Cambridge: Policy Press, 1991: 166.

［238］Bundesamt für Statistik. sekundarstufe – II ［EB/OL］. ［2021 – 12 – 23］. https: //www. bfs. admin. ch/bfs/de/home/statistiken/bildung – wissenschaft/personen – ausbildung/sekundarstufe – II. html.

［239］Courses of West Thames College ［EB/OL］. ［2022 – 12 – 25］. https: //www. ucas. com/explore/unis/5566408b/west – thames – college/courses? studyYear = current.

［240］Courses of York College University Centre ［EB/OL］. ［2022 – 12 – 25］. https: //www. ucas. com/explore/unis/6045fd2c/york – college – university – centre/courses? studyYear = current.

［241］Der Erziehungsrat des Kantons St. Gallen. Reglement über die Abschlussprüfung der Fachmittelschule und die Fachmaturität vom 27. Juni 2018 ［Z］. 2018: 9 – 11.

［242］Der Schweizerische Bundesrat. Verordnung über die eidgenössische Berufsmaturität vom 24. Juni 2009 （Stand am 23. August 2016）［Z］. 2016: 1 – 12.

［243］Die Bundesversammlung der Schweizerischen Eidgenossenschaft. Bundesgesetz über die Berufsbildung. Art. 25. vom 13. Dezember 2002 （Stand am 1. Januar 2015）［Z］. 2015: 9 – 10.

［244］ECUS. Reglement für die Ergänzungsprüfung der schweizerischen Hochschulen. Genehmigt von der Rektorenkonferenz der schweizerischen Hochschulen （swissuniversities） am 14. Januar 2016 （Stand 17. April 2019）［Z］. 2019: 1 – 8.

［245］EDK. Anleitung für die Erstellung eines Anerkennungsgesuchs für die Abschlüsse von Fachmittelschulen gemäss dem Anerkennungsreglement und dem Rahmenlehrplan vom 25. Oktober 2018 ［R］. 2020: 8.

［246］EDK. Rahmenlehrplan für Fachmittelschulen vom 25. Oktober 2018 （Inkrafttreten am 1. August 2019）［Z］. 2018: 17.

［247］EDK. Reglement über die Anerkennung der Abschlüsse von Fachmittelschulen ［Z］. 2003 – 06 – 12: 8.

［248］Filling Your UCAS Undergraduate Application ［EB/OL］. ［2022 – 12 –

26]. https: //www. ucas. com/undergraduate/applying – university/filling – your – ucas – undergraduate – application.

［249］ Gulikers J, Biemans H, Mulder M. Developer, teacher, student and employer evaluations of competence – based assessment quality ［J］. Studies in Educational Evaluation, 2009, 35 （2）: 110 – 119.

［250］ Harvey L. The British experience in assessing competence ［M］//Palomba C A, Banta T W. Assessing student competence in accredited disciplines. VA: Stylus Publishing: 2001: 217.

［251］ Jia, D. , & Zou, S. Vocational skills comprehensive evaluation method of track maintenance workers ［C］//Lecture notes in electrical engineering. Springer Berlin Heidelberg. 2014: 487 – 495.

［252］ John Brennan. Flexible Learning Pathways in British Higher Education: A decentralized and market – based system ［R］. Paris: International Institute for Education Planning, 2021: 52. https: //www. qaa. ac. uk/docs/qaa/about – us/flexible – learning – pathways. pdf.

［253］ Katharina Rilling. Eine kurze Geschichte der Reformen im Bildungssystem ［EB/OL］. （2019 – 09 – 05） ［2021 – 12 – 27］. https: //www. horizonte – magazin. ch/2019/09/05/einmaleins – der – reformen/. Horizonte – Das schweizer Forschungsmagazin.

［254］ Made Sudana, I. , Apriyani, D. , & Suryanto, A. . Soft skills evaluation management in learning processes at vocational school ［J］. Journal of Physics: Conference Series, 2019, 1387 （1）, 12075.

［255］ Maxwell, J. A. Qualitative Research Design: An Interactive Approach ［M］. SAGE Publications. 2013: 237 – 238.

［256］ Mitchell, R. K. , Agle, B. R. , & Wood, D. J. . Toward a theory of stakeholder identification and salience: Defining the principle of who and what really counts ［J］. The Academy of Management Review, 1997. 22 （4）, 853 – 886.

［257］ Nancy Hoffman/Robert Schwartz. Gold Standard: The Swiss Vocational Education and Training System – International Comparative Study of Vocational Education Systems ［R］. the Center on International Education Benchmarking of the National Center on Education and the Economy. 2015: 19/15/7.

［258］ Ohlone New Student Admissions ［EB/OL］. ［2022 – 12 – 26］. https: //

www. ohlone. edu/admissions/newstudents.

［259］Organization of U. S. Education ［EB/OL］. ［2022 – 12 – 23］. https：//www2. ed. gov/about/offices/list/ous/international/usnei/us/edlite – org – us. html.

［260］Perna, L. W. Studying college access and choice：A proposed conceptual model ［C］//Perna, L. Higher education. Berlin：Springer Netherlands. 2006：99 – 157.

［261］Post – 16 Qualifications You Can Take ［EB/OL］. ［2022 – 12 – 23］. https：//www. ucas. com/further – education/post – 16 – qualifications/post – 16 – qualifications – you – can – take.

［262］Puhani, P. The Rise and Fall of Swiss Unemployment：Relative Demand Shocks, Wage Rigidities, and Temporary Immigrants. ［D］. Discussion Paper, University of St. Gallen. 2002：6.

［263］SBFI. Berufsmaturität ［EB/OL］. ［2021 – 122 – 3］. https：//www. sbfi. admin. ch/sbfi/de/home/bildung/maturitaet/berufsmaturitaet. html.

［264］Scheffler, I. , Conditions of knowledge：an Introduction of Epistemology and Education, Scott, Foresman & Commany, c1965：l.

［265］Seattle Central Admissions ［EB/OL］. ［2022 – 12 – 23］ https：//seattlecentral. edu/get – started/enroll – now/admissions – info.

［266］Seattle Central New Student Enrollment Procedure ［EB/OL］. ［2022 – 12 – 26］. https：//seattlecentral. edu/get – started/enroll – now/new – student.

［267］SMK. Ergänzungsprüfung Passerelle 'Berufsmaturität/Fachmaturität – universitäre Hochschulen' – Richtlinien 2020 – Prüfungsinhalte und-verfahren ［R］. Stand Januar 2019：6 – 18.

［268］Spence, M. Job market signaling ［J］. The Quarterly Journal of Economics, 1973, 87（3）：355 – 374.

［269］Stevenson, J. Normative nature of workplace activity and knowledge ［J］. International Journal of Educational Research, 2002, 37（1）：85 – 106.

［270］Strauss, A. Qualitative analysis for social scientists ［M］. Cambridge：Cambridge university press, 1987：5.

［271］The Federal Council. Vocational Education and Training ［EB/OL］. （2017 – 11 – 27）［2021 – 12 – 27］. https：//www. eda. admin. ch/aboutswitzerland/en/home/dossiers/overview. html/aboutswitzerland/en/meta/news/gesellschaft.

［272］ Thilakaratne R, Kvan T. Competence – based assessment in professional education validation ［J］. Quality in Higher Education, 2006. 12 (3), 315 – 327.

［273］ UCAS course application and trend chart (as of October 15, 2022) ［EB/OL］. (2022 – 10 – 27) ［2022 – 12 – 23］. https：//www. ucas. com/data – and – analysis/undergraduate – statistics – and – reports/ucas – undergraduate – releases/2023 – cycle – applicant – figures – 15 – october – deadline.

［274］ Undergraduate Tuition Fees and Student Loans ［EB/OL］. ［2022 – 12 – 26］. https：//www. ucas. com/finance/undergraduate – tuition – fees – and – student – loans.

［275］ UNESCO. International Standard Classification of Education ［EB/OL］. (2012 – 12 – 01) ［2020 – 01 – 03］. http：//uis. unesco. org/sites/default/files/documents/international – standard – classification – of – education – isced – 2011 – en. pdf.

［276］ What is Contextual Admissions ［EB/OL］. ［2022 – 12 – 26］. https：//www. ucas. com/connect/blogs/what – contextual – admissions.

［277］ Winther, E. , & Achtenhagen, F. Measurement of vocational competencies—a contribution to an international large-scale assessment on vocational education and training ［J］. Empirical Research in Vocational Education and Training, 2009, 1 (1)：85 – 102.

［278］ Winther, E. , & Klotz, V. K. Measurement of vocational competences：An analysis of the structure and reliability of current assessment practices in economic domains ［J］. Empirical Research in Vocational Education and Training, 2013, 5 (1)：1 – 2.

附　录

中职生升学情况调查问卷

你好，感谢你参加本次问卷调查。本次调查旨在了解中职生升学的相关情况，以协助教育部门完善职校生升学考试政策。问卷为匿名问卷，所搜集的数据将只会被用于本次科研。问卷题量较大，请在 15～20 分钟内完成填写。

感谢你的配合！

课题组

2021 年 10 月

一、基本信息

1. 性别：□男　□女

2. 年龄：□15 岁以下　□15 岁　□16 岁　□17 岁　□18 岁　□18 岁以上

3. 年级：□一年级　□二年级　□三年级

4. 专业：＿＿＿＿＿＿＿＿＿＿

5. 籍贯：＿＿＿＿省＿＿＿＿市

6. 目前所在的学校名称：＿＿＿＿＿＿＿＿＿

7. 学校所在城市：＿＿＿＿＿

8. 同父同母的兄弟姐妹数：□0 个　□1 个　□2 个　□3 个　□4 个及以上

9. 家庭所在地：□城市　□农村

10. 家庭人均月收入：

□1000 元以下　□1000～3000 元　□3001～5000 元

□5001～7000 元　□7001～9000 元　□9000 元以上

11. 父母职业：

父亲	母亲
□公职人员（含公务员，和除教师外的事业单位人员）	□公职人员（含公务员，和除教师外的事业单位人员）
□教师	□教师
□企业管理人员	□企业管理人员
□工人	□工人
□农民	□农民
□个体户	□个体户
□其他	□其他

12. 父母文化程度：

父亲	母亲
□小学及以下	□小学及以下
□初中	□初中
□高中（中专）	□高中（中专）
□专科	□专科
□本科及以上	□本科及以上

13. 你期望自己未来能够获得什么样的学历？

□中专　□大专　□本科　□研究生

如果选择了本科/研究生，你是否知晓、认同和主动选择职业本科？

	非常知晓	比较知晓	一般	不太知晓	非常不知晓
我对职业本科的知晓程度					
	非常认同	比较认同	一般	不太认同	非常不认同
我对职业本科的认同程度					
	非常高	比较高	一般	不太高	非常不高
我主动选择职业本科的可能					

14. 父亲期望你未来获得什么样的学历？

☐中专　☐大专　☐本科　☐研究生

15. 母亲期望你未来获得什么样的学历？

☐中专　☐大专　☐本科　☐研究生

16. 你在班级里是否担任学生干部？☐是　☐否

17. 你在学校里是否担任学生干部？☐是　☐否

18. 请你想象一下这个梯子代表了中国不同的家庭所处的不同的社会阶层，等级越高，表示其所处的阶层地位越高。例如，01 代表社会最底层，来自这些家庭的人其生活境况是最糟糕的，教育水平最低、工作最不体面、收入最低下；10 代表社会最高层，来自这些家庭的人其生活境况是最优裕的，他们受教育程度高、工作最体面、收入最高。现在，请结合您的状况，思考一下您觉得自己出身的家庭位于梯子的哪一级？

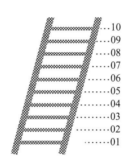

你的答案是：＿＿＿＿＿＿＿＿　（请从 1～10 中选择一个数字）

二、升学动机与选择

19. 未来是否考虑升学？

☐是，为什么？（可多选）

  ☐获得更高的社会地位　　☐获得工资更高的工作

  ☐满足父母的期待　　☐实现自己的名校梦

  ☐以后能出国　　☐目前还不想工作，想继续做学生

  ☐增长见识　　☐能和周围的亲戚朋友一样拥有更高学历

  ☐其他＿＿＿＿＿＿

☐否，为什么？（可多选）

□中专学历找工作够了

□家里已经安排好工作了

□父母不支持、不资助我继续升学

□对学习没有兴趣

□没有资格或途径继续升学

□其他_____

20. 你准备选择的升学路径是：

□未来不打算升学

□普通高考

□高职自主招生考试

□三校生高考

21. 你在多大程度上相信上述选择是正确的？请按照 0~10 打分，分数越高，越相信决策正确。_____分

22. 你所在学校是否举办了下列生涯教育活动？（可多选）

□开设生涯教育课

□举办生涯教育讲座

□开设职业体验活动

□提供一对一的生涯辅导咨询

□提供生涯测评服务

□开设生涯类社团

□在专业中渗透职业/生涯教育

23. 你觉得你们学校举办的生涯教育是否有效果？请按照 0~10 打分，分数越高越有效。_____分

24. 未来是否通过升学换专业？

□是，拟就读于_____专业，更换的原因是：

□新专业更好就业

□新专业未来更好升学

□新专业更符合自己的兴趣

□新专业更符合自己的个性

□我的父母或亲戚朋友能为我进入新专业提供便利

□其他_____

□否

25. 对于你中职阶段所学习的专业，请在符合情况的方框内划√。1 是很不赞同，5 是很赞同，从 1 到 5，赞同的程度不断增加。

	1	2	3	4	5
我很喜欢看与我所学专业相关的书籍					
我喜欢与同学讨论专业学习的问题					
每次上本专业的课程时，我就精神兴奋					
我很喜欢参加与专业学习相关的活动					
与我所学专业相关的工作，收入很高					
我所学的专业，就业的形势很好					
我所学的专业，社会地位很高					
与我所学专业相关的工作，职位晋升的机会多					
中职生应该学好自己的专业，成为对社会有用的人					
我所学专业在国家建设中有重要作用，我应该学好它					
社会需要各类专业人才，我有责任学好自己的专业					
我在专业学习上花了很多功夫，如果升学后转专业需从头再来，所以我不想转专业					
为进入现在所学专业我付出了很多努力，所以我不会在升学后转专业					
我如果升学后改专业，不一定比现在的专业有更好的发展前途					
如果升学后转到其他专业学习会有很多麻烦，所以我没有转专业的想法					

26. 拟报考哪里的学校？

□省内　□省外＿＿＿＿＿＿（省名）

原因是（可多选）：

□学校所在城市吸引我

□学校吸引我

□学校的专业吸引我

□我的亲戚朋友在那里

□容易考上

□离家近

□其他＿＿＿＿＿＿

27. 以下哪些是你升学的有利要素，哪些是你升学的不利要素？请在相应的方框内划√。

	对我有利	对我不利
父母态度		
备考资源		
备考时间		
备考方法		
老师态度		
学校校风		
同伴支持		
升学信息		

28. 关于考试准备，请在符合情况的方框内划√，1是很不赞同，5是很赞同，从1到5，赞同的程度不断增加。

	1	2	3	4	5
我在准备考试的过程中投入了很多金钱					
我在准备考试的过程中投入了很多时间					
我在准备考试的过程中投入了很多人脉关系					
我在准备考试的过程中查阅了很多课外资料					
我需要课外找老师辅导才能通过考试					
我需要专门的复习才能通过考试					
备考过程中学校老师给了我很多学业上的额外指导					
备考过程中学长学姐给了我很多学业上的帮助					
备考过程中同学给了我很多帮助					

29. 对于你所选择的升学路径，你认为它的公平性如何？请在符合情况的方框内划√，1 是很不赞同，5 是很赞同，从 1 到 5，赞同的程度不断增加。

	1	2	3	4	5
我认为其录取规则对我很公平					
我认为其考试内容对我很公平					
我认为其评价方式对我很公平					
我认为它保障了我的升学权力					
我认为它体现了职业教育的特点					
我认为它发挥了我的特长和优势					
我认为它体现了中职生的特点					
我认为它维护了职校生的社会地位					
我认为它体现了对实践的重视					
我认为它体现了对技能的重视					
我认为它体现了对知识的重视					
我认为它体现了对思维的重视					
我认为它体现了对职业的重视					

三、影响升学路径选择的因素

（一）关于你的学习兴趣，请在符合情况的方框内划√，1 是很不赞同，5 是很赞同，从 1 到 5，赞同的程度不断增加。

	1	2	3	4	5
我一般能提前完成学习任务					
学习中的困难我都会尽力克服					
学习的时候我十分专注					
我渴望取得好成绩					
我很乐意完成各种学习任务					
学习对我来说是件愉快的事					
我觉得学习并不是一件困难的事					
我会尽最大努力取得好成绩					

续表

	1	2	3	4	5
我学习时心情很放松					
我相信自己有能力取得好成绩					
独立解决一个难题时充满成就感					
取得优异的成绩让我很高兴					
我一般会尽最大努力完成学习任务					
我学习是为了能够找到一份好工作					
我学习是为了能够获得周围人的认可					
学习能让我变得更加满足					

（二）关于周围人对你升学选择的影响，请在符合情况的方框内划√，1是很重要，5是很不重要，从1到5，重要的程度不断增加。

	1	2	3	4	5
同学的意见对我选择升学路径的重要性					
学长学姐的意见对我选择升学路径的重要性					
父母的意见对我选择升学路径的重要性					
亲戚的意见对我选择升学路径的重要性					
老师的意见对我选择升学路径的重要性					
兄弟姐妹的意见对我选择升学路径的重要性					
网友的意见对我选择升学路径的重要性					

（三）关于你学习的自我感觉，请在符合情况的方框内划√，1是很不赞同，5是很赞同，从1到5，赞同的程度不断增加。

	1	2	3	4	5
我相信自己有能力在学习上取得好成绩					
我认为自己有能力解决学习中遇到的问题					
每次上新课前我都能认真地预习新的学习内容					
当我为考试而复习时，我能够将前后所学的内容融会贯通起来进行复习					

	1	2	3	4	5
我认为我能够学以致用、举一反三					
我能够正确对待考试成绩，不理想时我能冷静分析没考好的原因，不会怀疑自己的学习能力					
我的学习有计划，能合理地安排好学习时间					
我认为自己能够很好地理解书本上的知识及老师所演示的内容					
我能在实训时很好地将老师讲的知识融入操作当中					
每次考试完后，我都能认真纠正错误的答案					
课堂上无论多么枯燥无味，我总能认真坚持听课					
课后我能够及时复习并掌握当天所学的内容					
与班里其他同学相比，我认为我的职业能力水平比他们强					
与班里其他同学相比，我认为我的知识储备比他们多					
与班里其他同学相比，我认为我的操作技能水平比他们强					
与班里其他同学相比，我认为我的职业素养比他们强					
与班里其他同学相比，我认为我的学习能力比他们强					

（四）关于你对升学政策的感知，请在符合情况的方框内划√，1是很不赞同，5是很赞同，从1到5，赞同的程度不断增加。

	1	2	3	4	5
我了解在本地读高职和本科的几条升学路径					
我了解目前国家关于职业教育的大政方针政策					
我了解本省职业教育的基本情况					
我了解社会上高职生和本科生的就业现状					
我会主动了解和比较不同学校的招生政策					
我认同目标国家的职业教育政策					
我认同本省（市）的中职生升学政策					
我认同本省（市）高职的招生政策					
我认同本省（市）本科的招生政策					

（五）关于升学后可能对你产生的影响，请在符合情况的方框内划√，1 是很不赞同，5 是很赞同，从 1 到 5，赞同的程度不断增加。

	1	2	3	4	5
我和我的家庭能够负担得起未来可能产生的学费					
我和我的家庭能够负担得起未来可能产生的生活费					
我有充足的时间完成未来可能的学习任务					
我有充足的精力应对未来可能的学习压力					
我不后悔自己选择的升学之路					
我认为我选择的升学之路是权衡利弊后的最佳选择					
通过我所选择的升学路径，能让我获得我满意的工作					
通过我所选择的升学路径，能让我的综合能力得到提升					
通过我所选择的升学路径，能让我未来获得满意的收入					
通过我所选择的升学路径，能让我未来获得满意的社会地位					
通过我所选择的升学路径，能让我获得亲戚朋友的认可					
通过我所选择的升学路径，能让我获得我想要的学历层次					
通过我所选择的升学路径，能让我获得我想要的社交圈					
通过我所选择的升学路径，能让我获得我满意的生活方式